서울형혁신교육지구와 마을교육공동체

서울의 마을교육

서울형혁신교육지구와 마을교육공동체

서울의 마을교육

초판 1쇄 인쇄 2020년 11월 13일
초판 1쇄 발행 2020년 11월 21일

지은이 이용운, 구본희, 김갑철, 서용선, 김옥성, 김정호,
채희태, 박동국, 김용련, 심성보, 김태정
펴낸이 김승희
펴낸곳 도서출판 살림터

기획 정광일, 채희태
편집 조현주
북디자인 꼬리별

인쇄·제본 (주)신화프린팅
종이 월드페이퍼(주)

주소 서울시 양천구 목동동로 293, 22층 2215-1호
전화 02-3141-6553
팩스 02-3141-6555
출판등록 2008년 3월 18일 제313-1990-12호
이메일 gwang80@hanmail.net
블로그 http://blog.naver.com/dkffk1020

ISBN 979-11-5930-164-3 03370

이 도서의 국립중앙도서관 출판예정도서목록(CIP)은
서지정보유통지원시스템 홈페이지(http://seoji.nl.go.kr)와
국가자료공동목록시스템(http://www.nl.go.kr/kolisnet)에서 이용하실 수 있습니다.
(CIP제어번호: CIP2020047868)

서울의 마을교육

서울형혁신교육지구와 마을교육공동체

이용운·구본희·김갑철·서용선·김옥성·김정호
채희태·박동국·김용련·심성보·김태정 지음

살림터

추천의 말

마을이 마을교육공동체가 되는 날을 향하여

안녕하세요.

먼저, 서울시교육감으로서 『서울의 마을교육』 출판을 진심으로 축하합니다. 지난 5년간의 혁신교육지구 성과를 평가하고 앞으로 나아갈 방향을 제시하는 소중한 기회를 마련해 주신 『서울의 마을교육』 저자들에게도 깊은 감사를 드립니다.

저는 2020년 신년사에서 혁신교육지구의 질적 성숙을 소망하며 지난 10년간의 '혁신교육 1.0 시대'로부터 '혁신교육 2.0 시대'로의 전환과 도약을 역설한 바 있습니다. 혁신교육의 핵심에 있는 혁신학교도 발전에 발전을 거듭해 왔고, 이제 그 과정에서 새로운 도전의 과제들을 대면하고 있습니다. 혁신교육의 한 축에는 '마을결합형 교육'의 실현이라고 하는 이상이 존재하고 있고, 그것은 혁신교육지구 정책으로 구체화되고 있습니다. 혁신교육지구사업 역시 형성, 발전, 확대의 과정을 거쳐 왔습니다. 구로-금천 지역에서 혁신교육지구사업이 시작된 이후, 제가 교육감이 된 2014년 이후 6년이 흐른 지금, 이제 25개 전 지역에서 혁신교육지구를 추진하고 있습니다. 더불어, 6,000명 이상의 시민들이 우리 아이들의 주체적 성장을 위해 각종 협의체에서 열심히 활동하고 계십니다. 두 손 모아 감사드리며, 서울형혁신교육지구 거버넌스에 참여하고 계시는 공무원, 교원, 학부모, 학생, 시민 한 분 한 분에게 따뜻한 격려의 마음을 전해 드립니다.

서울형혁신교육지구는 서울 교육에 많은 변화를 가져다주었습니다.

무엇보다 '삶으로서 교육과정'을 교육혁신의 새로운 방향으로 정립하는 계기가 되었습니다. 우리는 이것을 '마을결합형 교육과정', '마을결합형 수업'이라 부르는데, 학생들이 교실에서 배운 지식을 삶의 현장에서 익히고 실천할 수 있도록 중점을 두고 있습니다. 양적 성장이 중시되던 산업화 시대가 저물어 감에 따라, 창의성이 중시되고, 학문 분야 간 융합이 큰 흐름이 되었습니다. 이러한 시대의 변화에 대한 응답이 서울의 '마을결합형 교육과정'이라고 할 수 있습니다.

둘째, 민·관·학 거버넌스의 성장 또한 큰 변화로 볼 수 있습니다. 시민사회, 지역사회 주민, 마을 단체, 청소년기관, 중간지원조직 등이 서울형혁신교육지구사업에 대거 참여하였습니다. 학생, 교원, 학부모 등 전통적 교육 주체들과 지역 주민이 함께 학교-마을교육공동체를 형성할 수 있었습니다. 혁신교육지구가 교육협력 체제 안에서 다양한 형태의 학교-지역사회 협력교육활동을 벌이고 있는 힘의 원천이 된 것을 기쁘게 생각합니다.

셋째, 관-관 협력 문화가 자리 잡고 있다는 것입니다. 교육청-서울시-자치구가 행정의 힘을 하나로 모아 어린이·청소년의 주체적 성장을 지원했던 서울형혁신교육지구 운영 경험이 더 확장하여, 코로나19 교육기기 지원 사업, 무상급식 사업, 학교 시설 복합화 사업 등으로 점점 범위가 넓어지고 구체화되고 있습니다. 이 과정에서 어린이·청소년을 위한 각종

교육 현안들이 해결되는 과정을 많이 볼 수 있었습니다.

그럼에도 서울형혁신교육지구가 해결해야 할 문제도 있습니다.

먼저, 민·관·학 거버넌스 체제의 확장과 성숙이 있어야겠습니다. 자치구별로 민·관·학 거버넌스 운영 수준 편차가 존재하고 있다는 지적을 듣고 있습니다. 서울형혁신교육지구 핵심은 자치구별 실무추진협의회와 주체별 분과입니다. 특히, 학부모, 교원, 지역 주민, 학생 분과의 대표들과 교육지원청, 구청이 참여하는 실무추진협의회의 논의력과 집행력이 중요한데 각 자치구별 실무추진협의회 역량 편차 존재는 거버넌스 체제 위기로 이어질 수 있는 문제로 느껴집니다. 또한 학교 및 동 단위 거버넌스 체제는 여전히 미흡하다는 점도 생각해 봐야겠습니다.

둘째, 학교-지역사회에서의 균형적 운영이 필요할 것입니다. 학생 대다수의 배움과 삶이 학교와 마을 안에서 균형적으로 일어나야 합니다. 그러한 지점에서 혁신교육지구를 통한 마을교육공동체의 구성은 큰 의미가 있습니다. 또한 정규 교육과정 운영에 더해 보육, 방과후활동 같은 전 사회가 감당해야 할 영역까지 효율성이란 이름으로 학교에 부과하는 것은 학교교육의 목표 달성에 장애를 초래할 수 있습니다. 따라서 학교는 정규 교육과정에 집중하여 배움과 삶의 균형을 찾고 지역사회는 돌봄과 방과후활동을 통해 배움과 삶의 균형을 찾아 나가는 역할의 고민도 필요하다고 생각합니다. 그 사이에 마을공동체의 학교 공간으로서의 역할에 대한 재정립도 필요합니다.

셋째, 우리 아이들이 즐겁게 참여하여, 꿈을 키울 청소년 인프라가 부족합니다. 입시 위주 경쟁 교육체제에서도 아이들의 꿈은 영글어야 하는데, 청소년을 위한 공간은 절대적으로 부족합니다. 서울지역 동 단위 청소년 방과후 시설 49개소, 노인 여가복지 시설 3,885개소라는 현실은 서울형혁신교육지구가 발전하기 위해 무엇이 필요한지 보여 주는 자료일 것입니다.

발전을 거듭해 온 혁신교육지구가 이제 그 과정에서 새로운 질적 성숙의 과제에 직면하고 있습니다.

첫째, 혁신교육지구 정책의 기본이 되는 거버넌스 역량 강화를 지원하겠습니다. 각 지구별로 '마을교육회의' 같은 토론회 등을 개최하여 지구별 과제와 서울 광역 단위 정책 과제 의견 수렴 체제를 만들겠습니다. 그 과정에서 다양한 시민들의 의견이 서울형혁신교육지구 정책에 반영되도록 하겠습니다. 또한 거버넌스별로 갈등 관리 역량 강화를 지원하여 원활한 의사소통이 되도록 힘쓰고 싶습니다. 무엇보다 '마을결합혁신학교' 같은 학교 단위 거버넌스 지원 정책, '동 단위 거버넌스' 정책 등을 지원하여 학생과 시민들 피부에 다가가는 '눈높이에 맞는 미시적 거버넌스' 정책 지원을 강화하겠습니다.

둘째, 학교와 지역사회 협력 체제를 더욱 지원하겠습니다. 지자체-학교 협력형 온종일 돌봄 체제 도입, 어린이·청소년의 방과후 삶을 새롭게 디자인하는 '학교-지역사회 통합형 방과후활동' 운영, 마을교육공동체 지원을 통한 평생학습 체제 구축 등 학교와 지역사회 협력이 교육을 변화시키는 서울 교육 '뿌리의 힘'이 되도록 더욱 지원하고 싶습니다.

셋째, 어린이·청소년을 위한 인프라 확충에도 적극 나서겠습니다. 서울시교육청은 '미래를 담은 학교' 정책을 발표하여 정부의 그린스마트스쿨 정책을 반영하고 있습니다. 또한 서울시는 자치구당 1개 이상의 청소년센터, 3개 이상의 문화의집, 10개 이상의 청소년 공간 확충을 추진하고 있습니다. 저희도 다양한 정책을 통해 학교 내 마을결합형 공유 공간을 신설, 청소년들의 돌봄, 방과후활동 공간 등으로 사용될 수 있도록 최선을 다하겠습니다.

서울형혁신교육지구는 저와 고故 박원순 시장의 꿈이 담겨 있는 정책입니다. 또한 교육개혁과 학교혁신을 바라는 서울시민의 간절한 마음이 담겨 있는 정책이기도 합니다. 그럼에도 여전히 학교의 벽은 높고, 관 주도의 사업이 되고 있다는 따가운 말씀도 듣고 있습니다. 민·관·학 거버넌스에 참여하는 시민들이 마음의 불편함 없이 행복하게 각종 마을교육공동체 교육활동에 참여할 수 있도록 세심하게 지원하겠습니다. 또한 시민들과 더 많이 소통하겠습니다.

끝으로 『서울의 마을교육』 책이 더 많이 읽혀서 서울형혁신교육지구와 마을교육공동체운동에 맑고 밝은 등불로 역할하기를 기대하며, 옥고를 보내 주신 채희태, 김갑철, 이용운, 구본희, 서용선, 김옥성, 김정호, 박동국, 김용련, 심성보, 김태정 선생님과 살림터 출판사에 깊은 감사를 드립니다.

2020년 11월

서울시교육감 조희연

들어가는 말

만약 혁신교육지구를 하지 않았다면?

눈에 보이지도 않는 미세한 바이러스 하나가 지구를 정복하고 우주로 향하고 있는 오만한 인류의 잰걸음을 막아섰습니다. 상상밖에 할 수 없었던 일이 현실이 되었고, 상상조차 하지 못했던 일들이 우리의 눈앞에서 펼쳐지고 있습니다. 마치 코끼리가 쥐를 무서워하듯, 전 세계를 하나의 생활권으로 만들었던 거대한 비행기는 격납고에 몸을 숨기고 있으며, 인간의 끝없는 탐욕을 채우기 위해 쉬지 않고 연기를 뿜어내던 세계의 공장들이 문을 닫았습니다. 그리고 법이 정한 수업일수를 채우기 위해 천재지변이 일어나도 교문을 닫지 않았던 학교가 온라인 재택 수업에 돌입했습니다. 100미터 세계 신기록을 가지고 있는 '우사인 볼트'에게 누워서 결승점까지 가라는 말과 다르지 않은 현실이 우리에게 닥친 것입니다.

사회적 거리=물리적 거리+심리적 거리

코로나 발발 초기부터 전 세계는 가장 소극적인 대응 방식인 "사회적 거리두기"를 가장 적극적으로 펼쳐 왔습니다. 코로나의 확산 자체를 막을 수 없는 상황에서 확산의 곡선이라도 완화시키기 위한 조치였을 것입니다. 미국의 트럼프 대통령도 지난 3월 14일 "Social Distancing!"이라는 문구를 트윗에 올리며 사회적 거리두기에 동참을 표했습니다. 우리는 고개를 갸웃거렸습니다. 지금까지 우리가 과연 사회적으로 가까웠는지 의아했기 때문입니다. 사회적 거리에는 "물리적 거리"와 "심리적 거리"가 있습니다. 사회가 복잡해지면서 인간과 인간의 물리적 거리는 가까워졌을지 모르지만 심리적 거리는 심각할 정도로 벌어지고 있었습니다. 'out of sight, out of mind'라는 말이 있습니다. 눈에서 멀어지면 마음에서도 멀어진다는 뜻입니다. 하지만 인류가 만든 위대한 발명인 인터넷은 물리적 거리가 가지고 있는 한계를 무색하게 만들었습니다. 인간은 관계를 떠나 살 수 없습니다. 인간이 자연으로부터 떨어져 나와 자발적 주체가 될 수 있었던 이유는 관계라는 특별한 능력이 있었기 때문입니다. 어쩌면 인터넷은 산업자본주의의 과정에서 멀어진 심리적 거리를 다른 형태로 보완하기 위한 의도이거나, 심리적 거리가 걷잡을 수 없이 멀어지자 물리적 한계를 넘어 새로운 심리적 관계를 구축해야 한다는 막연한 필요성으로 인해 시작되었는지도 모르겠습니다.

저의 이런 고민에 응답이라도 하듯 WHO에서는 지난 3월 18일부터 '사회적 거리Social Distancing' 대신 '물리적 거리Physical Distancing'라는 표현을 사용하기 시작했습니다. WHO의 신종질병 팀장인 마리아 반 케르크호베Maria Van Kerkhove는 물리적 거리두기라는 표현의 사용 배경에 대해 "바이러스 전파 예방을 위한 사람들과 물리적 거리를 두는 것은 필수적이지만, 그것이 사랑하는 사람과 가족과의 사회적인 단절을 의미하지는 않는다"라고 설명했습니다.

마을과 학교의 심리적 거리를 좁힌 혁신교육지구

혁신학교, 혁신교육지구 이전의 마을과 학교의 사회적 거리는 어땠을까요? 물리적으로는 가장 가까이에 있었던 마을과 학교는 심리적으로는 거의 접점이 없었습니다. 심지어 학교를 마을 속에 존재하고 있는 '갈라파고스'로 인식하는 사람이 적지 않았습니다. 근대 교육은 개천에서 용을 만들어 내는 전지전능함을 보였지만, 그 전지전능함은 마을이라는 공동체가 아닌 개인의 계층 상승에만 영향을 미쳤습니다. 급기야 중세의 불평등한 계급 질서를 무너뜨렸던 근대 교육은 실력주의meritocracy의 함정에 빠지며 오히려 불평등을 정당화하는 수단이 되기에 이르렀습니다. 이러한 교육의 문제에 질문을 던진 것이 대안학교 운동이었고, 학교 단위로 마을과의 협력을 시도한 것이 바로 혁신학교 운동이었습니다.

교육감을 시민이 직접 선출하는 교육감 직선제가 시작되고, 2010년 경기도교육감으로 당선된 김상곤 교육감은 분리되어 있었던 일반행정과 교육행정, 그리고 마을과 학교가 자치구 단위에서 협력하는 '혁신교육지구'를 추진하기 시작했습니다. 서울의 경우, 곽노현 교육감의 중도 하차로 인해 잠시 멈칫거리기는 했지만, 2014년 조희연 서울시교육감의 당선으로 혁신교육지구의 불씨를 되살릴 수 있었습니다. 광역 단위의 교육청이 기초자치단체와 협력했던 경기도의 혁신교육지구와는 다르게 서울은 서울시와 서울시교육청, 그리고 기초자치단체가 전면적으로 혁신교육지구에 참여하며 명실상부 '서울형'이라는 수식어와 함께 혁신교육지구를 시작할 수 있었습니다.

2015년, 11개 자치구를 공모로 지정하며 시작한 서울형혁신교육지구는 2019년에는 서울의 25개 자치구가 모두 참여하는 가장 영향력이 큰 교육정책으로 성장하였습니다. 서울형혁신교육지구는 자치구의 특수성에 따라 다양한 형태로 진행되고 있기는 하지만, 마을과 학교가 협력하고 교육 거버넌스를 구축하는 '마을교육공동체'를 향해 나아가고 있습니다. 그리고 2020년, 서울형혁신교육지구는 코로나라고 하는 새로운 도전 앞에 서게 되었습니다. 한번 상상해 보았으면 합니다. 만약 우리가 서울형혁신교육지구를 하지 않았다면, 여전히 학교가 마을의 섬으로 자리 잡고 있었다면, 코로나 시대에 우리가 아이들을 위해 무엇을 할 수 있었을지… 가랑비에 옷이 젖듯 우리가 눈치를 채지는 못했을 수도 있지만, 서울형혁신교육지구는 분명 서울의 교육을 변화시켜 왔습니다. 그리고 코로나를 극복할 수 있는 든든한 교육의 토대를 구축해 왔습니다.

코로나 위기가 가져온 새로운 교육의 기회

코로나 확산을 막기 위해 사회적으로 물리적 거리두기를 할 수밖에 없다면, 그 위기를 기회 삼아 그동안 멀어져 왔던 심리적 거리를 좁힐 수 있는 계기로 삼을 수는 없을지 고민해야 합니다. 불행해지기 위해 사는 사람은 아마 없을 것입니다. 우리가 살아야 하는 이유, 돈을 벌어야 하는 이유, 그리고 학교에서 공부를 하는 이유도 모두 궁극적으로는 오늘보다 행복한 내일을 살기 위해서입니다. 마을이 더 행복해지는 교육, 그 속에서 학생과 교사, 그리고 학부모를 비롯한 지역사회가 함께 성장하는 교육이 바로 서울형혁신교육지구가 추구해야 할 궁극적인 목표라 생각합니다.

이 책의 1부 '학교, 마을을 담다'에는 그동안 서울형혁신교육지구에서 마을과 함께한 학교의 경험을 모았습니다. 2부 '마을, 학교를 품다'에는 서울형혁신교육지구를 추진해 왔던 다양한 마을의 경험이 펼쳐져 있습니다. 3부 '코로나 시대의 마을교육'은 코로나 시대를 맞이한 서울형혁신교육지구 2.0에 대한 제언으로 구성해 보았습니다. 바쁜 와중에도 경험을 나누기 위해 원고를 써 주신 많은 분들께 감사의 인사를 드리며, 서울형혁신교육지구의 시작과 과정에서 가장 큰 힘을 실어 주고 계시는 조희연 서울시교육감님, 그리고 서울형혁신교육지구의 든든한 한 축이 되어 주셨던 고 박원순 서울시장님께도 지면을 빌려 감사의 인사를 전합니다.

인류는 늘 환경에 적응하며 살아왔고, 지금은 코로나로 인해 새로운 마을과 학교의 관계가 인류 앞에 놓여 있습니다. 부디 서울형혁신교육지구가 마을과 학교가 연대하고 협력하는 새로운 교육의 나침반이 될 수 있기를 기원해 봅니다.

2020년 11월

『서울의 마을교육』 편집팀

차례

추천의 말 | 마을이 마을교육공동체가 되는 날을 향하여_조희연(서울특별시교육감) 5
들어가는 말 | 만약 혁신교육지구를 하지 않았다면? 10

1부 학교, 마을을 담다

마을결합형 학교교육의 실천적 의미 이용운 19
수업에서 마을을 만나다 구본희 38
학교자치가 활짝, 마을과 함께하는 교육 김갑철 62
마을수업과 마을교육과정: 의미, 이론, 실제, 그리고 가치 서용선 80

2부 마을, 학교를 품다

서울형혁신교육지구 10년을 바라보며 김옥성 111
학교 너머, 더 큰 학교 김정호 150
은평에서 시작한 혁신교육, "교육 콘텐츠 연계 사업" 채희태 174
청소년의 삶을 지원하는 마을방과후 '활동' 박동국 201
지역교육력과 학교자치: 교육 거버넌스 관점을 중심으로 김용련 223

3부 코로나 시대의 마을교육

코로나 이후의 세계관 요청과 마을교육공동체의 이념적 지향 심성보 243
코로나 국면과 마을교육공동체 김태정 281
코로나 시대의 교육 거버넌스: 서울형혁신교육지구 2.0을 위한 제언 채희태 301

표·그림 목록 331
추천사 333

1부

학교, 마을을 담다

마을결합형 학교교육의 실천적 의미
이용운

수업에서 마을을 만나다
구본희

학교자치가 활짝, 마을과 함께하는 교육
김갑철

마을수업과 마을교육과정:
의미, 이론, 실제, 그리고 가치
서용선

마을결합형 학교교육의 실천적 의미[1]

이용운(상명대 강사, 전 영등포중학교 교사)[2]

1. 마을결합형 교육을 지향하며

올해만큼 교사들이 수업의 운영 방식을 두고 고민한 적은 없었다. 학교현장을 책임지고 있는 교육 전문가인 교사들이 이렇게 깊은 고민에 빠진 것은 교육정책이나 프로그램 때문이 아니다. 훌륭한 교육학자의 이론이나 좋은 교육적 가치가 학교현장에 유행처럼 불어닥쳤기 때문은 더더욱 아니다. 그 동기는 바로 자연재해로 불리고 있는 코로나19가 가져다주었다. 코로나19는 지금까지 유례가 없을 정도로 강력하게 학교의 변화를 주도하고 있고, 실제로 기존의 교육 방식을 흔들어 완전히 뒤집고 있다. 사실 무엇을 바꾼다고 하는 의미로서 변화란 결코 쉬운 일이 아니다. 학교교육과 교실 수업의 변화도 마찬가지다.

---

1. 이 글은 2020년 출간된 『혁신교육지구 현장을 가다』에서 일부 발췌했음을 밝혀 둔다.
2. 고려대학교 교육학 박사. 교사로서 오랜 기간 가르치는 일을 하였고, 학교에서 사직한 이후 지금까지 대학 강의와 함께 마을교육운동에 참여하고 있다. 학교에서 아이들을 가르칠 때도, 학교 밖으로 나와 교육운동을 하면서도 늘 머릿속에 맴도는 문제의식은 학생들의 학습 동선이다. 지금도 여전히 문제해결의 단초이자 학습 동선을 바꿀 마중물은 역시 마을이라는 신념이 있고, 이를 학교교육에 반영하기 위한 연구와 활동을 하고 있다.

해방 이후 70년이 흘렀고 세월의 흐름과 교육도 함께했다. 그렇지만 교육은 늘 사회의 요구를 반영하지 못해 비판의 대상이 되었고, 한때는 '교실 붕괴' 등과 같은 충격적 메시지가 많은 사람들 입에 오르내리던 적도 있었다. 이제 웬만한 충격요법에는 학교가 별 반응을 느끼지 못할 정도로 무디어졌다. 또 교육에 대한 웬만한 지적과 비판은 사회구조의 왜곡된 문화 정도로 넘기면서 별 동요가 없다. 물론 경제적 불평등 같은 사회구조적 문제, 학연과 지연에서 비롯된 파벌주의와 같이 잘못 형성된 문화적 요인이 없는 것은 아니다. 그럼에도 불구하고 교육문제의 해결을 위해서는 교육의 현장인 학교의 노력이 필요하고, 여전히 교사의 역할이 가장 중요하다고 할 수 있다.

2016년 다보스 포럼에서 클라우스 슈밥Klaus Schwab은 앞으로의 시대를 '제4차 산업혁명'의 사회라고 하였고, 앞으로 삶을 살아갈 미래 세대들은 현재와 완전히 다른 세상을 살게 될 것이라고 주장하였다. 하지만 학교는 여전히 과거의 교육 프레임에서 벗어나지 못하고 있어 실로 안타깝다. 그 예를 소개하면 다음과 같다.

우선 아이들의 학습 동선을 보자. 초·중·고를 막론하고 학생들은 해방 이후 지금까지 여전히 '학교-학원-집'의 학습 동선 패턴을 유지하고 있다. 고등학생이 조금 다르다면 야자(야간자율학습을 줄여 부르는 말)가 포함되어 있는 것이다. 즉 '학교-야자-학원-집' 또는 '학교-야자-집' 정도이다. 대한민국 학생들 대부분은 이러한 학습 동선을 따라 책가방을 들고 이동하며 하루를 보낸다. 정규 수업 이외에 방과후수업, 야자, 학원 수강 등 학습의 의미가 무엇이고, 또 왜 필요한지 모르는 채 맹목적인 학원, 방과후수업 또는 야자라고 하는 학습과정을 추가로 제공받는다. 학부모의 사교육비 부담 문제도 심각하지만 학생들의 행복한 삶은 온데

간데없이 사라졌다. 학교의 방과후수업과 야간자율학습을 정당화하고 있는 경쟁 논리는 교사를 학습 공급자로, 학생을 학습 수요자로 등치시켰고, 학습 지도에 대한 고유한 권리를 가지고 있는 교사보다 보호자가 더 우선해야 한다는 수요자 중심, 신자유주의 논리가 학교교육에 대한 학부모의 간섭을 당연하게 만들었다. 이에 따라 중·고등학교에서는 여전히 방과후학습과 야간자율학습이 추진되고 있다. 교육의 양(수업을 한 시간)과 특정 학교 졸업장이 신분상승과 계층이동의 사다리(통로)로 가는 길이라는 경쟁 논리를 사회에 주입한 결과, 경쟁의 대열에서 자신의 자녀를 먼저 출발시키려는 학부모들의 그릇된 욕망은 선행학습[3]이라는 폐단을 낳았고, 이것이 우리 교육의 일상이 되고 말았다. 이를 정상적인 학생들의 학습 방식으로 보아서는 안 된다.

또 교실 수업을 보자. 학교는 여전히 평가 중심으로 수업이 구성된다. 무엇을 가르쳐야 하는가를 고민하여 가르칠 것을 정하면 이를 가르치기 위해 교육과정을 구성하고 이를 수업에서 구현하며, 그 결과를 평가하는 것이 정상적인 수업의 절차이다. 그런데 학교현장은 그렇지 못하다. 특정한 대학에서 어떤 입시 방식을 내놓았는가에 따라 전국 고등학교 교실의 수업 방향이 정해지고, 또 학교교육과정도 이에 맞춰 구성된다. 아니면 교육과정에 별로 관심을 두지 않는 경우도 있다. 그래서 실제로 학교교육과정의 기능은 교사들의 수업 배분이나 정원 조정에만 중요한 역할을 할 뿐, 심지어 고등학교 교실은 수능시험 문제에 맞춰 수업을

3. 학교에서 배우는 과정과 평가에서 유리한 결과를 얻을 목적으로 학습할 내용을 학원이나 과외를 통해 미리 배우게 함으로써 자녀의 학습 출발선을 앞세우는 학습 방식이다. 이것은 가정의 경제적 수준에 의한 불공평의 재생산의 문제도 있지만, 학생들이 학원에서 미리 배웠기 때문에 학교에서 더 이상 학습에 흥미를 갖지 못하는 결과를 가져와 학교의 교실 분위기 침체, 학생들 간 학습격차, 교사의 교육과정과 수업 편성의 어려움 등 많은 문제를 야기하였다.

구성, 운영하고 있거나 대놓고 수능 대비 문세를 푸는 시간으로 수업을 대신하는 경우도 있다고 한다. 중학교나 초등학교도 학교교육과정이 수업과 평가의 중심이 되지 못하는 것은 고등학교와 크게 다르지 않다. 물론 대학 입학이 학생들에게 중요하기는 하지만 초·중·고등학교 수업 고유의 목적과 목표가 있음에도 불구하고 오로지 대학입시에 초점을 두고 모든 수업 구성이나 교육과정을 구성하는 것은 바람직하지 못하다.

교육정책 결정 및 추진 방식도 여전히 하향식이다. 교육은 학교의 여러 교육공동체의 협력과 합의의 과정을 거쳐 진행되어야 한다. 그러한 민주적인 과정을 담보하기 위해 학교에는 각종 위원회가 조직되어 있다. 그리고 이 조직들은 토론회와 협의회의 다양한 절차를 거쳐 학교 내 교육활동을 정하는 일에 참여하게 된다. 이것이 바로 민주적 의사결정 및 추진 방식의 정상적인 절차이다. 그러나 해방 이후부터 지금까지 학교의 변화를 주도하는 것은 여전히 관료조직이다. 그들이 내세우는 보편적인 가치는 교육의 진정성보다 효율성이며, 그들이 생각하는 교육 전문성은 학교 내 실제보다는 학교 밖 이론에 더 의존한다, 교육 관료들의 이러한 사고와 논리는 늘 시대적 유행과 함께 도입된 교육이론과 적절하게 조우하고 포장됨으로써 학생 교육에 직접 관련된 교사들은 이러한 논리에 충분히 공감하지 못한 채 가르치는 일을 하고, 학생들을 입시 경쟁의 프레임에 가두었다.

한때 수월성과 수준별 교육을 추진해야 한다는 학계의 논리가 학교교육 당사자 주류의 목소리와 요구인 양 포장되어 특목고보다 더 적극적인 자사고(자율형 사립고)와 자공고(자율형 공립고)가 등장하였다. 그리고 국제 수준을 따라가려면 학력을 세계적인 수준으로 끌어올려야 하고, 이를 위해서 전국적인 학력평가를 실시해야 한다는 논리가 주류의 목소리가 되면서 전국 모든 초·중·고 학생을 대상으로 일제고사가 실시되었다. 그런데 실제 현장에서는 이런 취지와는 다르게 일제고사가 지역 간, 학교 간 경쟁으로 이어졌고, 그 폐단으로 어느 지역에서는 학력고사 성적을 조작했다가 물의를 빚기도 했다. 어디 그곳뿐일까! 정도의 차이는 있겠지만 수없이 많은 곳에서 그와 유사한 일을 벌였을 것으로 보인다. 이러한 표준화된 평가도구로 학력을 확인하고 이를 통해 학생들의 학력 향상을 도모하려는 태도, 즉 관료적인 태도는 학교의 획일적이고 표준화된 교과서 중심 및 암기 위주 교육을 부채질하기에 충분했다. 학생들은 학습 개념에 대해 이유와 원리, 원인과 결과, 유래와 맥락을 모르는 채 문제와 정답을 통으로 머릿속에 넣어야 하는데, 이러한 교육을 정상적인 교육이라고 볼 수 없다. 학습의 주체로서 학생들의 이해와 설득, 자극과 감동이 없는 교육은 살아 있는 교육이 아니기 때문이다.

이렇게 비정상적으로 작동하고 있는 교육을 바로잡기 위해 우리는 무엇을 해야 하는가? 인격의 성장과 지혜의 성숙을 가꾸는 것과 거리가 먼 소모적인 학습 방식, 교육과정과 수업 운영, 교육정책 추진 방식 등 교육의 비교육적인 운영의 종지부는 진보 교육감의 등장과 무관하지 않다. 2011년부터 혁신교육은 서울과 지역 일부 자치구를 중심으로 학교 단위에서 논의되었고, 또 대략 이 시기부터 전국적으로 혁신학교가 시범 운영되기 시작하였다. 혁신학교와 더불어 서울형혁신교육지구가 전면에 등장하게 된 시기는 2014년 11월 17일, 조희연 서울시교육감과 고 박원순 서울시장이 '서울교육도시 공동 비전'을 발표하면서부터라고 할 수 있다.

혁신교육지구의 핵심은 미래를 지향하는 좋은 교육을 하자는 것이며, 그 핵심에는 마을결합형 교육이 있다. 마을결합형 교육은 앞에서 제시한 것처럼 지금까지의 다소 비상식적인 공교육을 혁신하여 바로잡자는 것이다. 가르침과 배움의 공간이었던 학교를 다시 원래대로 되돌려 놓겠다는 것이다. 즉 가르침이 배움으로 연결되는 교육, 앎과 삶이 함께하는 교육, 이론과 실제가 통합되는 교육을 실천하겠다는 것이다. 이러한 학교교육의 배려와 보살핌의 목적은 학생들의 올곧은 성장이며, 학생들을 주체성이 분명한 강한 민주시민으로 키우는 것이다. 아동과 청소년 시기에 이렇게 성장한 시민은 자신의 목표를 주체적으로 정하고, 이를 향해 가는 과정에 어렵고 힘든 상황이 있어도, 또 때론 실패를 하더라도 좌절하지 않고 거침없이 일어나 자신이 추구하는 삶의 방향을 향해 꿋꿋하게 나가게 될 것이다. 그래서 교육이 중요하다. 이러한 교육의 중심에는 교육과정이 있고, 교육과정과 수업 및 평가가 따로 떨어져 파편화된 상태[4]로 작동하는 것이 아니라 하나의 얼개로 얽혀 교육과정 속에 수업과 평가의 방향이 담기도록 하는 것이다. 그렇게 됨으로써 교육과정만 보아도 어떤 수업과 어떤 평가를 해야 하는지 알 수 있는, 또 교육과정 속에 수업과 평가를 담음으로써 교육과정 중심으로 학교교육이 이루어지도록 하는 체계와 논리가 바로 서는 교육을 실천하는 것이다. 또한 혁신교육지구는 학교와 교사의 부담을 줄이고 마을이 교육공동체의 주체로서

4. 파편화라는 말은 서로 연관되어 있어야 할 요소들이 독립적으로 분리되어 있음을 의미한다. 만약 수업의 얼개인 교육과정, 수업, 평가가 서로 관련을 맺지 않고 각자 따로 분리되어 있다면 어떻게 될까? 교육과정을 알지 않아도 가르치는 데 별 지장이 없고, 또 가르친 내용을 보지 않고도 누구나 문제를 만들 수 있게 될 것이다. 교육과정과 무관하게 수업을 운영하고, 수업과 무관하게 교과서적 지식만으로 평가를 한다면 교육과정의 역할은 과연 무엇일까? 곰곰이 생각하지 않을 수 없다. 일반적으로 교사를 교육과정 전문가라고 이야기한다. 교육과정을 외면한 채 교과서만을 가지고 학생들을 가르치고 평가하는 교사에게 이런 지위를 부여하는 것이 타당한지 의구심을 갖지 않을 수 없다. 학교에서 교육과정을 구성한다는 의미는 목표를 정하고, 그 목표에 부합하는 수업을 구상하며, 수업 이후 평가해야 할 기준까지도 미리 살피는 것을 포함한다. 이렇게 교육과정은 수업, 그리고 평가가 파편화되지 않고 각 교육 요소들이 연결고리를 갖도록 구성해야 한다.

함께 서는 운동이며, 마을교육활동을 통해 혁신교육이 마을의 문화로 자리 잡도록 하는 교육실천운동이다.

2. 혁신교육 속에 담긴 마을결합형 교육은 무엇인가?

마을결합형 교육은 혁신교육의 한 부류다. 즉 혁신교육은 새로운 공교육의 추구로서 혁신학교와 혁신교육지구를 포함하고 있다. 여기서 혁신학교는 좋은 수업을 하겠다는 것이 핵심이다. 혁신교육지구가 추구하는 마을결합형 교육도 마찬가지로 좋은 수업을 하겠다는 것이다. 이 둘의 공통점은 학교 입장에서 보면 좋은 수업을 하는 것이다. 혁신학교는 좋은 수업을 위해 교사들이 스스로 또는 교원학습공동체를 통해 자신들의 수업을 세밀히 관찰하고 연구하여 학생들에게 의미 있는 수업을 제공하기 위해 노력한다. 수업 변화의 중심은 교사들의 협력과 고민을 풀어 나가는 '연구과정'에 있다. 물론 혁신학교도 좋은 수업의 최종 목표는 '마을과 함께하는 교육'이 되어야 할 것이다.

혁신교육지구의 마을결합형 교육은 두 가지 차원으로 진행된다. 그 한 축으로서 학교는 좋은 수업을 위해 마을의 교육 자원을 발굴하고 이를 학교교육으로 가져와 교육과정을 재구성하여 수업을 운영하는 것이다. 이를 '마을과 함께하는 교육'이라고 한다. 다른 한 축은 마을은 마을대로 학생들이 성장하는 데 필요한 마을교육기관을 세우고 좋은 마을강사 자원을 마련하여 마을 단위에서도 아이들의 키우는 일을 함께하는 것이다. 이것을 '마을교육'이라고 한다. 이렇게 하는 이유는 더 이상 학원 교육에 아이들을 내맡기지 않겠다는 것이다. 또 학교교사가 교과서와 교실의 울타리 안에서만 이루어지는 제한적 교육 내용과 환경에서 벗어나 마을교육 자원과 마을 강사와 협력하여 가르침으로써 훨씬 의미 있는 효과적인 교육을 하겠다는 것이다. 학교는 학교대로 마을과 함께 하는 교육을 추진하고, 마을은 마을대로 학생들을 성장시키는 데 필요한 질 좋은 탄탄한 마을교육기관을 만들고 이를 운영할 마을 강사를 양성하여 학생들의 교육과 성장을 맡는다면 학생들은 학교와 마을을 통해 지적인 성장과 인격적인 성장을 함께 도모할 수 있는 것이다. 이것이 바로 마을결합형 교육의 본질이며 마을교육공동체가 생태계 교육을 지향하는 모습이라고 생각한다. 혁신학교와 혁신교육지구의 차이는 마을에 접근하는 단계와 방식의 차이가 있을 뿐이다. 물론 교사의 입장에서 혁신학교와 혁신교육지구가 추구하는 공통점은 '마을과 함께하는 교육'을 통해 좋은 수업을 하는 것이다.

3. 학교교육은 왜 마을을 담아야 하는가?

마을을 학교교육에 담으라는 것은 마치 성벽과도 같은 울타리 속에 학교를 고립시키지 말라는 것이며, 또 교육은 교사만의 의무와 책임이 아니고, 전유물도 아니라는 의미이다. 아이들은 학교뿐 아니라 지역 또는 마을이 함께 키워야 한다. 이는 아이들과 청소년의 온전한 성장을 위해 학교와 마을, 교육청과 자치단체가 협력하여 교육공동생태계를 만드는 것을 목표로 한다는 의미이다.[서울시교육청, 2016] 즉 학교교육과정에 학생들의 삶의 기반인 마을의 맥락을 담음으로써 생동감 있는 교육을 추구하는 것이고, 학습의 주체인 학생들에게 앎과 삶을 연결시켜 교육에 생명력을 주는 교육을 지향하겠다는 것이다. 이와 같은 교육 여건을 학창 시절에 경험한다면, 또 학생 스스로 수업환경의 중심(주인공)으로 인식되는 기회를 가진다면, 단지 이력으로서의 학력學歷이 아닌 배우는 힘으로서의 학력學力이 형성될 것이다. 그리고 이렇게 되었을 때 학생은 거친 황무지 같은 사회의 벌판으로 나가더라도 당당한 사회인으로서 자신의 정체감을 드러내고, 사회와 교류하며, 강한 민주시민으로서 '개인적 가치 추구와 실현이 곧 공익이다!'라는 신념을 갖고 살아가게 될 것이다. 그런 의미에서 마을결합형 교육과 마을 융합수업은 미래교육의 의미를 갖는다고 할 수 있다.

마을결합형 융합수업은 수업을 더 수업답게 하는 것이다. 또 학생들 입장에서도 삶의 터전인 마을의 맥락이 수업에 반영되었을 때 더 잘 배우고 성장할 수 있다. 그렇지만 마을을 교육과정과 수업에 담는 일은 쉽지 않다. 교사들은 교과서를 가지고 학생을 가르친다. 교과서의 표준화된 개념과 원리는 매우 객관적이고 논리정연한 지식의 총체이다. 여기에 맥락을 담으려면 학생들의 삶의 공간인 마을을 찾아 그들과 그 부모들이 만들어 간, 즉 마을 사람들이 삶을 이루는 과정에서 만들어 낸 마을 자원과 문화를 찾아야 하고, 이를 다시 교육과정 속에 녹여 담는 과정이 있어야 한다. 그래서 가르치는 일은 쉽지 않은 전문가의 일이며 교사를 전문가라고 부르는 것이다. 이런 방법의 수업은 절차도 훨씬 복잡하다. 그렇지만 이들 노력의 결과는 교사 입장에서는 보람을 얻는 즐거운 수업이 될 것이고, 학생 입장에서도 맥락을 공유하는 협력학습으로 좋은 배움의 과정이 될 것이다. 이것이 바로 학교 변화의 진정한 모습이다. 그런 의미에서 마을결합형 융합수업은 해방 이후 줄곧 학교교육 문제의 중심에 놓였던 경쟁 중심의 학습에서 협력 중심 학습으로 변화하려는 시도라고 할 수 있다.

예컨대 마을의 맥락은 같은 사건이라도 보는 사람의 관점에 따라 또 학습자마다 다른 의미와 다른 상황으로 이해한다. 그래서 마을을 담은 수업은 개인차를 반영하면서도 협동학습을 추구하는 데 유리하다. 개인차를 반영하는 개별화 수업 방법은 다양하고 많다. 마찬가지로 협동학습으로 수업을 지도하는 방법도 다양하다. 그러나 이 두 가지를 함께하는 수업은 쉽지 않다. 이미 알려진 수업 방법이지만 주제 중심 프로젝트 수업도 마을을 주제로 운영하면 아주 좋은 수업 과정과 결과를 얻을 수 있다. 즉 마을의 다양한 현상을 주제로 가져와 각각의 의미로 프로젝트를 만들어 서로 협력하면서 학습을 하도록 수업을 운영하는 것이다. 즉 마을결합형 융합수업은 블록타임 수업이나 co-teaching 수업과 같이 두 개의 교과 또는 세 개의 교과 교사들이 모여서, 협의를 통해 각 교과별로 다루어야 할 주제가 정해지면 수업을 위해 교과 재구성을 하는 것이다. 이것이 바로 교육과정 중심 수업으로 가는 길이며, 협의와 협력으로 수업을 운영하는 것이다. 그래서 수업연구를 해야 하며, 이것은 오로지 아이들의 배움과 성장을 진정으로 원하는 교사들의 몫이고, 전문가가 해야 할 일이다. 이러한 노력이 수업 개선의 변곡점을 만들어 낼 수 있을 것이다.

앞으로 미래를 살아갈 학생들에게 주체적으로 살아갈 기반으로서 삶의 목록을 만들어 주는 수업을 구성하는 일은 교사들의 전문가적 안목이 있어야 가능하다. 지금까지는 '학급의 많은 학생들을 가르쳐야 하는데 어떻게 개인 중심의 수업이 가능한가?'라고 말해 왔지만, 그러한 주장은 지금까지 일반적인 강의식 수업이 그래 왔듯 표준화된 교과서 지식을 가르치고 그것을 평가하면 그만이었던 시절의 이야기다. 이 방식은 어찌 보면 쉽고 단순하다. 그러나 마을을 수업과정 속으로 가져오는 방식은, 또 마을의 문화와 학생들의 삶의 목록을 수업에 담는 일은 누구나 할 수 있을 만큼 단순하고 쉽지 않다. 그래서 교육과정 재구성이 어렵고, 수업이 쉽지 않은 것이다. 사실 교사들은 마을을 담는 수업을 위해서 동료 교사들과 함께 고민해야 한다. 그래야 교사의 협력과 고민이 바로 학생들의 협동과 개별화 수업으로 이어지고, 수업의 변화가 생긴다. 거듭 강조하지만 수업 개선의 마침표는 역시 '마을과 함께하는 교육'을 지향하는 것이다. 이를 위해 교사들은 마을을 탐구 대상으로 삼아야 하고, 이를 위해 때로는 마을 자원을 탐방하고 이를 바탕으로 수업을 꾸미는 일을 고민해야 할 것이다. 혁신교육의 마침표는 '마을과 함께하는 교육'을 통한 수업 개선이다.

4. 마을결합형 융합수업과 마을

마을결합형 융합수업은 학교수업에 마을을 담기 위해 학교와 마을이 함께 협력하는 생태적 마을교육공동체의 교육 방식이다. 즉 학교는 학교대로 마을과 함께하는 교육과정 구성과 수업 운영이 이루어지고, 또 마을은 마을대로 방과 후 학생들의 성장을 지원하기 위해 마을교육기관과 프로그램, 마을 강사를 발굴하고 역량을 키워 학교수업 이후 학원으로 향하는 학생들을 마을로 불러들이는 것이다. 한때 '열린 교육은 교사들의 뚜껑을 열었고, 거꾸로 수업은 교사들을 거꾸러뜨렸다'는 자조적인 유머가 교사들 사이에 회자된 적이 있다. 즉, 위로부터 내려온 하향식 교육혁신이나 수업 개선 관련 정책들의 전략은 학교 안에서만의 변화이고, 교과서의 틀을 고집하는 개선이었다. 이는 실제적인 것이라기보다는 모양만 바뀌는 것이었다. 학교 안에서 교과서만을 가지고 하는 그 어떤 수업도 학생들의 관심과 흥미를 이끌어 내기 어렵고, 교사만 변화하는 체하다가 마는 반쪽짜리 변화를 이끄는 혁신이었다. 그랬기 때문에 그 성과를 잘 포장해서 만들어 냈을지는 몰라도(또 일부 성과가 나타났을지 몰라도) 실질적인 교육 저변의 변화로 이어지지는 못했다.

사회 분위기와는 달리 지금까지 교사나 학생들은 여전히 외부에서 유입된 그 어떤 정책들에 대해 기대하거나 호응하는 일이 별로 없다. 반면에 마을결합형 융합수업은 마을교육공동체, 교육생태계의 복원 등을 추구하는 교육혁신으로 관심과 참여를 이끌기에 충분한 가치와 매력이 있다. 이를 위해 학교 또는 교육기관이 독자적으로 추진하기보다는 민·관·학을 구성하여 함께 노력해야 한다. 즉 학교는 학교대로 마을을 담는 교육을 추진하고, 각 시도의 자치구도 자치구대로 마을교육을 위해 좋은 교육 자원과 강사 및 프로그램을 만들기 위해 고민해야 하는 것이다. 이러한 분위기가 학교 교실에, 또는 마을교육기관에 연결되었을 때, 학생들의 학습 동선이 '학교-학원-집'이 아니라 '학교-마을-집'으로 바뀌는 것이다. 그렇기 때문에 마을결합형 융합수업은 지금까지의 교육 패러다임을 벗어나는 새로운 접근이라고 할 수 있다.

21세기 초반인 현재를 기점으로 지금까지의 교육을 과거 교육으로, 앞으로의 교육을 미래교육으로 구분하고, 과거와 다른 교육을 추구하는 마을결합형 융합수업의 차이를 비교해 보자.

첫째, 과거 교육은 학교 울타리를 넘지 못하는 학교 울타리 안의 교육이다. 그러나 적어도 마을결합형 융합수업은 학교 울타리를 넘나드는 교육이고 마을과 함께하는 교육이다.

둘째, 과거 교육은 텍스트 중심의 수업이다. 그러나 마을결합형 융합수업은 텍스트text: 교과와 콘텍스트context: 맥락가 함께하는 수업이다.

셋째, 과거 교육에서 가르치는 일은 오로지 학교교사들의 몫이다 그러나 마을결합형 융합수업은 아이들의 성장과 교육을 학교교사와 마을이 함께한다. 아이들을 키우는 데 학교와 교사 혼자가 아닌 것이다.

넷째, 과거 교육은 '아이들을 어떻게 가르칠 것인가?'에 대한 탐구가 똑같이 부여하는 의미로서 '평등equality'의 가치를 추구했다. 즉 학생 누구나에게 똑같은 시간에 똑같은 내용을 전달하는 교육에 초점을 둔 것으로, 그곳에서는 학생들이 어떤 경험을 하고 어떻게 느끼는지에 대해서는 그다지 고민하지 않았다. 그러나 마을결합형 융합수업은 차이를 존중하는 '형평equity'의 가치를 추구한다. 즉 '학교와 교실에서 그리고 수업에서 학생들이 무엇을 배우고 무엇을 경험하묘 무엇을 느꼈는가?'가 탐구의 대상이 된다. '무엇을 가르쳤는가?' 하는 것보다 '가르침과 배움이 있는 학교활동 과정에서 학생들은 무엇을 느끼고 경험했는가?'를 탐구의 대상으로 삼는다. 그러므로 마을결합형 융합수업은 교육이 지향해야 할 미래인 것이다.

5. 마을결합형 융합수업으로 학교교육과정 운영

미래 학교교육은 닫힌 교실의 책상에 앉아 교과서와 교사용 참고서를 가지고 지식을 계승, 축적하여 답을 찾아내는 방식을 넘어, 문제를 발견하고 탐구하여 새로운 의문과 호기심에서 비롯된 질문을 만들어 협동적으로 해결책을 찾아내는 능력까지도 길러 내야 한다. 따라서 학교교육과정도 마을결합형 융합수업이 가능하도록 구성해야 한다. 사실 학교는 지역과 마을이 구성하는 공동체(교원, 학생, 학부모, 지역사회 등)에 의해 구성된 공간이다. 따라서 학교교육과정은 학생들이 사는 지역과 마을의 요소 및 특성까지 반영하는 것은 어찌 보면 당연하다. 즉 학교에서 운영되는 교육과정은 국가가 법으로 정한(법제화된) 수업시수로서 교육과정과 학교의 다양한 특성이 프로그램으로 녹아들어 만들어져야(학교에서 개발한 다양한 교육 내용) 한다. 학교마다 법제화된 수업시수로 운영되는 국가 수준의 교육과정, 즉 교과 수업은 대부분 비슷하겠지만, 지역과 마을의 특성과 학생들의 관심에서 비롯된 학교교육과정은 지역마다 다를 수밖에 없기 때문에 이런 차이를 반영한 교육을 한다면 학생들은 자신의 정체성identity을 살필 기회를 얻게 될 것이다. 그렇기 때문에 학교교육과정을 잘 만들어 운영하려면, 학교 울타리 밖에 있는 마을에도 관심을 가져야 한다. 즉 학교 주변의 마을이 곧 학교교육과정의 기반이자 토대가 되어야 하는 것이다.

학교교사는 교과서와 문제집에 의존하지 않고 학생에게 유의미한 교육적 경험, 성장을 위한 자원과 기회 등을 발굴하고 제공하기 위해서 교과서 밖 또는 학교 밖에서 정보를 수집하여 자신의 수업에 맞게 교육과정을 재구성해야 한다. 즉 학교는 교사가 학생, 학부모와 소통하고 마을과 함께 협력하며 미래 사회에 필요한 역량을 기르는 교육공동체가 될 수 있는 학교교육과정을 구성해야 한다. 그러한 노력의 한 방법이 '마을과 함께하는 교육' 또는 '마을결합형 융합수업'을 지향하는 학교교육과정이다. 마을결합형 융합수업 교육과정을 유형별로 보면 다음과 같다.

[표 1] 마을결합형 수업의 교육과정 유형

마을 중심 마을결합형 수업			학교 중심 마을결합형 수업		
마을 초대 프로그램형	학교 개방 프로그램형	학교 지원 교육과정형	마을결합형 학년교육과정형	마을결합형 교과교육과정형	마을결합형 학교교육과정형
마을 자원을 학교에서 기획한 프로그램에 활용하거나, 마을배움터에서 개발한 프로그램을 이용하는 것	학교 시설(체육관, 도서관, 운동장 등)을 마을에 개방하거나, 지역 주민을 대상으로 평생학습 프로그램을 운영하는 것	학교교사와 협력하여 교육과정을 계획하고 수업을 함께 운영함. 여기서 마을교사는 학교 수업 관련 지원 활동을 하는 것	특정 학년 단위로 공동체의 비전을 수립하고, 이를 바탕으로 정규 교과 및 창의적 체험활동 교육과정을 운영하는 것	특정 교과 단위로 공동체의 비전을 수립하고, 이를 바탕으로 정규 교과 교육과정을 다양한 마을결합형 프로그램을 편성 운영하는 것	전체 학교 차원에서 공동체의 비전을 수립하고 이를 바탕으로 정규 교과 및 창의적 체험활동, 방과 후 교육활동 등 마을에 관한 마을을 통한 마을을 위한 교육을 체계적으로 실시하는 것
마을 연계 방과 후 프로그램, 마을축제 참여 등	체육관 개방 프로그램, 마을 주민 대상 평생교육 실시 등	마을 강사의 학교수업 협력 및 수업 지원 등	마을 시설을 자유학기제로 운영	생물과의 자연생태 탐사, 역사시간 박물관 견학	정규 교육과정 편성 및 거버넌스 조직으로 전면적 체계적 통합적으로 운영

6. 마을결합형 융합수업의 교육과정 재구성 과정

마을결합형 융합수업을 운영하려면 학교교육과정을 재구성해야 하며, 이를 위해 우선적으로 해야 할 일은 다음과 같다.

첫째, 학교 거버넌스(교육 협의체라고도 함)를 구성해야 한다. 학교 거버넌스는 조직의 성격으로 보면, 학교교육과정위원회의 분과로서 학교교육과정 구성을 지원하는 조직이라 할 수 있다. 실제로 학교교육과정위원회를 민·관·학의 형식으로 구성한다면 더없이 이상적인 교육과정위원회일 것이다. 그렇지만 실제로 그렇게 구성하는 것이 쉽지 않다. 따라서 학교교육과정위원회를 지원하는 조직으로 그 역할을 할 수 있다. 학교 거버넌스가 해야 하는 우선적 역할은 학교의 특성과 교사들의 요구 및 분위기 특성에 맞게 마을과 함께할 수 있는 학교교육 프로그램 또는 인적 자원을 찾아내는 일이다. 지역과 함께할 수 있는 담당 부서로 방과후, 복지, 진로, 창의체험부의 부장이나 담당자가 주로 여기에 속한다. 또 교과로 보면, 사회, 역사, 도덕, 체육, 음악, 미술 등이 해당된다. 물론 모든 부서와 교과가 다 지역과 관련을 맺을 수 있다고 해도 틀린 말은 아니다. 그러므로 모든 교사와 교과가 학교 내 거버넌스 협의체의 구성원이라고 할 수 있다. 교사협의체를 만들려면 전체 교직원을 대상으로 한 연수가 필요하며, 마을결합형 융합수업 운영에 관심을 갖는 교사 자원을 확보하는 것이 중요하다. 이들이 결국 마을결합형 융합수업 프로그램을 개발, 운영하는 데 중심이 되어야 하기 때문이다. 다음은 마을의 지역적·환경적·행정적 특성 파악이다. 실제로 학교 거버넌스는 민·관·학(주민-지역구청·주민센터·복지관-학교)이 가장 바람직하지만, 민·학(주민-학교)이나 관·학(지역구청·주민센터-학교)도 협의체의 한 방식이 될 수 있다. 이를 위해 구청에서 마을 중심의 학교협의체(◇◇구청의 경우 ○○교육두레 마을학교 등)가 있는지 알아보아야 한다. 각 자치구의 주민센터에 가면 동장이나 공무원 가운데 마을교육과 관련해 협력을 얻어 낼 수 있는 담당자를 확보할 수 있다. 이들을 중심으로 학교 거버넌스가 구축되어야 한다.

둘째, 학교교육과정의 분석과 검토이다. 학교교육과정을 분석하려면 학교교육 계획서, 학교교육과정 계획서, 학교 프로그램, 학교특색사업 등을 모두 살펴보아야 한다. 학교교육 계획서는 학교의 전반적인 교육

운영 계획을 담은 문서로, 전년도 운영에 대한 만족도 여부를 다루는 부분이 대체로 계획서의 앞면에 기술되어 있다. 여기서 만족도가 높은 항목과 낮은 항목을 구별하고, 낮은 항목에 대해 왜 그런 결과가 나왔는지 이것을 마을과 연계시켰을 때 교사, 학생, 학부모가 더 만족할 수 있는지 분석하여 정리하는 것이 필요하다. 다음은 학교교육과정 계획서 검토이다. 학교교육과정 계획서에는 교육과정 기준 편제가 있고, 교과 및 창체(창의적 체험활동)에 대한 시간 편제가 있다. 여기서는 교과보다 창체의 편제를 살피고 이 편제에서 학교가 추구하는 방향이 무엇인지를 분석하는 것이 필요하다. 그리고 주무 담당자나 마을교육 협의체에서 마을결합형 융합수업을 추구하려면 교육과정 편제의 내용을 어떻게 구성하고 적용해야 할지를 고민해야 한다. 특히 학교특색사업에서 마을결합형 프로그램 개발과 연계되는 것은 없는지, 또 어떻게 관련을 맺고 연결고리를 갖게 할 것인지를 생각해 보아야 한다.

셋째, 마을결합형 융합수업 교육과정 및 프로그램 개발이다. 마을결합형 융합수업 및 프로그램이 학교교육, 학교교육과정 정상화에 기여한다는 관점과 원칙을 분명히 밝혀야 한다. 말하자면 마을결합형 융합수업을 위해 학교교육과정이 축소되거나 편의적이 되면 곤란하다. 마을결합형 융합수업은 학교교육의 기회와 경험을 더욱 풍부하게 넓히고자 할 때, 마을 공간을 활용한다는 데 의미를 두고 있기 때문이다. 프로그램은 학교 자체에서 개발하는 것을 권하지만, 지역에 있는 기관과 연계하여 프로그램을 운영하는 것도 하나의 방법이다. 특히 경계해야 할 점은 프로그램의 남발이다. 성과나 실적을 위한 프로그램의 전시성 운영은 학교교육의 부실로 이어져 자칫 학교 구성원 사이에 갈등을 일으킬 수도 있다. 앞에서 설명한 내용을 간단하게 표로 정리하면 다음과 같다.

[표 2] 마을결합형 융합수업 교육과정 재구성의 과정

	학교 거버넌스 구성		마을결합형 학교교육과정 분석 및 검토	마을결합형 융합수업 교육과정 및 프로그램 개발
	학교 내 거버넌스(협의체) 구성	학교 밖 거버넌스(협의체) 구성		
활동 분야 또는 영역	-각 부의 마을결합형 관련 여부 -각 교과의 마을결합형 관련 여부 -교사 가운데 마을결합형에 관심을 보이는 정도	-지역구청 -동사무소 (주민센터) -지역복지관 -지역도서관 -마을공부방 -청소년문화센터	-학교교육 계획서 -학교교육과정 계획서 -학교특색사업 -외부 선정 학교교육 프로그램	-마을결합형 학교교육과정 구성 -마을의 교육과 연계하는 프로그램 -지자체 마을학교 프로그램과 연계

7. 맺음말

마을결합형 교육 및 융합수업의 본질은 학교와 마을이 함께 아동과 청소년을 키워야 한다는 것이다. 수업과 학교교육과정에 마을을 담지 않는 교육은 초라하다. 수업을 계획하고 운영하는 데 또 교육과정을 구성하는 데 마을을 담을 수 있어야 교육의 의미가 커질 수 있다. 마을의 입장에서도 아이와 청소년을 키우고 성장시키는 데 무관심하면 더 이상 마을의 미래는 없다. 마을은 아이를 키우기 위해 마을교육기관을 만들고 마을 강사를 발굴하여 운영하는 데 전력해야 한다. 이처럼 학교는 학교대로 마을은 마을대로 아이들의 교육에 온 힘을 쏟아야 한다. 즉 마을은 자라나는 우리 아이들과 청소년들의 배움의 공간이 되어야 한다.

학교는 학교대로 마을과 함께하는 교육을 추구하고, 마을에는 아동과 청소년들이 활동을 통해 스스로 커 가는 과정이 있어야 한다. 이 두 가지의 추구가 바로 마을교육공동체의 의미이며, 생태적 교육을 지향하는 교육이다. 혁신교육지구와 마을결합형 교육에 대한 관심 정도와 운영 방법은 지역과 자치구에 따라 다르다. 서울은 공식적으로 7년 차를 맞고 있다. 이제 막 출발 과정에 있으며, 아직 교사들의 공감대도 그다지 크지 않다. 그렇지만 뜻이 통하면 천 리도 지척이라는 말이 있다. 학교가 마을과 함께하는 것을 어색해하는 면도 있긴 하지만, 마을과 함께하는 교육이 미래교육의 방향이라는 사실은 부인하기 어렵다. 그 길로 가는 데 어려움이 있다면 학교와 마을이 함께 고민하고 노력하여 헤쳐나가야 할 것이다.

수업에서 마을을 만나다

구본희(관악중학교 교사)[5]

마을이 대세다. 서울에서도 여기저기 마을과 관련된 일들이 벌어지고 있다. 마을과 관련된 책들도 많이 나왔고, 곳곳을 돌아다니다 보면 새롭게 단장한 마을 관련 표지판들도 눈에 띈다. 아이 하나를 키우는 데 온 마을이 필요하다고 했던가? 하지만 아직 학교는 마을과 함께 아이를 키우는 것에 익숙하지 않다. 마을에 계신 분들은 학교의 담장이 너무 높다고 하지만 학교에 있는 우리들은 마을에 대해 아는 것이 없다. 처음 시작은 그랬다. 내가 근무하는 학교, 그 학교 근처에 사는 아이들, 그 아이들의 모습을 좀 더 세밀하게 들여다보자. 그네들이 어떤 환경에서 어떻게 사는지 알아보자. 그렇게 마을에 대한 관심은 시작되었다.

아이들은 이 지역에 오래 살아왔지만 교사는 대부분 뜨내기다. 마을에 대해서는 아이들이 교사보다 아는 것이 많다. 그런데 아이들에게는 그냥 일상이고 생활이기 때문에 애정이 비집고 들어갈 틈이 없다. 먼 훗날 내가 살던 장소를 떠올릴 때 따뜻한 기억이 밑에서부터 차오르는 경

5. 앎과 삶이 연결되는 수업을 고민하는 국어교사입니다. 마을에서 수업 소재를 찾으려 애쓰고, 그런 수업에서 학생들의 반짝거리는 눈을 보며 희열을 느낍니다. 교직 20년의 경험에도 불구하고 항상 배움에 목말라하며 배운 것은 동료 교사와 나누려 애쓰며 삽니다. 교사와 학생 모두 마을수업을 통해 시민으로 성장하는 학교를 꿈꿉니다.

험이 전부가 될지도 모른다. 그래서 아이들에게 내가 사는 마을을 둘러 볼 기회를 주어야겠고 생각했다. 그 안에서 추억은 각자의 몫이겠지.

한곳에서 나고 자라 잠시 다른 곳에 살았다 하더라도 다시금 내가 살던 곳으로 돌아와 그 근처에서 생업을 일굴 만한 일자리를 찾고, 그렇게 다시 뿌리를 내릴 수 있다면 마을은 언제나 지속가능한 삶터가 되지 않을까? 지역에서 내가 쌓아 온 인맥 네트워크를 이용해 마을에 기여도 하고, 내 밥벌이도 되는 삶이라면 충분히 소박하게 행복할 수 있을 것 같다. 이것은 마을을 아는 것에서 시작될 것이다. 학생들이 내가 발 딛고 사는 이 동네에서 다양한 사람들과 다양한 관계를 맺으며 즐겁게 살았으면 좋겠다고 생각했다. 매일 지나치던 골목길이 다르게 보이고, 매번 만났던 가게 주인아주머니가 다르게 보이며, 그들에게 삶의 지혜를 얻을 수 있는 그런 경험을 주고 싶었다. 낯선 먼 곳으로 떠나지 않고서도 조금만 다른 시각으로 주변을 둘러보면, 이미 익숙하다고 생각한 것도 새롭게 바라볼 수 있다는 걸 알려 주고 싶었다. 먼저 수업 시간에 이것저것 시도를 해 보았다.

1. 수업 시간에 마을을 둘러보다

1) 장소에 얽힌 사연: 동네 이야기 쓰기(국어+영어)

가장 먼저 했던 마을 관련 수업은 '나의 동네 이야기 쓰기'였다. 국어과에서는 『나의 사직동』한성옥 지음이라는 그림책을 읽어 주고 '나의 동네 이야기'를 썼다. 이 그림책은 사직동 골목에서 이웃과 복닥거리며 지내던 어린 소녀가 재개발로 인해 마을을 떠나게 되고, 이후 아파트가 되어 버린 사직동으로 돌아와 더 이상 나의 사직동은 남아 있지 않다는 얘기를 하며 끝맺는 내용이다. 이와 같이 장소에 얽힌 이야기들을 적어 보라고 했다. 마을의 골목길이나 집이어도 되고, 다락방 같은 장소여도 괜찮다고 했다. 아이들은 자신의 삶을 돌아보며 살았던 곳과 어린 시절의 경험을 풀어놓았으며 친구들의 글을 돌려 읽으며 타인에 대한 이해를 높일 수 있었다. 『나의 사직동』을 이미 읽어서인지 아이들은 바뀐 동네의 옛 기억을 많이 썼다. 엄마 대신 자신을 돌봐 주었던 할머니의 집 이야기, 엄마가 바쁘실 때마다 자신을 맡겨 두었던 가게 이야기, 도둑질을 했던 이야기나 위험했던 사고 등 솔직하게 풀어놓은 아이들의 글은 많은 감동을 주었다.

영어과에서는 국어 수업이 끝나고 난 후 관악의 소식을 알리는 '우리 동네 신문'을 만들었다. 이미 내가 사는 동네에 대해 한번 생각을 해 본 터라 더욱 쉽게 접근할 수 있었을 게다.

2) 우리 동네 이야기: 동네 지도 만들기(국어+도덕)

인천 배다리골에서 우연히 지도 한 장을 보았다. 동네 지도였는데 그곳에서 자신이 겪었던 경험들이 그려져 있었다. 지도라면 객관적인 지식을 전달하는 것으로만 생각했었는데, 그 지도를 본 순간 주관적 지식으로 만든 지도가 가능하겠다는 생각이 들었다. 동네에 얽힌 갖가지 이야기를 지도로 만들어 볼 수도 있겠구나 싶었다. 마침 도덕 선생님이 인권 수업을 하신다고 하기에 국어과와 도덕과 주제통합수업으로 동네 지도 만드는 수업을 기획했다. 모둠을 만들고 모둠별로 인권과 관련된 도덕과 주제, 스토리가 있는 국어과 주제를 정했다. 1반은 1교시 국어, 2교시 도덕, 2반은 1교시 도덕, 2교시 국어 이러한 방식으로 시간표를 바꾸니 두

반이 두 시간 동네 답사를 할 수 있었다. 수업 시간에 아이들은 현장 답사를 갔다. 자신들이 정한 도덕 주제와 관련된 장소, 국어 주제와 관련된 장소를 찾아 사진을 찍고, 그림을 그리고, 설명을 쓰며 열심히 답사를 하였다. 전체 예약 문자를 통해 정리하고 돌아와야 할 시간이 되었음을 알려 주었고, 문자와 SNS를 이용해 지금 답사하고 있는 모습의 사진을 담당 교사에게 보낼 수 있도록 하였다. 주제에 맞는 장소를 못 찾겠다고 징징대는 학생들 때문에 나 또한 하수구나 벽화 등 아이들이 정한 주제에 맞는 장소를 찾아다녀야 했다. 이 수업 이후에 학교 근처 골목길을 다니면 미장원, 화분 등등을 눈여겨보게 되었다. 학생들만큼이나 나도 이 동네가 다르게 보이는 경험이었다.

3) 강감찬 장군을 만나요: 낙성대 답사(국어+역사)

학교 바로 앞에 낙성대가 있는데도 아이들은 낙성대 공원에서 놀아본 적은 있지만, 그 안에 있는 안국사까지 들어가 본 경험은 거의 없었다. 마침 역사에서 고려 시대를 배우고 있어 역사과와 주제통합수업으로 낙성대를 답사했다. 국어에서는 지붕의 종류, 탑, 비 등에 대한 읽기 자료를 미리 읽게 한 후 내용 요약하는 수업을 했다. 답사 때 '묘사하기'를 하려 했기에 묘사하기 수업도 따로 진행했다. 역사에서는 고려 시대에 대한 관련 책을 읽고 거란의 침입과 관련된 역사를 배웠다. 두 시간을 묶고, 두 반을 묶어 낙성대로 답사를 다녀왔다. 답사 나가서 국어에서는 묘사하는 글쓰기, 역사에서는 유적지, 유물을 그리고 설명을 쓰는 활동을 했다. 가는 길에 강감찬 장군의 생가터에 들렀다. 활동 시간이 길지 않았기 때문에 아이들은 몹시도 바쁘게 활동에 임해야 했다. 각 수업 시간별로 미처 다 하지 못한 것은 다시 정리한 후 소감을 썼다.

4) 세대 공감: 동네 어르신 인터뷰(국어+도덕+역사)

아이들에게 동네 어르신과 인연을 맺어 주고 싶다는 생각을 했다. 아이들이 별나라 사람들처럼 노인들을 대하지는 않는지 문득 걱정이 들었고, 최선을 다해 살아온 분들의 이야기를 들어 보며 노인 문제가 남의 이야기가 아니라는 걸 깨달았으면 싶었다. 이런 이야기를 하니 도덕 선생님과 역사 선생님도 함께하면 좋겠다는 말씀을 하셨다. 사회를 배웠다면 사회과와 함께해도 좋았을 것이다.

국어 시간에는 면담하기 수업을 했다. 아이들은 모둠을 만들어 동네 어르신 중 한 분을 면담했다. 신문으로 인터뷰를 풀어 쓰는 글에 대한 수업을 했고, 인터뷰를 한 후 녹취한 것을 재구성하여 인터뷰 보고서 쓰기를 했다. 도덕 시간에 가치에 대한 내용이 있는데 인터뷰에서 어르신들의 가치관이나 삶에서 찾을 수 있는 가치를 찾아보게 했고, 역사와 관련지어서는 역사가 과거의 죽어 있는 지식이 아니라 지금 이 순간에도 살아 숨 쉬는 현실이라는 사실, 또 역사가 역대 제왕이나 영웅의 일대기만이 아니라 우리 할아버지, 할머니, 부모님과 이웃 사람들의 삶이라는 사실을 배우는 시간이었다. 커뮤니티 맵핑 센터와 연락이 닿아 아이들은 인터뷰한 장소를 맵핑했고, 이것을 함께 묶어 책자로 만들기도 했다.

5) 공간에는 누군가의 사연이 있다: 동네 그림책 만들기(국어+미술)

미술과와 함께 동네 그림책 만드는 수업을 했다. 모둠을 만들어 국어과에서 그림책의 대본을 썼다. 자신의 이야기나 친구의 이야기를 가공하여 재미를 더한 대본을 만들고, 미술과에서는 대본을 바탕으로 그림을 그려 우리 동네에 얽힌 이야기를 담은 그림책을 만들었다. 이를 제본

하여 자료집으로 묶었는데, 그때 썼던 발간사이다.

어떤 장소에는 그 장소에 얽힌 나만의 기억이 있습니다. 어렸을 때 친구들과 뛰놀던 골목, 자주 들르던 가게, 동생과 다투던 앞마당, 혼자 공상에 잠기던 좁은 내 방…. 어찌 보면 각각 장소에 남겨진 기억들의 총합이 바로 지금의 나라고 할 수도 있습니다. 동네에서 매일매일 이루어지는 아이들의 삶, 그 모습을 남기고 싶었습니다. 아스라이 멀어지는 순간순간을 지금 여기로 불러와 다시 되새겨 보면서, 나의 성장을 되돌아보게 하고 싶었습니다. 그렇게 우리 동네 이야기 그림책 만들기 수업을 열었습니다.

시작은 2014년이었습니다. 자유학기제를 계기로 그때 1학년이었던 이 아이들과 동네와 관련된 수업을 했습니다. 역사과·국어과가 함께 학교 앞 낙성대 답사를 가기도 했고, 도덕과·국어과가 함께 동네를 돌아다니며 주제를 잡아 동네 지도를 만들기도 했습니다. 영어과에서는 동네의 뉴스를 영어 신문으로 만들었습니다.

동네 그림책 만들기의 시작은 동네에 얽힌 자신의 이야기를 글로 써 보는 것이었습니다. 『나의 사직동』이라는 그림책을 읽어 주면서 그림책처럼 동네나 어떤 장소에 얽힌 나의 기억을 풀어 보도록 하였습니다. 아이들은 매우 솔직하게 자신이 거쳐 왔던 장소들과 어린 시절의 경험을 글로 썼고, 돌려 읽고 고쳐 쓰면서 한 편의 글로 다듬었습니다. 엄마 대신 자신을 돌봐 주었던 할머니의 집 이야기, 엄마가 바쁘실 때마다 자신을 맡겨 두었던 가게 할머니 이야기, 도둑질을 했던 이야기나 동생이 머리를 다쳐 아찔했던 사고, 마을 사람들과 함께 길고양이를 키운 이야기, 지금은 사라진 동네 가게 이야기. 아이들의 글은 매우 감동적이었습니다.

1학년 때 아이들이 썼던 글을 보관하고 있다가, 3학년이 되었을 때 그 글을 바탕으로 그림책 만드는 수업을 진행하였습니다. 모둠에서 친구들의 이야기를 각색하거나, 새롭게 만들어 동네 그림책을 만들기 위한 기본 줄거리를 만들었습니다. 미술 시간에는 이러한 이야기를 바탕으로 한 장씩 정성스럽게 그림을 그렸습니다. 아이들의 노력으로 멋지게 탄생한 그림책들을 넘겨 보며 그냥 두기가 아까워 자료집으로 묶을 생각을 하였습니다.

관악중학교 학생들이 이 동네와 어린 시절의 추억을 간직하며 멋진 어른으로 자라, 자신들의 재능을 이웃과 마을을 위해 풀어놓는 사람이 되었으면 좋겠습니다.

6) 우리 동네 마을길: 마을길 만들기(국어+체육+미술)

요새 마을마다 다양한 마을길이 생기고 있다. 아이들과 주제를 잡아 마을길을 만들어 보았다. 모둠별로 주제를 잡아 수업 시간에 답사를 가고 장소를 연결하여 길을 만들었다. 체육과에서는 이와 비슷하게 마을 조깅길을 만들었으며 미술과에서는 이것을 예쁜 지도로 만들었다. 다음은 마을길을 만들어 본 아이들의 소감이다.

우리 모둠은 중간에 주제를 바꿔서 시간이 부족했다. 코스 지도를 만드는 게 가장 힘들었다. 선을 하나하나 그려야 했고 그림 위에 표시하는 게 익숙하지 않아서 힘들었다. 하지만 길을 완성하고 보니 주제에 맞는 장소를 잘 정한 것 같고, 그 길을 따라 산책해 보면 재미있겠다는 생각이 들었다. 마을길을 만들고 친구들 발표를 들으니 주제도, 장소도 겹치지 않아 신기했다. 다른 반 친구들은 어떻게 발표했을지 궁금하고, 보고 싶다. 책이 빨리 나와서 여러 가지 길을 살펴보고 싶다. 우리 동네에서 몰랐던 장소를 알게 될 것 같다.

_4반 ○○○

마을길 프로젝트는 매우 어려웠다. 처음에 주제를 잡는 데서부터 막혔다. 우리는 겨우 '혼밥'이라는 주제를 잡았다. 리플릿을 만들 때에는 내가 각 장소의 홍보팀에 취직한 거 같았다. 처음에는 그냥 썼다가 나중에 글을 정말 많이 늘렸는데 힘들었다. _1반 ○○○

마을길을 만든다고 했을 때 굉장히 크고 어려운 프로젝트일 거라고 생각했다. 하지만 처음 준비하면서 마음속에서 무의식중에 필요하다고 생각했던 것들이 아이디어로 떠올랐다. 그래서 주제도 쉽게 정하고 동네도 돌아다니면서 추억을 쌓았다. 친구들의 발표를 보고 나는 생각하지 못했던 아이디어들과 장소들에 감탄했다. 조금 급조해서 하다 보니 부족한 조도 있고, 또 정말 감탄이 절로 나올 정도로 잘한 조도 있었다. 어쨌든 다들 열심히 하려고 했던 모습들이 떠올라 기분 좋았다. 우리 반만 해도 많은 새로운 것들을 배웠는데 다른 반들 것까지 한꺼번에 책으로 만들어진다니 매우 기대된다. 진짜로 우리가 만든 길이 실제로 유명해진다면 그것 또한 재미있을 것 같다. _3반 ○○○

7) 관악의 보물찾기(국어)

우리 동네의 보물을 찾아보는 활동이다. 우리가 흔하게 지나치는 물선노 충분히 보물이 될 수 있다고 생각했다. 일상에서 보물을 찾아내고 이를 해석해서 자신의 말로 풀어내는 것이 관건. 국어 시간에 두 명씩 한 조로 주제를 정해서 한 시간 답사를 다녀온 후 그 결과를 보고서로 정리했다.

[표 3] 관악의 보물찾기 활동 주제 예시

반	내용
1반	카페, 골목길, 나뭇가지, 가로등, 공중전화, 변기, CCTV, 레스토랑, 세탁소, 넥타이, 김밥집, 길고양이
2반	일식집, 거미, 태극기, 바위, 샤로수길, 치킨집, 노을이 멋진 길, 스터디 카페, 중식집, 옷 가게, 디저트 가게, 공방
3반	운동장, 먹을거리, 문구점, 학교, 놀거리, 애견시설, 로드샵, 코인노래방, 횡단보도, 화분
4반	혼밥집, 놀이터, 균열(금), 약국, 미용실, 인헌시장, 편의점, 개인 빵집, 버거, 애완동물 관련 시설, 떡볶이집, 간판
5반	의미 있는 장소, 디저트 가게, 테라스가 예쁜 가게, 주민이 즐길 수 있는 운동장, 전봇대, 떡볶이집, 따릉이, 역사적 장소, 특이한 건물
6반	추억이 있는 놀이터, 아름다운 하늘, 공중전화, 음식점, 주민을 위한 센터

8) 마을 교과서 만들기(국어+사회)

요즘 지역 맞춤형 교과서가 유행이다. 3학년 학생들 전체와 함께 우리에게 맞는 우리 마을의 교과서를 만들어 보았다. 모둠별로 교과서에 들어갈 대단원을 구성해 보고, 반 전체가 어떤 대단원으로 교과서를 구성하면 좋은지 논의하여 대단원을 짰다. 모둠별로 대단원을 선택하고 각 대단원에 맞는 소단원을 만든 후 자료 조사를 하여 소단원의 내용과 학습활동을 만들었다. 소단원의 내용은 그동안 국어, 체육, 미술, 역사과에서 했던 다양한 마을 관련 프로젝트 결과물을 적극 활용했다. 사회과에서는 지역을 상징하는 엠블럼을 만들고 이를 마을 교과서에 반영했다.

9) 〈어느 날 행운동에서/그날 행운동에서는〉:

뮤지컬(사회+국어+영어+역사+기술+가정+미술)

전환기 프로그램으로 뮤지컬 주제통합수업을 진행했다. 3학년 선생님들이 뮤지컬에 대한 감을 잡아야 했기 때문에 기말고사 시작하기 직전에 구로중학교 홍진표 선생님을 모시고 뮤지컬에 대한 강의를 들었다. 아이들 또한 뮤지컬에 대한 이해가 있어야 하므로 기말고사가 끝난 다음 날 관악구에서 활동하는 '광태소극장'의 뮤지컬 배우 두 분을 모셔다가 뮤지컬을 만들 때 팁을 강의로 들었다.

뮤지컬에 대한 이해를 돕고자 역사과와 영어과가 〈레미제라블〉로 수업을 진행했다. 역사 시간에는 프랑스 혁명기의 유럽 역사를 배웠고, 영어 시간에는 〈레미제라블〉을 보며 노래 가사를 해석하고 뮤지컬의 감을 잡았다. 마침 전환기 기간이었기 때문에 학생들과 뮤지컬 공연을 직접 보며 뮤지컬에 대한 이해를 높일 수 있었다.

사회과에서 주제를 잡았다. 교과서에 나와 있는 '사회문제' 중 자신이 관심 가는 주제를 고르고 그 이유를 적어 본 후 모둠원끼리 의논을 했다. 하나로 모아진 의견을 발표하며 한 반에서 주제를 하나 잡았다. 국어과에서 대본 만드는 작업을 했다. 결정된 주제에 대해 '우리 동네 행운동에서' 그러한 사건이 일어난다는 것을 조건으로 걸었다. 대본을 만들 때 능력 있는 누군가의 대본이 되게 하고 싶지 않았다. 함께 잡은 주제로 모둠별로 중심 갈등을 잡아 보았고, 발표를 하여 어떤 것이 가장 설득력이 있는지 뽑았다. 중심 갈등이 잡힌 후 어떻게 이러한 갈등이 발생했을지 '발단' 부분을 등장인물과 함께 모둠별로 만들어 보았고, 또한 함께 의논하여 자기 반의 '발단' 부분을 정했다. '대단원'도 마찬가지였다. 모둠이 의논하고 같은 반 친구들끼리 또 의논하여 '전개'와 '하강'

부분도 만든 후, 이것을 글로 정리해 올 친구를 자원하여 뽑았다. 대략의 줄거리가 나온 후에도 함께 의논하며 생각을 모아 다시 줄거리를 다듬었다. 그 후에는 모둠별로 노래가 들어갈 만한 부분을 찾아보았고 함께 노래를 들으며 분위기에 맞는지 골랐으며, 이 또한 모둠별로 머리를 맞대어 노래 가사를 바꾸었다. 3학년에 음악 과목이 있었다면 뮤지컬 공연은 더욱 풍성했을 것이다.

미술 선생님은 언제나 미술실을 개방해서 아이들이 마음껏 소품 등을 만들 수 있도록 지원해 주셨고 기술과 가정 선생님은 수업 시간에 소품과 의상을 만들 수 있도록 도와 주셨다. 담임선생님들도 뮤지컬 포스터를 만들랴, 뮤지컬 트레일러를 만들랴 끊임없이 챙겨 주셨고 행사가 진행될 수 있도록 품의 올리고, 안내장이며 전시장 꾸미는 것을 도와주시느라 바쁘셨다. 기획 선생님과 안내장을 들고 행운동 동사무소와 관악구청을 돌았으며 교육청에도 내부 메일로 행사 소식을 알려 드렸다. 한 분 한 분 손님들이 오신다고 할 때마다 아이들에게 알려 주며 의욕을 북돋았다. 뮤지컬 발표회 〈어느 날, 행운동에서〉는 아이들의 120% 역량 발휘로 무척이나 잘 치렀다. 구경하러 온 2학년 아이들도 초롱초롱한 눈빛으로 자리를 지켰고 학부모님들도 격려의 박수를 안겨 주셨다. 뮤지컬 강연을 해 주신 광태소극장 전단아 부대표가 심사를 맡아 작품상, 주연상, 조연상 등을 시상해 주셨다.

10) 학교 가는 길(사회+국어+미술)

① 프로젝트를 시작하기까지

'학교 가는 길'이라는 프로젝트를 시작했다. 갓 입학한 1학년 학생들에게 중학교로 오는 길은 얼마나 낯설고 두려울까? 금세 친숙해져 아무 생각 없이 등굣길, 하굣길을 왔다 갔다 하기도 할 테지만 처음 배정받고 중학교에 오던 그 길의 떨림은 상당할 테다. 학교까지 오는 길에 더 정을 붙여 주고 싶었다. 등하굣길을 자세히 관찰하면서 일상에서 새로움을 발견할 수 있으면 좋겠다고 생각했다. 그래서 사회, 미술 선생님과 함께 '학교 가는 길' 프로젝트를 준비했다.

② 사회 수업

먼저 3월에 사회 선생님이 지도에 대한 수업을 진행하셨다. 세계 속의 관악중학교, 대한민국 속의 관악중학교를 지도에서 찾아보게 하고, 집에서 학교까지 오가는 길을 인터넷 지도에서 찾고, 그곳의 인문환경, 자연환경을 분석하게 했다. 컴퓨터로 작업을 해야 했는데 처음 만난 프로젝트 수업이라 사회 선생님이나 학생들이나 모두 고생을 해야 했다.

③ 국어 수업

사회 수업이 끝난 후 국어 수업 시간에는 '자신의 삶과 경험을 바탕으로 하여 독자에게 감동이나 즐거움을 주는 글을 쓴다'는 성취기준에 맞게 프로젝트를 진행했다. 먼저 목표를 생각해 보고 '학교 가는 길'이라 하면 떠오르는 생각들을 브레인 라이팅으로 나누어 본 후, 학교 오가는 길에 본 특이사항을 10~15개 정도 뽑아냈다. 그중에서 주제를 정하고 통일성을 갖춘 소재를 골라 글을 썼다. 『글쓰기 기본기』라는 책을 읽으며 글쓰기의 기본을 다져 가며 글을 쓰고 고치기를 반복했다.

④ 미술 수업

미술 시간에는 사회 시간에 뽑았던 지도와 국어 시간에 생성한 자료를 바탕으로 각자 학교 가는 길, 그리고 길에서 벌어지는 개인의 이야기를 그림으로 그렸다. 기본 지도를 그려 넣고 사이사이에 기억에 남는 일들을 말풍선을 이용해 표시하면서 집에서 학교까지 오가는 길들을 다시금 되새겨 보았다. 잘된 작품은 2학기 '생태 지도 만들기 발표회'를 할 때 전시를 했다.

프로젝트가 끝나고 학생들의 소감문에는 주변을 살피는 관찰력이 늘었다는 이야기, 우리 동네에 대해 관심과 애정을 갖게 되었다는 이야기, 제목을 짓거나 첫머리를 시작하는 등 글을 쓰는 능력이 늘었다는 이야기, 주변에 소소하게 재미있는 이야깃거리가 많다는 것을 알게 되었다는 이야기 등이 있었다.

⑤ 평가와 공유

프로젝트가 끝난 후 채점기준표(루브릭)로 학생들의 평가를 받았다. 아울러 생활기록부에도 기록을 하고, 프로젝트가 모두 끝난 후 학생들의 그림과 글을 묶어 자료집으로 만들었다.

11) 우리 마을 생태 지도 만들기(사회+과학+국어+미술)

① 프로젝트를 시작하기까지

인천에 갔다가 우연히 '공공 프로젝트: 개항장 고양이 문화생태 지도'를 보게 되었다. 개항장 문화지구 안의 큰 나무, 야생동물, 동네 고양이, 강아지 등 현황을 파악한 지도였는데 그걸 보는 순간, 이걸 학생들과 함께 만들어 봐야겠다는 생각이 들었다. 어떻게 수업을 구현할까 고민하면서 주변 선생님들과 의논을 했다. 사회 시간에 학생들은 이미 지도에 대해 배운 후였다. 과학 선생님께 여쭤 보니 생태에 관한 단원이 2학기 끝 무렵에 있는데 2학기 시작하자마자 당겨서 하고 바로 국어 수업으로 넘어가면 좋겠다고 하셨다.

국어 시간에는 무얼 어떻게 할 수 있을까 성취기준을 살펴보다가 '비유와 상징의 표현 효과를 바탕으로 작품을 수용하고 생산한다'와 '목적에 맞게 질문을 준비하여 면담한다'는 성취기준을 골랐다. 1학기 때 비유와 상징의 표현 효과를 바탕으로 작품을 수용하는 것은 '시, 너를 알고 싶다' 프로젝트를 통해서 했으나 '생산한다'만 가볍게 다루고 넘어갔었다. 그렇다면 비유가 들어간 묘사하기를 통해 '생산한다'를 달성할 수 있겠구나 싶었다. 면담하기는 동네 어르신을 만나 면담하는 계획을 세웠으나 묘사할 대상에 대해 면담하는 것으로 내용에 제한을 두면 되었다. 미술 선생님과도 이야기를 해서 전교생이 하나의 지도를 만드는 협동화 방식으로 가 보자, 세밀화를 넣어 보자고 이야기를 했다. 그리하여 약간은 즉흥적으로 '우리 동네 생태 지도 만들기 프로젝트'를 시작하게 되었다.

② 사회, 과학 수업

1학기 사회 시간에 지도와 인문환경, 자연환경, 랜드마크 등에 대한 기초 지식을 이미 배웠다. 2학기 시작하자마자 논의를 거쳐 학교 근처의 지역을 28개의 구역으로 나누었다. 아마 사회 선생님이 함께해 주시지 않았다면 어림도 없었을 것이다. 아파트 단지가 너무 많으면 묘사할 동식물이 별로 없을 것이고, 산을 낀 공원이 너무 많으면 면담을 해 줄 사람이 없을 것이었다. 세심하게 구역을 나눈 후, 각 구역을 아이들에게 배당하였다. 과학 선생님이 생태계의 다양성에 대한 수업을 해 주신 후에, 국어 수업을 시작했다.

③ 국어 수업

묘사와 면담에 대해 먼저 공부를 한 후 사전 답사를 다녀왔다. 자신들이 맡은 구역의 경계를 파악하고 묘사할 만한 대상이 어떤 것들이 있는지를 살피는 일이었다. 후에 과학 시간과 연결하여 본 답사를 진행했다. 묘사하려는 대상의 사진을 찍고 그와 관련해 면담을 성공해야 하는 일이었다. 반별로 모둠별로 다양한 모습들을 보였다. 무엇보다 아침 시간에 답사를 나간 반은 바쁘게 지나다니는 사람들에게 면담 요청을 할 수 없었다. 상가가 많은 지역의 학생들은 비교적 면담을 수월하게 했지만 답사를 다녀온 아이들은 저마다 어려움을 호소했다. 보고서로 묘사할 대상 사진 찍은 것과 묘사하기, 그에 대해 면담한 내용을 정리하고 PPT를 만들어 발표를 하게 했다. 발표 후 질문 시간에 학생들은 무척이나 열심히 질문거리를 쏟아 놓았다. 발표한 내용도 좋아 더 많은 학생들과 공유하면 좋겠다는 생각에 '우리 동네 지도 만들기 발표회'를 열었다. 10월 25일 5, 6교시에 강당에서 반별로 한 모둠 정도씩 자신들이 묘사하고 면담한 내용을 발표했다. 발표 전, 수업 시간에 해 보게 했더니 같은 반 학생들은 진지한 조언을 해 주었다. 1학년 학생들인데도 사회도 보고 발표도 하고 비교적 발표회를 잘 치렀다. 그동안 많이 컸다는 생각을 했다.

④ 미술 수업

미술 시간에 모둠별로 자기가 맡은 구역을 협동화로 그렸다. 학생들은 세밀화로 자신이 묘사한 대상을 그리고, '랜드마크'를 표시하며 학교 주변의 생태 지도를 완성했다. 미술 시간이 일주일에 한 시간밖에 없어서 담임선생님들이 도와주시기도 했다.

⑤ 평가와 기록, 공유

3월 초에 사회 시간에 지도를 배우면서 시작하여 12월 말에 협동화 지도를 완성하기까지 느슨하게 1년을 이어 온 프로젝트의 결과물을 책으로 묶어 학생들에게 나누어 주었다. 협동화는 지도로 만들었으며 현수막으로도 제작하여 교문 앞에 걸어 두었다.

2. 학교 밖에서 마을을 만나다(창체 영역)

1) 부산과 통영에서 또 다른 마을을 만나다: 수학여행(국어+역사+창체)

북유럽의 학교와 도서관을 탐방하고 나서 놀랐던 일 중 하나는 그들의 교육이 '명실상부'하다는 것이었다. 학교 목표에 '국제이해교육'이라고 내걸었다면 그 학교 어디를 가나 국제이해교육을 하는 학교라는 것이 보였고, '운동을 통해 심신이 건강한 학생을 양성'한다고 했으면 교육과정은 그에 맞춰 짜여 있었다. 그 후, 내가 다짐한 것은 단순했다. 이름만 그럴싸한 걸 버리자. 이름에 맞게 그렇게 실행되도록 최선을 다하자.

그렇게 수학여행을 계획했다. 역사과와 국어과가 주축이 되어 수업 시간에 미리 수학여행에 대해 준비하도록 했다. 역사 시간에 부산과 통영의 역사, 지리, 문화적 특징을 조사하고, 그에 따라 실현 가능한 답사 코스를 모둠별로 작성했다. 국어 시간에는 가게 될 장소에서 공부할 만한 요소를 추리고 미션과 퀴즈를 더해 자료집으로 만들었다. 미리 관련 도서들을 주문하고 책을 찾거나 부족한 정보는 컴퓨터실을 이용하여 검색한 후, 자신의 말로 정리를 하도록 했다. 이 수학여행 자료집은 학생들이 한 달에 걸쳐 학습하여 만든 결과물을 다시 편집하여 만든 것이다. 아이들이 작업한 것을 최대한 살리기 위해 조사한 내용에 이름을 넣었다.

아이들은 수학여행에서 모였다 흩어졌다를 반복하며 자신과 친구들이 짠 코스를 참고로 답사 다니며 이미 학습한 것들을 직접 확인했다. 스스로 준비한 것이기에 또한 실제 삶과 밀착된 학습이기에 더 오랫동안 기억에 남게 되지 않을까 싶다.

2) 사회 참여 프로젝트/마을 개선 프로젝트(국어/사회+봉사활동)

국어 시간에 '사회 참여 프로젝트'를 했다. 주변에서 문제점을 찾고 그것을 고치기 위해 계획을 세워 발표하고 여름방학 때 모둠별로 다양한 활동을 한 후, 가을에 자신들이 한 일을 발표하는 프로젝트였다. 아이들은 주변에서 문제가 되는 다양한 상황을 찾았고, 이를 개선하기 위해 설문조사, 건의문 쓰기(민원), SNS 홍보, UCC 홍보 등 다양한 활동을 했다. 봉사활동 추진위원회 허락을 받아 개인 봉사활동으로 최대 3시간씩을 인정해 주기로 하고 결과물에 따라 0~3시간 정도 봉사활동 시간도 주었다. 실제 쓰레기 무단 투기 개선을 위해 구청에 민원을 넣었던 모둠은 구청에서 쓰레기를 치워 주고 CCTV를 설치하는 성과를 거두었고,

파인 보도블록을 교체해 달라고 민원을 넣었던 모둠도 보도블록이 교체되는 성과를 거두었다.

2016년에는 마을 개선 프로젝트를 진행했다. 프로젝트형 봉사활동은 최대 4시간까지 인정한다는 지침에 따라 최대 4시간까지 개인 봉사활동 시간으로 인정해 주었다. 2017년에는 사회과에서 맡아 실시했다.

3) 장벽 없는 세상 만들기 커뮤니티 맵핑(봉사활동)

학년 전체가 강당에 모여 커뮤니티 맵핑에 대한 교육을 받고 학교 인근을 돌아다니며 장애인들이 이용하기 좋은 시설을 찾아 맵핑을 했다. 참여했던 학생의 소감문이다.

> 커뮤니티 맵핑을 하며 평소에 아무렇지 않게 그냥 지나갔던 사소한 것들을 들여다볼 수 있었고, 우리 동네에 내가 알지 못했던 곳들을 찾아다니면서 동네에 대해서도 알게 된 좋은 기회였다. 더워서 조금 힘들긴 했지만 내가 이렇게 직접 찾아다니면서 수집한 정보들을 다른 사람들과 공유할 수 있다고 생각하니 기분이 오묘하면서도 좋았다. 생각보다 우리 동네에 장애인들을 위한 시설들이 정말 부족하다는 것을 알았다. 특히 휠체어를 사용하는 분들이 들어갈 수 있는 가게들이 얼마 되지 않아 이런 점이 개선되었으면 하는 생각이 들었다. 앞으로 애완동물이 출입 가능한 장소들에 대해서 맵핑을 하면 좋겠다는 생각이 들었다. 애완동물들과 함께 외출할 때 같이 들어갈 수 없는 경우들이 꽤 많기 때문이다. _3학년 ○○○

4) 원전 하나 줄이기 캠페인(과학+봉사활동)

과학 교과에서 에너지와 관련한 수업을 한 후, 원전 줄이기에 대한 보고서 만들기를 수행평가로 진행한 후, 관악주민연대 에너지 분과장님으로부터 원전 하나 줄이기에 대한 강연을 들었다. 학생들은 수업 시간과 강연 들은 내용을 바탕으로 캠페인용 선전물품인 홍보 피켓을 만들었고 서울대입구역 근처로 나가 지역 주민들에게 서명을 받았다. 직접 지역 주민을 만나 에너지 절약의 중요성을 설명하고 서명을 받는 과정에서 지역 주민들과 긍정적인 상호작용을 할 수 있었다.

5) 재래시장 살리기 봉사활동(사회+봉사활동)

3학년 세계화와 지역화 수업 시간에 간단한 수업을 한 후, 재래시장 일손 돕기 봉사활동에 나섰다. 인헌시장 상인회에 미리 연락을 하여 2~3명이 한 가게에 배정했고, 3시간 동안 가게 일손을 도우며 판매에 나섰다. 틈틈이 찍은 사진으로 홍보 UCC를 만들어 유튜브에 올렸고 이를 사회과 수행평가에 반영하였다. 이 활동 내용은 오마이뉴스에 보도되기도 했다.

> "날 찾아오신 내 님 어서 오세요.
> 당신을 기다렸어요. 라이라이야 어서 오세요.
> 당신의 꽃이 될래요."

> 지난 13일 오후 1시 25분, 서울 관악구 인헌6길에 자리 잡은 인헌시장. 이 시장 초입에 있는 정육점에선 '국민' 가수 장윤정의 〈꽃〉이 울려 퍼졌다. 교복 입은 중학생 142명이 시장통으로 들어온다. 서울

관악중 3학년 6개 반 학생들이다.

"우리가 맡은 가게 어디 있느냐고, 어딨어?"
"저기네. 저기!"

2~3명이 한 조를 이룬 학생들이 50여 개의 각기 다른 가게 앞으로 간다. 이 가게에서 봉사활동을 하며 가게 UCC 홍보 동영상을 찍기 위해서다. 인헌시장에 있는 점포는 모두 54개다. 올해 '마을과 더불어 학교'란 제목의 마을결합형 교육과정을 진행하고 있는 이 학교가 이번엔 학생들과 함께 '인헌 재래시장 살리기' 교수·학습활동에 나선 것이다. 오늘, 학생들을 가르치는 선생님은 시장 상인들이다. 마을결합형 교육과정은 관악구청, 동작교육지원청, 관악중 소속 학생과 교사, 마을활동가가 뭉쳐 만들고 관악혁신교육지구가 지원해 온 교육과정이다.

이날 학생들은 과일가게에선 포도에 종이를 싸며 과일을 팔았다. 음식가게에선 무말랭이를 봉투에 나눠 담았다. 모자가게에선 '모객 행동'을 했다. 정육점에선 직접 헤드 마이크를 끼고 홍보전을 펼쳤다. 신발가게에선 신발 먼지를 털었다. 분식점에선 손님에게 돈을 받기도 했고, 떡집에선 떡을 팔았다. 두 시간에 걸쳐 이런 일을 해냈다.

"한 근에 오처너~원, 하지만 저희가 온 오늘은 세 근에 마안~워언!"

한 남학생은 능숙한 솜씨로 마이크 홍보전을 펼쳤다. 키도 컸지만 이미 변성기를 지난 듯 목소리 또한 걸걸했다.

"모자 하나 보고 가세요."

체격이 산처럼 큰 또 다른 남학생은 모기처럼 작은 목소리로 말한다. 콧잔등이 식은땀으로 젖어 있다. 이 학생은 "아직 한 개밖에 못 팔았다"라며 쑥스럽게 웃는다.

종이로 포도를 싸는 두 여학생을 앞에 둔 과일가게 주인아주머니는 다음처럼 말한다.

"종이가 포도의 머리라고 생각하세요. 얼굴만 예쁘게 나오게 하면 돼요. 사는 사람은 모르지만 과일도 팔려면 손이 많이 가야 해요."

이날 이 학교 3학년 부장인 구본희 교사는 학생들에게 순대와 떡볶이를 사 줬다. 구 교사는 "서울에서 이렇게 한 학년 전체 학생들이 시장에 나와 봉사와 홍보활동을 펼치는 것은 처음 있는 일이라고 들었다"면서 "땀 흘린 학생들은 당연히 배우는 것이 많을 테지만, 상인분들에게 폐를 끼치지 않도록 주의하고 있다"라고 말했다.

이 학교 학생들은 이곳에 오기 전에 인헌시장에 대해 공부했다. 이날 시장 활동을 펼친 뒤엔 소감문을 써냈다.

그리고 유튜브에 자신이 일한 상점을 홍보하는 동영상을 만들어 올렸다. 동영상을 올린 뒤 이틀 만인 18일 확인 결과 조회 수는

100회 남짓. 하지만 한국의 재래시장을 살려 보겠다는 학생들의 참 뜻은 전 세계로 발랄하게 퍼져 나가고 있었다.

인헌시장 상인회의 박은미 실장은 "처음엔 생소해서 일부 상인 분들이 걱정도 했지만, 막상 아이들이 열심히 하는 모습을 보며 만족하는 모습을 보였다"면서 "호응이 괜찮아서 다음에도 이런 기회가 더 있다면 우리도 협조할 생각"이라고 말했다.

13일 오후 3시쯤, 봉사활동을 마무리하는 학생들을 만나 봤다. 일을 시작할 때 주눅 들었던 얼굴은 그새 펴져 있다.

"교실에 틀어박혀 시장에 대해 공부하는 것보다 훨씬 좋아요. 무척 재미있었어요."

"포도봉지를 싸는 게 이렇게 힘든 것일 줄 몰랐어요."

"우리 아빠가 옷을 파시는데, 아빠가 너무 힘들게 일하시는 것 같아요."

마을과 함께하려는 한 중학교의 노력은 학생들 마음속에 '꽃씨'를 뿌려 놓았다.

6) 지역 주민과 함께하는 활동

① 마을과 함께하는 캠페인 활동

학생회와 봉육축구회(생활터전 지킴이), 학부모회, 경찰, 교사가 함께 아침 등굣길에 학교폭력 예방 캠페인 활동을 했다.

② 관악푸드마트와 함께하는 생필품 나눔 행사

학생회 주관으로 학생 및 교직원을 대상으로 생필품을 모아 관악푸드마켓에 전달했다.

③ 지역 공감 청림동 마을축제 참여 부스 운영

청림동 어울림길(관악푸르지오아파트 인접 도로)에서 서울 YMCA 봉천종합사회복지관이 운영하는 마을축제에 학생회 학생들이 참여하였다. '안전한 생활 우리가 만들어요!' 퀴즈, 퍼즐, 숨은그림찾기 등의 가정폭력 퀴즈, 배지 만들기, 팝콘 만들기 등의 안전한 식생활 만들기, 심폐 소생술 체험활동 등을 운영하였다.

④ 생활터전지킴이와 축구 한마당

봉육축구회 생활터전지킴이(80명)와 학생회, 푸른교실 학생들과 함께 축구를 하고 진로, 생활 상담을 했다.

⑤ '모두의 축제' 참여 부스 운영

관악 청소년 축제 '모두의 축제'에 참여하여 부스를 운영했고, 학생회의 교복에 대한 정책 제안이 1등상을 받았다.

7) 마을답사 동아리 운영

아이들과 마을답사 동아리를 운영하였다. 2016년과 2017년에 운영했던 마을답사 동아리 운영 일지를 소개한다.

[표 4] 2016년 마을답사반 일지

회	주제	장소
1(4/7)	우리 마을 자연환경	낙성대 공원
2(5/19)	지속가능 관악구	서울대학교 빗물 저장소, 서울대 35동 옥상텃밭, 서울대 미술관('지속가능을 묻는다' 전시 관람)
3(6/9)	관악 시민단체를 찾아서	관악주민연대
4(9/8)	우리 마을 탐험 빙고	관악구
5(10/13)	관악의 소리를 찾아서	관악구
6(11/10)	인천 답사 준비	학교
7(11/12)	다른 마을 탐방	송월동 동화마을, 차이나타운

[표 5] 2017년 마을답사반 일지

회	주제	장소
1(4/6)	우리 마을 자연환경	관악산, 도림천(수질 검사)
2(5/25)	거리의 건물 구성	신사동 가로수길
3(6/15)	우리 동네 유명 거리 탐방	낙성대 샤로수길
4(8/31)	'모두의 축제' 참가 준비	낙성대 공원
5(9/3~4)	『봄내길 따라가는 느릿느릿 춘천여행』(유현옥 외, 문화통신) 『봄봄 동백꽃』 읽고 춘천 답사	춘천 구도심과 집다리골 휴양림, 막국수체험관, 실레마을(김유정문학촌)
6(11/9)	도시농업을 배워 보자	관악구 도시농업연구소

학교자치가 활짝, 마을과 함께하는 교육

김갑철(서울보라매초등학교 교장)[6]

세상은 참으로 넓다. 더불어 할 일도 많다. 그 세상 속에 있는 학교도 할 일이 왜 이리 많은지 학교공동체 구성원이 정신이 없을 정도다. 게다가 학교를 향한 다양한 요구에 무엇을 어떻게 해야 할지, 그저 하루해가 짧게만 느껴지는 요즘 일상이다. 코로나19로 인해 바뀐 세상 속에서 교육생태계는 어떻게 이루어져야 교육의 역할을 다하는 것인지 학교는 참 고민이 많다. '마을과 함께하는 일들이 학교에 얼마나 도움이 될 수 있을까?', '마을과 학교에서의 배움이 학생들의 삶에 어떤 변화를 가져올까?' 하는 고민이 깊어지는 시기이다. 바이러스 하나로 전 세계가 격리되고 일상으로 회복하기까지는 얼마나 걸릴지 아무도 예측할 수 없다. 대한민국이 대처를 잘한다고는 하지만 막상 학교 안에서의 공동체들은 걱정이 한두 가지가 아니다. 마스크를 쓰고 일정한 사회적 거리를 두고 지켜야 할 일들이 많아도 너무 많다. 이러한 상황에서 제대로 된 교육이

6. 금천구, 구로구, 영등포구, 동작구의 지자체와 지원청과의 협력을 통해 학교와 마을을 잇는 교육활동을 전개하고 있다. 제1기 혁신교육지구 선정 심사위원, 2017년 남부혁신교육지구 학교지원단 영등포구 팀장, 서울특별시교육청 마을결합혁신학교 자문위원(2020학년도), 현재 서울보라매초등학교에서 교장으로 재직하고 있으며 오로지 어린이들의 온전한 성장을 위해 서울형혁신학교, 마을결합중점학교를 사랑하고 존경하는 교지원, 마을 사람들과 더불어 운영하고 있다.

이루어질 수 있을까? 더욱이 마을과 함께하는 교육은 더 이상 말할 필요조차 없을지 모른다. 학교와 마을이 무엇을 어떻게 해야 미래를 준비하고 학교자치를 해 나가는 데 도움이 될 수 있을지 참으로 답답한 심정이다.

그럼에도 불구하고 학교가 지금까지 자랑스러운 대한민국을 만들어 가는 데 얼마나 큰 역할을 해 왔는지는 의심의 여지가 없다. 학교의 주된 일은 교육이라 할 수 있다. 이 시대의 교육은 '학교'라는 물리적 울타리 안에서 '교사'라는 자격증을 가진 사람만이 행하는 교수 행위가 아니고, 학생들의 일상적인 삶에서 배움이 이루어지도록 촉진해 주고, 안내해 주는 것이다. 학생들이 살아가는 공간, 이 공간에서의 배움은 연속적으로 자연스럽게 이루어지고 있다. 나무를 심고 나서 꼭 정해진 아리수 수돗물을 주지 않아도 때론 빗물이, 때론 지하수가, 때론 간단히 사용한 물로, 나무는 이런저런 물을 받아 마시며 무럭무럭 자라난다. 또한, 햇빛과 바람, 거름은 나무가 더 튼튼하게 뿌리내리고 열매 맺게 한다. '한 아이를 키우려면 온 마을이 필요하다'는 이야기가 과연 가능한 것인가? 분명 가능하다는 말이다. 우리의 관심을 어디에 두고 사느냐가 문제인데, 학교에서 근무하는 교직원들, 학교 밖의 많은 주민들, 마을활동가, 각 기관의 사람들 등 다양한 분야에서 삶을 영위하고 있는데 사실상 서로에게 관심이 미약한 상태이다. 내가 속한 곳에서 하는 일도 벅차기 때문이다. 어떤 문제를 집단지성을 발휘해 서로 협력하여 해결한 경험을 하지 못한 이들은 실제로 협력한다는 것에 부담과 두려움을 느끼기도 하고, 예기치 못한 조그마한 일에 상처를 받기도 한다. 그럼에도 불구하고 일단 서로 협력하는 환경을 만들어 가다 보면 익숙해지기 마련이다. 만약 다양한 문제를 협력을 통해 해결하는 과정이 일상이 된다면 우리의 삶은 더 행복해질 것이다.

어떤 일에 도전하는 일은 그리 쉬운 일이 아니지만 '도전하는 사람은 아름답다'는 말처럼 우리 학교가 가야 할 길이 이 길이라면 당당히 가야 하지 않을까? 학교자치를 말하면서, 미래교육을 말하면서 마을과 함께하는 교육을 어찌 등한시할 수 있으랴? 이제는 학교 안에 제한된 인적·물적 자원의 한계를 뛰어넘어 학생들의 꿈을 현실화할 수 있는 그 길, 선생님들의 긍지를 더 높이고 사회 구성원이 더불어 존중하고 협력하는 공존과 상생의 기틀을 만드는 그 길에 교사들이 앞장서서 마을과 더불어 학생들이 행복한 삶을 살아갈 수 있도록 협력해야 한다. 그동안의 교육활동 중 학교와 마을의 만남 과정을 나의 경험을 바탕으로 알아보고, 학교·마을교육공동체가 더불어 살아가는 지금과 미래 삶의 길을 함께 찾아보고자 한다.

1. 학교는 마을과 공생할 수 있을까?

'학교가 마을과 함께한다'는 일은 2014년 금천구의 ○○초등학교에서부터 시작했다. 교육지원청과 금천구청에서 적극적인 자세로 학교에 마을 사업을 안내하고, 학교에서는 이를 선택하여 수용하게 하는 시스템이었다. 당시 학교 선생님들과 지역의 마을활동가 선생님들과의 갈등은 깊었다. 서로 만나서 협의해도 그리 좋은 방안은 나오질 않았다. 나도 마음이 불편하고 꼭 이렇게 해야 하는가 하는 생각이 들 정도였다. 하지만 차성수 전 금천구청장님의 헌신과, 금천구청 담당 공무원들의 적극적인 태도는 학교와 마을이 가까워질 수 있는 다리가 되었다. 학교와 마을은 지역의 단체장과 더불어 담당자들의 수용적 자세로 서로 어깨동무하고 함께 발맞추어 걸어가는 것이 무엇보다 중요하다는 것을 인식하게 되었다.

그럼에도 불구하고 학교 안에서는 여전히 마을활동가 선생님들이 가르치는 것에 대한 기존 선생님들의 반발과, 자격증도 없는 사람들이 학교 안에서 가르치는 것은 말도 안 된다는 목소리가 커졌다. 교육지원청의 담당자는 이러한 갈등을 해결하기 위해 노력을 하였으나 역부족인 듯했다. 그 시기에는 학교 구성원들의 마을협력에 대한 인식이 희박했기 때문에, 행사의 일환으로 인식하여 그저 재원을 일회성 행사로 소비하기에 여념이 없었다. 설상가상 지자체에서는 까다로운 정산을 요구하여, 다음부터는 이런 사업을 하지 말자고 하는 의견도 있었다.

마을활동가 선생님들은 학교의 담이 이렇게 높아서야 무슨 일을 하겠느냐며 성내는 분들이 한둘이 아니었다. 나도 하기 싫은 생각이 들었다. 그 당시 학교를 폐교하는 상황이어서 금천구청에서 적극성을 띠고 무엇인가를 하는 것을 인지했으나 특별히 관심이 깊이 있게 가질 못했다. 과연 마을과 함께한다는 의미가 학교와 무슨 상관인가 하는 회의감이 더 들었다. 그럼에도 불구하고 마을활동가 선생님들은 자신의 영역에서 더 열정을 가지고 움직였고, 학교는 더 튼튼히 문을 닫고 우리끼리 하면 된다는 생각으로 더 굳어져 가고 있었다. 이렇게 가다 보면 학교와 마을이 서로의 만남을 원하지 않는 상황이 되지 않을까 하는 걱정도 들었다. 과연 학교와 마을이 진짜 공생할 수 있을까?

2. 학교가 마을과 어깨동무한다면

2015년 학교를 구로구로 옮기면서 새로운 학교와 마을의 구성원들을 만났다. 전년도에 비해 지원청에서 좀 더 적극적인 행정을 펼쳐서 담당 장학사를 초, 중등 담당으로 나누어 편성하고 학교와 마을이 협력할 수 있는 방안을 구체적으로 찾아내려 했다. 구로구는 금천구에 비해 마을 사업과 관련된 부분이 다소 부족한 점이 있었다. 하지만 구로구도 한 해 한 해 가면서 금천구 이상으로 학교와 마을이 함께할 수 있는 여지를 만들어 가기 시작했으며 마을활동가 선생님들과 학교 선생님들이 만나기 시작했다.

구로에서 내가 마을과 만난 계기는 교육복지였다. 교육복지 중점학교는 아니었지만 내가 근무했던 학교에 교육복지사업에 관심이 많은 선생님이 계셨다. 그중 유난히 눈에 띄는 선생님은 바로 김지혜 선생님이었다. 학년부장을 하면서 교육복지부장도 스스로 하겠다고 앞장서는 '열혈 교육복지 선생님'이었다. 우리는 그 사업을 통해 지역아동센터를 비롯해 학부모단체, 마을 기관, 지구대, 구청 등 협력 기관들과 연계하여 통합지원팀을 꾸렸다. 그리고 교육복지사업뿐만 아니라 생활교육과 관련된 다양한 사업에 협력했고 오류역에서 진행된 세계아동학대예방의 날을 기념한 행사를 진행하면서 꽃을 피우게 되었다. 그 과정을 마을과 함께 협의하고 준비하고 시행했다. 준비하는 과정에서 그동안 연계를 맺었던 다양한 기관과 협력했으며 학교의 많은 선생님들이 함께했다. 진짜 마을축제 같은 상황이었다. 오류역장님은 광장을 빌려 주고, 길가의 과일가게 아저씨가 전기를 끌어 주고, 경찰서에서 질서유지, 법무부 준법지원센터, 오류1동 주민센터, 각 봉사 단체, 본교 학부모 단체, 일반 학부모 등 어린이들의 인권을 위해 서로 힘을 모으는 계기를 오랜 시간 가진 것이다. 이러한 과정에서 미장원 원장님은 본교의 어린이들에게 무료로 이발을, 고깃집 사장님은 아동센터의 어린이들에게 무료로 돼지갈비를, 선생님들은 차량 이동 자원봉사로 모두가 함께 나누고 배려하는 상황이 펼쳐졌다. 학교와 마을이 자연스럽게 만난 것이다. 심지어 학교의 요청이 있으면 주민센터의 관용 트럭도 무료로 지원해 주었다. 역시나 학교와 마을은 진심으로 만날 수 있다. 학교가 마음을 열고 문을 열면, 마을이 움직이고, 학교는 많은 지원을 받을 수 있었다. 이처럼 가슴 벅차고 보람된 교육활동에도 가슴 한 켠에는 선생님들 모두가 함께하지 못함에 아쉬움이 남았다. 그럼에도 불구하고 한 명의 '열혈 교육복지 선생님', '마을결합에 푹 빠진 선생님'의 노력과 실천으로 학교에서의 마을 연계가 시작되었다. 아쉬운 마음은 있으나 시나브로 학교와 마을이 서서히 하나가 되어 가고 있음을 느낄 수 있었다.

3. 학교가 더 움직이면 마을은 자연스럽게 따라온다

2017년 학교를 영등포구로 옮기면서 새로운 선생님들과 만났다. 조금 아쉬운 것은 마을활동가를 찾기가 쉽지 않았다는 것이다. 금천구와 구로구에서 마을활동가를 쉽게 만날 수 있는 것과는 대조적이었다. 교육지원청에서는 지금까지의 노하우를 가지고 좀 더 체계적이고 효과적인 방법으로 마을 사업을 계획하고 실천했고, 학교 선생님들과 마을활동가들이 만날 수 있는 환경을 지속적으로 만들어 가고 있었다. 각 구별로 팀을 만들고 팀별로 선생님들이 함께 마을 사업을 함께 고민하고 함께 실행하는 과정이 많아졌다. 사실상 담당자들이 많아지고 역량 있는 분들이 모여서 무엇인가를 하는데, 그것은 미래를 준비하고 학교와 마을이 한층 더 가까워지는 모습이었다. 각 학교마다 다양한 우수 사례가 나왔고, 서로가 공유하려는 움직임이 돋보였다. 서로 성장하는 모습 그 자체였다.

새로 선출된 채현일 영등포구청장님은 학교교육, 청소년 활동 등에 관심이 많은 분이었다. 본교의 울타리 교체 사업이 한창일 당시 차도와 인도 등의 문제를 어려움을 겪을 때 바로 구청에서 해결책을 마련해 주었고 마을의 자원을 활용한 벽면 그리기, 인도 교체와 바닥 그림 등을 그림으로써 어린이 친화적인 분위기를 맘껏 표현할 수 있었다. 본교에서 평소 겪는 어려움을 구청을 통해 해결한 것이다.

학교교육과정과 마을 연계의 관계에서 아직은 따로국밥인 듯 여겨졌다. 그럼에도 불구하고 몇 가지 분야는 마을 사업이 교육과정의 일환으로 계획되고 실행되었다. 학교가 움직이면 마을은 도움의 손을 펼치는 법이다. 학교 안에서 움직이지 않으면 마을에서도 아무것도 하지 않는다. 학교가 마을과 함께하는 일에 움직여야 자연스럽게 마을도 함께할 수 있음을 여기면서 영등포구의 또 다른 성장을 꿈꿨다.

4. 풍성한 학교자치는 마을과의 협력으로부터 시작된다

학교는 대부분의 일을 학교 독단으로 정하지 않는다. 많은 일들을 마을과 함께 상의하고, 동장의 조언을 구한다. 또한 학교의 중요한 사업과 관련하여 지원을 받기 위해서 주민자치위원회 위원장, 마을계획단 단장,

보라매둥지 이사장 등과 협의 과정을 거친다. 참으로 많은 분들이 학교 일에 협조적이고 실질적인 도움을 주고 있는 상황이다. 마을과 함께하는 일들이 진정 풍성한 교육과정으로 운영되면서 학교자치가 현실화될 수 있을까? 구성원들의 관심과 사랑 등 에너지가 많이 소모되지만 그 소모되는 에너지는 또 다른 힘을 내게 하는 힘으로 작용하고 그 힘은 또 다른 성장을 이끄는 원동력이 되어 학교자치는 현실화된다.

2014년부터 지금까지 학교와 마을이 만나면서 많은 일들이 있었다. 무엇보다 그 과정에서 학교의 풍성한 교육과정을 위해 마을과 함께하는 것이 꼭 필요하다는 인식이 자리를 잡았다. 초창기에는 학교의 필요에 의해 외부에서 강사들이 들어왔고, 그다음에는 마을 강사들이 가지고 있는 전문성을 교육과정에 효율적으로 운영하기 위해 학교교육에 참여했다. 본교에서는 교육과정을 수립하기 전 교육과정과 관련한 주제를 선정하여 마을활동가들과 함께 협의하는 과정을 거쳤다. 내용 측면에서 활동가 선생님의 마을에 대한 전문성이 배움의 과정에서 주가 되고, 담임교사의 적극적인 협력이 마을과 함께하는 학교교육에서 꽃이 되고 있다. 특별히 마을의 생태와 관련된 내용이어서 담임선생님보다는 마을활동가 선생님이 더 많은 경험과 지식을 가지고 계셔서 그리한 것이다. 코로나19로 인해 아직 실행은 하지 않다가 등교 수업을 시작하면서 마을활동가와 교사의 컬래버레이션이 환상적으로 이루어졌다.

이 외에도 마을에 있는 다양한 자원은 엄청 많다. 학년별 특색 있게 교육과정을 운영하기 위해 3학년 서울시립청소년진흥센터에서 주관하는 인권교육, 5학년은 서울시립청소년진흥센터에서 주관이 되는 봉사활동, 1·2·3·4학년의 한국청소년연맹 사회공헌 사업인 희망사과나무 주관으로 하는 어려운 국가에 학교 짓기 장기 프로젝트 수행, 5학년 굿네이버스 주관 1·2학년 성폭력예방교육, 3·4·5·6학년 주민센터 지원 진로축제, 4·5·6학년 마을활동가와 함께하는 마을탐사동아리, 1·2·5·6학년 마을활동가와 함께하는 목공예 활동, 3·4학년 마을활동가와 함께하는 교육연극, 기타 마을활동가와 함께하는 다양한 교육활동이 교육과정 속에 녹아 있다. 기본적으로 마을 강사가 프로그램을 가져와서 학교에서 담임선생님과 협력수업을 진행하고 일부는 사전에 담임선생님과 마을활동가가 계획을 세워 협력수업을 진행하고 있다.

마을 중심의 거버넌스를 구축하여 학교교육 전반에 걸친 다양한 문제에 대해 상호 협력하고 있다. 본교 주위에는 많은 기관들이 존재하며 서로 관심을 가지고 지원해 주고 지원을 받고 있다. 신대방2동 주민센터, 보라매둥지(동작구 마을계획단), 한국청소년연맹, 서울시립청소년활동진흥센터, 서울시립남부발달장애인복지관, 서울시립남부장애인종합복지관, 서울특별시 동부공원녹지사업소(보라매공원 관리사무소), 동작소방서, 보라매안전체험관, 기상청, 수도사업소, 대방중학교, 문창중학교, 수도여고, 동작구민체육센터, 동작우체국, 동작구청, 동작경찰서, 보라매병원, (주)농심 등과 함께 정기적인 모임을 갖고 있으며 현안에 대해 서로 협력하는 환경을 구축했다. 이러한 거버넌스 구축은 선생님들이 지역사회와 함께하는 일에 많은 도움을 주고 있으며 본교의 교육과정을 풍성하게 운영하는 데 지대한 도움을 받고 있는 상황이다.

과연 학교자치는 가능할까? 마을과의 신뢰를 구축하고 서로가 서로를 생각하고 무엇인가를 행동으로 보여 줄 때 가능하리라 본다. 학생들의 꿈과 희망을 안고 '삶이 곧 배움이다'라는 철학을 가지고 좀 더 나은 교육과정 운영은 마을과 깊은 관계를 가지고 나아갈 때 가능하리라 믿는다. 서로 믿어야 모두가 성장한다.

5. 마을로 가는 학교,
학교로 오는 마을로 익어 가는 열매들!

동작구의 서울보라매초등학교 교장으로 부임하면서 본격적인 학교와 마을결합의 역사적인 일들이 시작되었다. 아직 초짜 교장이고 공모 교장이라 여러모로 학교 경영의 어려움이 많았다. 하지만 보라매 거버넌스는 힘든 나에게 많은 힘과 의지가 되었다. 정말 감사한 일이 아닐 수 없었다. 몇 가지 사례를 이야기하자면 다음과 같다.

첫째, 본교는 개교한 15년을 맞이하는 곳이라 학생들의 책걸상을 교체해야 하는 일에 직면하게 되었다. 이러한 일이 보라매 거버넌스를 통해 시의원님에게 이야기가 전달되어 1억 원의 예산을 받을 수 있었다. 2020년 3월에 전교생 책걸상을 교체하여 어린이들이 쾌적하고 편안한 환경에서 학습할 수 있어서 정말 감사했다. 처음에는 1억 원이라는 예산 만드는 것을 불가능한 일이라 여겼지만, 보라매 거버넌스를 통해 함께 이야기를 나누며 해결할 수 있다는 점에서 정말 기적 같은 일이 일어났다고 생각했다.

둘째, 방역의 일상화를 이루었다. 사실은 본교 교직원들과 4월 한 달 동안 신대방2동 주민센터와 함께 지역 방역활동에 참여했었다. 신대방2동 주민센터 공무원, 마을활동가들과 함께 코로나 퇴치를 위해 소독통을 어깨에 메고, 손에 들고 학생들의 거주 지역에 대한 방역을 성실히 수행했다. 이런 과정에서 본교에 대한 칭찬의 이야기가 퍼져 나갔고, 신대방2동 방역팀이 주 3회 본교를 소독해 주는 일이 일상이 되어 갔다. 우리는 한 달 정도 봉사했지만 방역천사단은 이에 대한 감사한 마음으로 본교의 1층을 중심으로 곳곳을 소독해 주는 것이 일상이 되다 보니 본교에서는 실내 방역에 집중할 수 있었다. 사실상 지금은 동작구에서 보내 준 방역 요원들이 하루 3시간을 오로지 코로나 방역만을 위해 일해 주신다. 동작구에 깊은 감사를 드린다. 코로나가 물러날 때까지 안전 방역은 일상이 되어야 하기에 일단 2020년 12월 31일까지 동작구의 도움을 받기로 했다. 학교 예산이 턱없이 부족한 상황에서 지자체와의 연대는 선택이 아니라 필수인 것이다. 학교 혼자서는 할 수 없는 일을 마을과 함께하면 불가능했던 것이 가능해진다는 사실을 또다시 알게 된 것이다.

셋째, 학생의 건강권과 생태교육을 효율적으로 하기 위해 바닥놀이터와 생태교육 공간을 확보하였다. 특별히 바닥놀이터는 학교의 빈 공간과 운동장의 주변 공간을 확보하여 신체활동을 재미있게 할 수 있는 내용으로 하나의 코스를 만들었다. 자신의 건강을 생활 속에서 실천할 수 있는 공간을 만든 것이 큰 의의라고 할 수 있다. 무엇보다 바닥놀이터 코스는 전 세계에 하나밖에 없는 공간이어서 더 자부심이 컸다. 또한 운동장의 구령대를 없애고 생태교육 공간을 확보하였다. 구령대를 없애는 작업은 지역 주민의 민원으로 적지 않은 갈등이 있었다. 하지만 가뜩이나 작은 운동장에 쓸데없이 자리를 차지하고 있는 구령대를 없애면서 보라매초 학생들이 맘껏 뛰어놀며 생태교육을 할 수 있는 공간을 마련할 수 있었다. 이러한 예산도 보라매 거버넌스를 통해 서울시 예산을 확보하여 가능할 수 있었다.

넷째, 특수반에 대한 일이다. 본교는 이런저런 사정으로 특수반이 4층의 교실 반 칸으로 이루어져 많은 문제점이 있었다. 일 년 내내 이에 대한 대책 협의와 이전 계획을 교육공동체 구성원들과 협의하고 보라매 거버넌스를 통해 예산 확보 문제를 해결했다. 본 사업은 국회의원과 시의원, 구의원이 협력하여 오천만 원이라는 예산을 확보할 수 있었다. 1층의 교실을 확보하고 특수반의 이름도 '나로반'이라 정하고 이전했다. 복도에는 나로반 어린이들이 활동할 수 있는 바닥 공간과 벽 공간에서 놀 수 있는 활동 공간을 마련해 주었다. 또한 나로반 교실 옆에 지원실을 마련하여 특수실무사, 특수반 공익요원을 상시 근무하게 하여 나로반 운영이 효율적으로 이루어지도록 하였다. 어느 나로반 어머니의 말이 지금도 생생하다. "학교에서 화재가 발생하면 우리 아이는 어떻게 해요? 휠체어를 타고 자기 혼자서도 움직이지 못하는데 4층에서 어찌하나요?" 하며 울먹이던 모습이 지금도 생생하다. 나로반을 1층으로 이전하여 나로반 친구들, 학부모님들이 일단은 걱정을 덜고 또 다른 성장을 꿈꿀 수 있어 나 또한 행복하다.

다섯째, 미래창의지성실을 만든 것이다. 지자체의 예산을 활용하여 만들었는데 교육지원청의 도움을 받아 현실화될 수 있도록 했다. 총예산 팔천만 원, 미래 사회에 삶을 주도해 나갈 학생들을 위해 메이커 교실과 효율적인 토론 학습, 유튜브 및 동영상 전문 제작실을 마련하였다. 이러한 과정은 본교의 능력 있는 교사들이 TF팀을 꾸려 교사 스스로 만들어 낸 것이다. 공사 기간이 오래 걸렸지만 교사들 스스로 만들어 가는 과정을 통해 미래창의지성실에 대한 애정과 활용도가 높아진 것이다. 드론 연수, 3D 펜, 프린트 관련 연수를 수시로 하고 있으며 학생들이 시간을 짜서 매일매일 특별한 수업을 진행하고 있다. 학교 내 거버넌스가 부장회의를 중심으로 활발하게 이루어지면서 수평적 학교문화를 만들어 가고 있다.

여섯째, 2020학년도에 마을결합 교육력 제고팀을 꾸려 마을결합과 관련한 일들을 주도적으로 실현해 나가는 일이다. 특별히 5명의 교육력 제고팀은 각기 다른 주제를 가지고 학생의 삶과 직접 연관된 주제를 마을 활동가들과 정하고 함께 실천하는 모습이 가장 좋은 성과라 할 수 있다. 우리 마을 생태, 우리 마을 안전, 우리 마을 역사, 우리 마을 놀터, 우리 마을 학생시민탐사 등 5개의 주제는 학생들 스스로 자신이 살아가는 마을에 더 깊은 애정과 소속감을 갖게 하고 마을활동가와의 교육 컬래버레이션은 학생 삶 속에서 지속적으로 이루어지는 생태계적 연속성을 만들어 주어 학교-마을이 협력하여 만들어 가는 또 다른 행복한 교육 세상이다. 사실상 코로나 팬데믹 상황에서 마을에 직접 나가서 활동하는 것은 어려운 일이다. 하지만 소규모의 학생들(6~8명)과 지도자 2~4명이 함께하는 교육활동이어서 감염 우려의 걱정과 근심은 있었지만 발열 체크, 마스크 착용, 거리두기 등 사전 교육과 안전 방역 중심의 교육활동으로 지금까지 잘 이루어지고 있다. 학부모님들도 이러한 상황에서 교육활동에 대한 걱정거리가 있었으나 대체적으로 만족해하고 더 좋아하는 부모님들이 많았다. 특별히 마을활동가분들은 보라매초와 하고 있는 교육활동을 책으로 만들어 보고 싶다는 열정이 대단하고 이를 실천에 옮기고 있는 중이다. 이렇게 마을활동가들이 행복한 모습으로 생활하니 또 다른 교육활동을 논의하고 또 다른 수평 행복을 위해 희망이 자라고 있음이 감사했다.

6. 모두가 함께 성장하는 삶! 성숙의 그 길로!

학교-마을, 참으로 구성원 간의 협력, 연대, 상생, 평등 등을 현실화하기에는 어려운 일들이 분명 존재한다. 하지만 학교는 외딴섬이 아니다.

마을에 울타리를 쳐 놓은 동굴이 아닌 것이다. 학교에 다니는 사람들은 마을에 살 때는 마을의 주인인 주민이고 시민이며, 학교 안으로 들어오면 학교의 주인인 학생이다. 학생이 중심이 되는 곳이 바로 학교와 마을이다. 따라서 학교-마을은 성인들의 힘으로 나뉘어도 안 되며 나뉘려고 해서도 안 된다. 학생들의 온전한 성장과 행복을 찾아 주기 위해서는 학교-마을의 협력 체제는 어떻게 해서라도 구축되어야 한다. 단순히 구청의 예산을 사용하기 위해 잠시 친한 척(?)하는 시대는 이미 지났다. 지자체의 행정 관행은 학교 구성원들에게 스트레스가 되어 쌓이기도 한다. 지자체에서 예산 등을 지원한다는 명목으로 학교에 과도한 일들을 요구하는 사례도 비일비재하다. 그래도 과거보다는 상당히 학교 중심으로 변화되고 있는 모습을 볼 수 있다. 코로나 팬데믹 시대에 기관들과의 연대는 그 중요성이 더 높아지고 있다.

서울보라매초에도 동작구에서 지원하는 열한 분의 방역 요원들이 계신다. 2020년 12월까지 구청에서 계약하여 학교에 보내 주신 것이다. 방역 요원들은 하루 3시간 동안 학생들의 교실, 복도, 특별실, 계단 난간 등 학교 구석구석을 매일 손걸레로 코로나 소독을 해 주신다. 지자체의 도움으로 선생님들이 수업에만 집중할 수 있게 되었으니 참으로 감사한 일이다. 추가로 발열 체크 및 확인을 하는 분들을 네 명 더 신청한 상태이다. 이번에는 동작구의 담당 직원이 학교에서 요구한 자격 조건을 그대로 모집 공고에 올려 주셨다. 학교현장의 요구를 바로 들어주신 것이다. 이 얼마나 고맙고 감사한 일인가? 예전 같았으면 꿈에도 생각하지 못하는 일인데 지속적인 보라매의 거버넌스를 통해 자주 만나고 이야기한 결과가 아닌가 생각한다. 학교가 마을과 함께하려는 의지가 좋은 쪽으로 소문이 쫘~악 나야 한다. 서울보라매초는 우리 마을에서 좋은 소문이 나 있다. '학생들의 온선한 성장을 위해 마을과 진정 손잡고 있는 곳이다!'라는 말을 주변에서 많이 듣는다. 사실 마을에 어떤 행사가 있든지 적극적으로 참여하고 있다. 조금은 피곤하지만 이러한 일들을 반드시 해야 하는 필수로 생각하면 활동이 즐겁고 또 다른 행복을 느낀다. 학교 구성원들도 시간이 흐르면서 마을과 가까워지는 모습이 더 보람 있다.

2020년 7월 1일 자로 신대방2동 동장님이 새로 부임해 오셨다. 그동안 정들었던 동장님과도 좋은 협력관계를 가졌는데 새로 오신 동장님과도 좋은 관계를 유지하면서 학교-마을 협력 체제에 더 깊은 연대의식을 가져야 하는 일이 내게는 중요했다. 코로나로 인한 비대면의 상황, 누군가가 찾아오는 것을 싫어해 스마트 기기에 의존해야 하는 상황이 실로 안타까울 뿐이다. 그런데 새로 부임한 동장님이 팀장님과 함께 본교를 먼저 방문하셨다. 내가 일하고 있는 생태 텃밭으로 오셔서 인사를 나누었다. 너무나 반갑고 죄송했다. 내가 먼저 찾아가려고 했는데 먼저 오신 것이다. 며칠 후 새로 부임한 동장님, 지구대장님을 모시고 조촐하게 협의회 및 마을 환영회를 가졌다. 얼마나 좋아하시는지 이런 경우가 처음이라며 정말 행복한 시간이라고 하셨다. 그 후 몇 번의 회동을 하면서 학교와 마을이 서로 협력할 수 있는 구체적 방안을 이야기했다. 학교 앞 울타리 재설치, 학교 앞 도로 안전장치 추가 설치, 마을 벽화 사업 등 코로나 팬데믹에도 불구하고 우리 마을은 계속 숨 쉬고 살아가야 하므로 할 수 있는 일들은 서로 협력해 적극적으로 추진하고 있다. 유례없는 50일 이상의 장마는 기후변화에 대한 사람들의 새로운 생각을 끄집어냈다. 모두 힘을 모아 이 같은 상황을 자연을 돌아보는 소중한 시간으로 만들어 가고 있다. 동장님이 10일 이상 집에 못 가고 비상 대기하며 마을의 안전과 관련된 일을 몸소 찾아다니며 돌보는 모습이 정말 존경스러웠다. 점심시간을 이용해 동장님과 직원들 몇 분을 모시고 순댓국을 대접하면서 위로하고 격려하였다. 너무나 좋아하셨다. 이웃 학교 교장선생님도 함께해 주셔서 우리 마을의 성장을 위한 이야기들을 자연스레 나누었다. 수시로 이루어지는 거버넌스의 힘을 볼 수 있었다.

우리 마을 동작경찰서 소속 신대방동 지구대장님과 담당 경찰관님은 매일 학교 앞 길을 오가는 터라 특히 우리 학교의 안전에 깊은 관심이 있었다. 나는 등교 맞이를 하면서 우리 마을의 안전과 학생들의 안전한 등하교를 위해 할 수 있는 일들을 이야기했다. 학생들이 등하교를 할 때 지구대에서 경찰차가 나와 있고 경찰관들이 학생들의 안전을 위해 힘써 주신다. 마을의 동사무소와 지구대가 안전한 학교를 위해 힘써 주어야 학교 선생님들이 학습지도와 생활지도에 집중할 수 있을 것이다. 형식적인 거버넌스의 회의보다 즉각적이고 필요할 때, 그 타이밍에 이루어지는 워킹 거버넌스가 정말 중요한 것 같다. 발로 뛰지 않으면 누가 나에게 필요한 것을 줄 수 있나? 이제는 움직여야 한다. 당장 내가 필요하다고 생각하면 움직여야 한다. 앞으로 워킹 거버넌스의 모습은 다양하게 진화해 나갈 것이다. 나 또한 다양한 형태로 학생들의 온전한 성장을 위한 그 길을 위해 땀 흘리며 더 큰 보람을 맞이할 것이다.

학교 선생님은 말한다.

"어린이들이 마을 선생님과 함께 활동하니 더 즐거워하고 수업 목표를 더 쉽게 도달할 수 있어서 참 좋았습니다."

마을 선생님은 말한다.

"내가 배운 내용과 역량을 바탕으로 학교교육에 도움을 줄 수 있어 행복했습니다. 어린이들이 즐거워하는 모습을 보니 내가 더 배우는 것 같습니다."

교육지원청, 구청 마을 담당 선생님은 말한다.

"학교 선생님과 마을 선생님이 서로를 존중해 주고 협력하는 모습을 보니 참 좋습니다. 배우는 어린이들만 성장하는 것이 아니라 우리 모두가 함께 성장해 가는 기분입니다."

마을에 오랫동안 사셨던 어르신이 한 말씀 하신다.

"우리가 자랄 때는 어린이들을 돌봐 주고 그런 것이 없었는데 요즈음에는 우리 마을에서 자라나는 어린이들에게 관심이 참 많아요. 또 어린이 중심의 행사가 참 많이 열려서 더 좋은데요. 우리들도 관심을 가져 주세요. 노인이 되면 다시 어린이가 된다고 하잖아요."

이와 같이 마을교육공동체가 강해질수록 학교자치, 마을자치는 성숙의 길을 걷게 될 것이다. '교육은 누가 주도해야 하는가?'라는 주도권 싸움은 이제 그만해야 한다. 마을과 학교가 서로에게 맞추기 위해 많은 사람들이 노력하는 중이지만 말이다. 나는 하고 싶은 일이 있다. 학교와 교육지원청, 구청의 중간자 역할을 하는 모임을 만들어 보고 싶다. 민·관·학을 구분하기보다는 교육에 관심 있는 사람들이 모여 자연스럽게 만나는 장을 만들어 가고 싶다. 마을교육공동체 구성원들은 저마다 능력을 갖추었다고 자신하고 있다. 서로 중복되는 일도 한두 가지가 아니다. 서로 이야기하다 보면 자연스럽게 해결 방안이 나올 수 있고, 이를 행동으로 실천할 수 있는 길까지 갈 수 있을 것이다. 교육의 주도권은 교육에 관심을 갖고 함께하는 모든 이들에게 있다. 교육의 주체는 우리 모두이기 때문이다.

우리 마을에 있는 것부터 찾아내고, 우리가 할 수 있는 일부터 시작하면 된다. 또한 우리 마을 사람 중에서 찾아 그 무엇인가를 하면 된다. 앞장서서 이야기의 장을 마련하고 서로에게 필요한 것들을 연결하는 가교 역할이 너무나 절실하다. 과연 학교가 할 수 있을까? 완벽하지 않더라도 중간 역할을 수행하여 풀뿌리처럼 튼튼하게 자생하며 당당히 꽃을 피울 수 있는 마을교육공동체를 만들어 가야 한다. 어떤 일이든 우리가 사는 세상은 사람이 중심이 되어야 한다. 또 학교와 마을이 함께하는 일도 사람이 중심이 되어야 한다. 마을교육공동체가 성숙의 길로 가는 길 위에서 모든 구성원들이 서로 신뢰하고 양보하는 마인드를 지니게 되고, 거기에서 학교자치가 시작될 것이다. 학교자치의 꽃이 활짝 펴서 열매 맺기를 고대하며, 교직원-학생-학부모-마을 사람들이 좋은 관계를 맺고 서로 존중하며 살아가는 진정한 교육 세상, '호모 사피엔스'를 넘어 세상이 행복을 맘껏 나누며 살아가는 '코로나 사피엔스', '포노 사피엔스'를 향해 당당히 나아가기를 기대해 본다.

이 가을, 오늘도 나는 학교에서 한 송이 국화꽃을 멋지게 피우기 위해 묵묵히 뜨거운 햇살을 맞으며 물을 주고 거름을 준다. 그리고 꽃대를 따 주고 지주대와 꽃받침을 만든다. 누군가가 보고 활짝 웃었으면 하면서. 그 함박웃음이 행복으로 이어지는 삶의 길이 되길 바란다.

마을수업과 마을교육과정: 의미, 이론, 실제 그리고 가치

서용선(국회의원 보좌관)[7]

1. 의미: 마음에서 마을로

1) 우리 모두의 마음은 마을에

어릴 적, 나는 광주光州 변두리 마을에서 친구들과 함께 앞산 뒷산을 온종일 뛰어다니며 놀았다. 봄에는 막 난 보리 싹을 먹거나 풀피리를 불고, 여름이면 나무 사이에 타이어 그네를 만들어 타기도 했다. 가을엔 가오리연을 만들어 동네 형들을 따라 언덕에서 멀리 날리면서도 줄 끊기 시합도 했고, 눈이 쌓일 때면 비탈길에서 온 동네 아이들이 수십 명이 모여 동상 걸릴 정도로 하루 종일 썰매를 탔다.

이렇게 행복한 어린 시절을 보냈던 곳이 바로 '마을'이다. 마을 친구들과 형, 동생들이 함께 자랐던 곳, 모르는 사람들이라 할지라도 친구가 되어 삼삼오오 모여 어울렸던 곳, 나무판자 아지트도 만들고 함께 세상

---

7. 교육이 가장 창조적이고 민주적이어야 하고, 그래야 학교도 사회도 변할 수 있을 거라고 믿고 살고 있습니다. 혁신학교 의정부여중을 거쳐 경기도교육연구원, 경기도교육청, 교육부 등을 거치면서 혁신교육, 복잡성교육, 교육과정 재구성, 마을교육공동체 등을 연구하고 정책을 만들고 실천 운동을 해 왔습니다. 현재는 국회의원(강득구 의원, 교육위원) 보좌관으로 활동 중입니다.

에 없는 노래도 만들어 부르고, 아무도 가 보지 않은 동네길 탐험을 떠날 수 있었던 곳. 그곳이 마을이다. 아직도 내가 살았던 그 마을에 가고 싶고, 행복했던 추억은 가슴속에 남아 있다.

요즘 마을은 이전과는 많이 다르다. 하지만 얼마 전부터 느슨하게라도 사람들이 모여 연결되는 모습으로 마을을 말하고 실천하기 시작했다. 의도적이든 의도적이지 않든, 누구의 아이디어라도 관심과 흥미가 있으면 모이고 함께 할 수 있는 거리를 찾아 재미있고 의미 있는 공동의 활동을 하는 모습을 볼 수 있다. 그러면서 내뱉는 말은 '사람 향기 난다'는 말이다. 예를 들면, 마을의 아름다운 길이 있는데, 그곳의 옛이야기를 이어 새로운 전설을 만든다. 학교 축제와 마을 축제가 연결되어 새로운 마을교육축제가 되기도 한다. 지역의 묻혀 있던 전설과 역사로 모이고, 가까이 살아가는 사람들의 삶과 이야기가 마을로 모인다. 마음이 마을로 가는 길목들이다.

이런 모습들이 바로 '살아 있는 교육'이 아닐까? '마을교육공동체'라는 말에 담긴 뜻을 많은 사람들이 공감하고 의미 있게 다가서려는 이유도 바로 이런 이유 때문이다. '마을'과 '교육'과 '공동체'가 바로 '살아 있는 교육'이라는 말로 관통하기 때문이다.[백윤애 외, 2020] 마을교육공동체에 대한 지속가능성을 이야기할 때, 지역화된 교육사업과 프로그램 개발을 강조한다. 이 말은 마을교육공동체가 국제 표준이나 국가 수준의 중앙 단위의 논의가 아닌 풀뿌리인 마을의 이야기를 중심으로 삼아야 한다는 말이다. 그 가운데 교육 내용과 방법으로 가장 중요하게 언급되는 것이 '지역공동체 교육을 위한 교육과정 재구성'이다. 아동·청소년의 자치 역량과 지역사회 기반 교육을 위해서는 마을과 학교에서 이뤄지는 교육과정의 재구성이 필요하다.

2) 포스트모더니즘 시대의 마을교육공동체

교육은 시대와 무관할 수 없다. 이 시대 살아 있는 교육을 이해하는 틀은 바로 포스트모더니즘이다. 포스트모더니즘은 마을교육공동체 담론을 둘러싸고 마을수업과 마을교육과정에 대해 여러 차원의 변화를 요구한다. 우선 수업과 교육과정의 관점을 '교육에서 학습으로' 변화시킨다. 우리가 흔히 쓰는 '교육'이라는 말은 어찌 보면 근대라는 시대를 밑바탕에 두고 하는 말이다. 여기에는 산업 지향적이고 국가 중심적인 사고가 그 체계를 이룬다. 이렇게 구축된 교육체제는 산업사회 중심 관료제를 기반으로 한다.

포스트모던한 수업과 교육과정은 정해진 교육의 울타리가 아닌 직접적인 학습 또는 배움learning의 관점으로의 전환을 요구한다. 마을교육공동체는 '움직이는 교실' 개념이나 '학교 넘나들며 배우기' 개념에 밀착되어 있다. 마을교육공동체는 '교육-학교-교실-수업'이라는 정해진 절차와 틀로부터 벗어나 곧장 '학습'이라는 플랫폼으로 가도록 요청한다. 학습에서 교실이 필요하면 교실에서, 마을이 필요하면 마을에서 학습을 하면 된다. 교실을 마을로 볼 수도 있고, 마을을 교실로 볼 수도 있다. 교육과정 또한 학습을 위해 존재한다. 이는 기존의 교육과정 구조를 해체시키는 데 큰 역할을 한다. 교육과정 재구성이나 교육과정 재개념화가 '마을교육과정'과 결합되고 학습생태계 구축에 용이한 이유가 여기에 있다.Cho, Kim & Lee, 2017

또한 포스트모더니즘은 '모두가 가르치고 배우는 주체'의 변화를 지향한다. 포스트모더니즘에서는 교사-학생이라는 이분법에 의문을 표시한다. 마을교육공동체에서는 제도권 교사가 학생에게 배우기도 하고, 학생이 마을학교를 운영하는 마을학교장이 될 수도 있다. 상식적으로 보아도, 교사는 학부모이면서 주민이면서 평생학습자이다. 학부모도 지역 주민임은 물론 마을학교의 교사가 되거나 배우는 학생이 될 수 있다. 마을 주민들도 또 다른 마을교사일 수 있다. 교육 주체들이 이렇게 함께 배우고 함께 나눈다는 개념은 마을교육공동체와도 잘 접목된다. 평생교육에서 주창하는 '평생학습사회'가 마을교육공동체와 잘 어울리는 이유가 여기에 있다.[양병찬, 2018]

마을수업과 마을교육과정은 '시공간을 초월'하고 '내용과 형식의 자유'를 추구한다. 수업에서는 어떤 시간대에 학습자들이 학습을 하고, 어떤 공간에서 어떤 형태의 학습이 이뤄지는지가 중요하다. 시간의 유연한 적용과 공간이 주는 창의적인 발상은 포스트모더니즘 관점에 있는 마을수업에 중요한 대목이다. 마을교육공동체에서 '마을'은 그런 시공간을 구체적인 맥락, 다시 말해 학생들의 삶의 맥락에서 작동한다.[서용선 외, 2016] 강의, 대화, 토론, 탐방, 프로젝트 등 그 어떤 것이라도 상관없고 이런 방법들이 자연스럽게 다가온다. 내용 또한 교실 안과 밖, 학교 안과 밖의 상황이 연결된 상태에서 판단하게 된다.

우리에게 '마을수업'이나 '마을교육과정'이라는 표현은 바로 이 논의 지점에서 등장했다. 학교교사와 마을교사의 수업과 교육과정이 삶과 앎이 일치하면서 마을이라는 공간과 시간과 현상이 결합된 형태로 디자인될 필요가 있다. 삶과 앎의 일치는 '대안교육'과 '혁신학교'로부터 시작되어 '혁신교육지구'를 거쳐 현재 '마을교육자치'까지 왔다. 다시 말해 마을수업, 마을교육과정은 삶을 위한 교육, 삶과 앎의 일치를 핵심적인 교육 장면에서 보다 구체화한 모습이다. 일반 학교에서 교과서나 말로만 존재할 것 같은 일이 마을수업, 마을교육과정이라는 이름으로 생기를 띤다. 늘 오가던 골목길에서, 늙은 농부의 텃밭에서, 오래된 담벼락에서 생생한 이야기를 전해 준다. 마을수업, 마을교육과정은 마을과 수업의 복원을 넘어서서 '자치'와 '미래'로 연결된다. 학생들이 커서 민주시민으로 어떻게 살아가야 할지 마을수업과 마을교육과정이라는 프리즘으로 제시한다.

2. 이론: 마을수업과 마을교육과정의 원천

1) 삶: 수업과 교육과정의 근본 요소

마을수업, 마을교육과정도 그러하지만 본래 수업과 교육과정을 형성하는 근본적인 요소들은 미성숙하고 발달이 이루어지지 않은 존재인 아동·청소년의 삶이다. 마을과 연결된 수업과 교육과정 역시 마을에 사는 아동·청소년의 마을에서의 삶이 근간이다. 어른들의 성숙한 경험 속에 구현되어 있는 특정한 사회적 목표나 의미나 가치 등도 이 삶에 포함된다. 사회적 목표나 의미나 가치 또한 마을에서 구체화되고 역사화되어 담겨 있다.[Dewey, 1938]

수업이나 교육과정은 이런 삶의 요소들이 적절하게 상호작용하는 과정이다. 마을수업, 마을교육과정 또한 각각의 요소들이 다른 요소들과의 관계 속에서 가장 완벽하고, 가장 자유로운 상호작용을 할 수 있어야 한다. 아동·청소년과 교육과정과 마을은 대립적인 관계가 아니다. 아동·청소년은 이미 태어날 때부터 협소하지만 개인적으로 접촉할 수 있는 세계에 살고 있고, 관심과 흥미와 호기심으로 세계와 만난다. 그 만나는 세계가 가정 이후 마을이고, 가정과 마을의 순환 속에서 아동기를 지나 학교라는 세계와 만나는 것이다. 이후 과정도 가정과 마을과 학교는 선순환되어야 한다. 선순환시키는 핵심이 바로 삶으로 보는 일이고, 이를 적절하게 상호작용하는 일이다.

아동·청소년의 삶은 통합적이고도 전체적이다. 주로 가정에서는 부모와 마을에서는 친구와 학교에서는 교사와 상호작용하고 통합하면서 세계관을 넓혀 간다. 물론 아동·청소년이 이런 삶을 의식적으로 분리하거나 구분할 수는 없다. 이를 체계화하고 심화하고 확장하는 일이 마을수업, 마을교육과정이다. 여기서 자아를 형성하고, 세계관을 형성해 나간다.

마을은 유동적이며 변화무쌍하다. 마을수업, 마을교육과정 또한 언제든 변화 가능하다. 실제 국가 단위든, 세계 단위든 급변하고 있고, 이는 가정-마을-학교의 관계 변화와 재형성에도 영향을 미치고 있다. 이 과정에서 아동·청소년의 삶은 통합성과 완결성을 부여하면서 성장한다.

마을수업과 마을교육과정은 다양한 수업과 교육과정이라는 이름으로 내용과 방법이 분리되거나 이탈되어서는 안 된다. 방향과 내용 또한 고정되거나 고착되어서는 안 된다. 아동·청소년과 마을수업, 마을교육과정 사이에 존재하는 간극과 차이를 좁혀 나가는 노력은 계속되어야 한다. 내용과 방법을 우리 마을의 아동·청소년과 연관성 있게 재구성해 나가야 하고, 마을수업과 마을교육과정이 갖는 전문성을 삶과 연결시키려는 노력을 해야 한다. 더불어 삶 속의 실제적이고 정서적인 유대를 마을수업, 마을교육과정이 갖는 논리와 추상성에 녹여 내야 한다.

삶을 위한 마을수업, 마을교육과정이 되기 위해서는 훈육과 훈련보다는 호기심, 흥미, 관심으로부터 출발해 아동·청소년의 심리와 논리를 구축하는 과정이 필요하다. 마을에서 느낀 호기심, 마을이 갖는 다양한 흥밋거리, 마을에서 일치하는 나의 관심사는 삶과 연관된 교육활동의 근간이다. 지도와 통제도 민주적인 통제가 무엇인지, 마을의 아동과 청소년이 가지고 있는 자연성은 무엇인지 살핀 후 만들어 갈 필요가 있다. 마을교육공동체로 민주시민을 이루려면 마을에서 누리는 나의 자유와 주도성은 물론 마을이 갖는 전통과 역사 속 노력을 동시에 갖추어 나가는 일도 필요하다.

아동·청소년의 삶은 마을수업과 마을교육과정의 출발점이고 중심이며 도달점이다. 배운다는 것은 능동적인 활동인데, 마을수업과 마을교육과정은 이에 가장 적합한 말이다. 능동성과 역동성은 마음의 바깥으로 나아가는 일인데, 그곳이 바로 학교를 포함한 마을이 되어야 한다. 마을에서 어떻게 활동하고 어떻게 크는지를 이들의 발달과 성장의 이상으로 삼아야 한다. 모든 수업, 모든 교육과정은 바로 아동·청소년의 성장에 공헌해야 한다. 실상 그 성장과 발달로 형성된 성격이나 인격이 수업과 교육과정보다 중요하다. 다시 말해 수업과 교육과정은 성격과 인격을 지향해야 한다. 지식이나 정보보다 자아실현과 공동체 구현을 목적으로 삼아야 한다. 학습활동의 질과 양을 결정하는 것은 수업과 교육과정의 내용이 아니라 아동·청소년 자신의 삶이다.

2) 분권: 아래로 또 넓게

우리나라 교육과정, 엄밀히 말하면 국가가 시행하는 학교교육과정은 국가 중심의 중앙집권형 교육과정이다. 국가교육과정 개정 시기마다 조금씩 서로 다른 내용과 방법으로 접근해 왔지만, 학교현장에서 경험하는 교육과정은 국가가 정한 교육 내용을 거의 그대로 전수하고 시험을 보는 전통적인 방식의 틀을 벗어나지는 못한다. '무뇌아' 혹은 '외로운 섬' 등의 비유적인 말로 학교교육과정에 대한 비판이 있을 때마다 살아 있는 교육과정에 대한 논의가 있었다. 살아 있는 교육과정의 중요한 틀이 바로 교육과정 분권 또는 교육과정 거버넌스이다.

마을수업과 마을교육과정은 학교에서 할 수 있고, 마을에서도 할 수 있으며, 마을과 학교가 같이 할 수도 있다. 관계나 비율, 구성과 추진은 각자의 독자성과 독특성을 갖는다. 수업과 교육과정에서 누가 어떻게 결정하고 실천할 것인가와 관련된 분야가 바로 분권이다. 제6차 교육과정 이념과 기본 방향에서는 "① 교육과정 결정의 분권화: 중앙집권형 교육과정을 지방분권형 교육과정으로 전환시켜 시도교육청과 학교의 자율 재량권을 확대한다"라고 밝힌 바 있다. 하지만 이는 형식적이었고, 마을은 포함되지도 않았다. 2015 개정 교육과정에서 역량을 강조하지만 실제 작동은 예전과 크게 달라지지 않은 교육 현실이다.

수업과 교육과정을 하나의 제도로 보면, 교육과정을 역사적 근원을 가진 사회적 구성물로 인식하는 관점의 전환이 필요하다. 그 사회에서 실행하는 수업과 교육과정의 문화, 폭넓게는 마을과 학교의 문화 풍토를 규명해야 아동·청소년의 삶에 초점을 맞출 수 있다. 마을수업과 마을교육과정은 마을과 학교 외부에서 내부를 모르는 전문가들에 의해 결정되어 가르치도록 주어지는 것이 아니다. 마을과 학교라는 범위 안에서 가르치는 교사와 학생들 간의 만남을 통해 가르칠 내용과 그 내용이 적용되어야 한다. 마을수업과 마을교육과정에서 분권은 바로 현장에서 만들어 가는 개념이어야 한다.[박제윤, 2007]

이는 교육과정에 대한 의사결정이 중앙집권적 교육과정 결정체제에서 지방분권적 교육과정 결정체제로 보다 분명하게 전환될 것을 요구한다.[서용선, 2011] 중앙집권형 체제는 교육과정에 관한 모든 의사결정 권한이 국가에 있고, 지방분권형 체제의 경우 교육청과 학교 그리고 마을이 결정 권한을 갖는다는 뜻이다. 물론 혁신교육 10년이 되어 가면서 교육청과 학교의 교육과정 결정과 자치가 좋아졌다고는 하나 아직도 갈 길이 멀고, 마을과 함께 제도적인 결정과 자치를 하는 일은 쉽지 않은 상황이다.

수업과 교육과정의 권력을 분산시킨다는 것은 민주주의 관점뿐만 아니라 교육적인 관점에서도 매우 중요하다. 민주주의 관점에서 분권형 수업과 교육과정은 풀뿌리 민주주의의 일환이요, 생활양식으로서 민주주의 교육으로 가는 길이다. 마을수업과 마을교육과정을 통해 마을민주주의로 가는 길이다. 앞서 밝힌 대로, 분권을 기반으로 한 마을수업과 마을교육과정이 아동·청소년의 삶에 터해 성장을 추구하는 과정은 학교나 마을을 체계system의 차원에서 생활세계life-world의 차원으로 전환하고자 하는 요구와 다름없다. 이것들은 국가·사회적인 관점보다 교수자와 학습자 사이, 학습자와 학습자 사이의 상호작용에 직접적인 영향과 의미 생성이 중요하다. 마을수업과 마을교육과정의 층위가 아래로 깊게, 또 주변으로 넓게 확장해 가는 일이다.

마을수업과 마을교육과정을 분권으로 접근하면 다음과 같은 강점이 있다. 첫째, 교육의 효율성effectiveness을 높일 수 있다. 왜냐하면 학습자의 특성에 기초하고 있는 마을과 학교의 실정에 맞게 수업과 교육과정을 지속적으로 보완, 조정하기 때문이다. 둘째, 교육의 적합성suitability을 높인다. 왜냐하면 마을수업과 마을교육과정 속에 들어가야 할 교육내용이 아동·청소년의 삶에 맞춰지기 때문이다. 셋째, 교수자의 자율성autonomy과 전문성professional expertise을 신장시킬 수 있다. 분권형일 때 교수자는 아동·청소년의 능력과 요구를 가장 잘 이해한다. 더불어 마을과 학교의 지역 특수성을 가장 잘 안다. 그래서 교수자들이 수업과 교육과정 디자인에 능동적으로 참여하도록 자율성과 전문성을 신장시키는 기회를 제공해야 한다. 넷째, 교육의 다양성variety을 추구하기 위해서 필요하다. 마을과 학교가 획일화된 교육 내용, 방법, 환경에서 벗어나 실정에 적합한 다양한 교육 형태로 변화시켜 나갈 수 있기 때문이다. 다섯째, 학습 혹은 배움learning 중심의 교육을 구현하기 위해 필요하다. 실제 마을과 학교에서 만나는 아동·청소년은 적성, 능력, 흥미, 관심, 장래 진로 등이 다양하다. 배움의 시작은 관찰로부터 이루어진다. 학습자의 특성, 요구, 흥미, 적성을 파악하고, 교육 내용에 대한 재구성과 통합 등을 발달단계에 알맞게 하려면 분권형의 교육과정이 필요하다.권낙원·민용성·최미정, 2008

수업과 교육과정은 그 자체로 여전히 혼돈스럽고 모호한 영역이다.Jackson, 1992 그럼에도 불구하고, 획일적인 수업과 교육과정을 벗어나는 중대 계기는 교수자들이 직접 토론을 통해 교육과정을 만들어 가는 데 있다. '분권'은 바로 이를 가능케 하는 말이다. 최근 마을교육공동체의 등장으로 지역사회나 마을 중심의 수업과 교육과정에 관심이 늘어나고 있다. 그 시작은 수업과 교육과정을 만드는 교수자와 학습자, 마을과 학교의 역량, 그리고 수업과 교육과정의 의사결정 구조에 달려 있다.

3) 생태: 복잡성에 대한 이해와 실천

마을수업과 마을교육과정을 보는 원천 세 번째는 생태eco이다. 마을교육공동체를 생태주의로 보는 관점이 크다. 최근에는 생태라는 말에 교육을 붙여 '교육생태주의'나 '교육생태계'라는 말이 널리 회자되고 있다. 마을교육공동체를 만들어 간다는 것이 생태계에 비유된다면, 마을수업과 마을교육과정 또한 생태적 관점이 요청된다.

생태주의는 교육이나 학습에 대해 기존의 교육심리학이 확신했던 "행동 수정"의 문제가 아니고, 복잡성complexity의 관점으로 보는 것이다. 이 관점은 생물학적 관점에서 학습을 유기체organism나 신체body로 본다. 다시 말해 학습은 생물학적인 측면에서 구조적인 것이며, 학습자 내부에서 총체적으로 발생하는 일종의 변형과 구성이다. 생명이 있는 동식물이나 우리의 몸을 학습에 비유하면 쉽게 이해된다. 학습은 외부의 자극에 의해 이루어지는 것이 아니라 개별적인 경험과 집단적인 교섭을 바탕으로 학습자 자신의 복잡한 생물학적 구조와 경험적 구조를 거쳐 구성해 나가는 과정적 행위인 것이다. 마을수업과 마을교육과정 또한 마을이라는 생태 환경 속에서 사회적·학습적 맥락으로 아동·청소년들이 배움으로 성장해 가는 일이다.

생태주의의 기반인 복잡성 철학은 다윈Charles Darwin의 『종의 기원』으로부터 시작하여 최근 40년 전부터 본격 등장했다. 자연과학은 물론 사회과학 분야 등에서 큰 호응을 받아 왔다가 소위 '융합형 철학' 교육학에도 등장했다. '복잡성'이라는 말이 사용된 시점은 20세기 중반까지 거슬러 올라간다. 잘 알다시피, 자연과학은 19세기와 20세기에 생명과학과 물리학 모두에서 이루어진 혁명적인 변화를 가져왔다. 20세기 초반, 비선형의 세계관은 나비효과, 피드백, 프랙탈, 자기조직화, 자기창조, 공진화 등과 같은 개념을 인간과 세계와 학문에 급속히 확산시켰다.

다윈은 진화론에서 결정론을 제거하면서 비선형적인 과정이 도입되었고, 일정한 경계가 있는 무작위적인 현상을 설명하는 데 큰 영향을 미쳤다. 철학과 교육학 분야에서는 듀이John Dewey가 거론된다. 1900년대 초 듀이는 철학이 당대 과학에 토대를 두어야 한다고 주장하고, 프래그머티즘pragmatism에서 진리, 세계, 실존이 일종의 집단적인 환상으로 이해되었다. 이후 교육학에 지대한 영향을 주면서 수업과 교육과정 분야에서 돌William Doll, Jr 박사가 구체적으로 제시하기 시작했다. 학습과 밀접한 심리학 분야에서도 프로이트Sigmund Freud와 후설Edmund Husserl의 정신분석과 현상학은 '개인의 세계 구성'과 '세계의 개인 구성'은 분리할 수 없다고 표명했다. 비고츠키Lev Vygotsky는 학습이 개별적인 구성의 문제일 뿐만 아니라 사회적인 행위라고 확신하기에 이르렀다. 이후 탈근대 담론인 포스트모더니즘을 비롯한 후기구조주의, 후기식민주의, 후기실증주의, 후기형식주의, 후기인식론과도 밀접하게 맞닿아 전해지고 있다.

[그림 1] 생태주의 교육에서 본 시간의 흐름

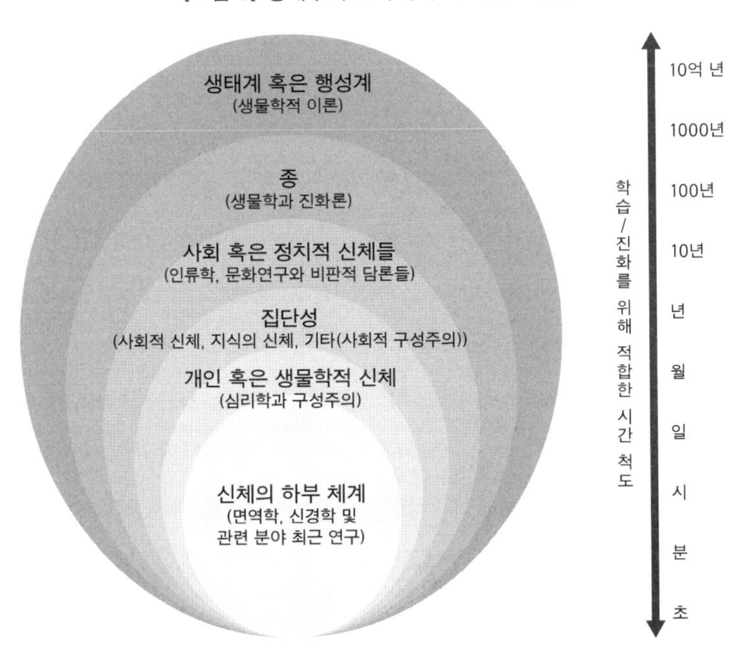

Davis & Sumara, 현인철·서용선 옮김, 2011

마을수업과 마을교육과정을 생태 관점에서 보면, 미시와 거시 양방향 모두에 관심을 집중시키면서 중층적인 이미지로 정교하게 다듬어 가는 일이다. 아동·청소년들의 삶과 마을-학교의 교육이 역동적이고 중층적으로 포개진 수준들이 동시다발적으로 일어난다면, 이 진화의 속도와 상대적인 크기 또한 아래처럼 성찰할 일이 된다.

마을수업과 마을교육과정을 생태 관점에서 보면, 우선 '적절한 네트워킹'을 강조한다. 마을수업과 마을교육과정에서 이뤄지는 사람, 자료 등은 단순 집합collection이 아닌 역동적인 집단collective이고, 이 집단의 상호작용이 강조된다. 학습에서 드러난 교실, 학교, 마을, 지역사회 모두 상호작용이 중요하다. 이를 위해서는 마을수업과 마을교육과정에 참여하는 집단 안 구성원(교수자, 학습자)의 자율성이 중요하다. 구성원들은 독립적인 실체이고 새로운 생각에 기여할 수 있으며, 체계 안의 섭동을 유발시켜 변화를 가져온다.

교육의 새로운 패러다임은 세계를 흩어진 부분들의 집합이 아닌, 통합된 전체로 보는 전일적 세계관holistic world view이다. 그러려면 마을수업과 마을교육과정에서 나타나는 네트워킹 장면은 탈중심형이나 분산형 네트워킹이 의미가 크다. 중앙 집중형 네트워크는 오로지 중심에 있는 지도자만 연결되어 있어 정보의 흐름을 제한한다. 분산형이나 탈중심형 네트워크는 서로 다른 구성원들과 긴밀하게 연결되고, '척도로부터 자유로운' 흐름을 갖는다. 또한 중층화된 카오스 속에서 수업이 별 볼일 없이 작은 시도였지만 나중에 크게 확대되어 전혀 다른 결과가 되는 나비효과와 같은 현상을 보인다. 아래 그림은 중층적인 프랙탈 네트워킹 상태를 보여 준다.

생태로 보는 마을수업과 마을교육과정은 '비선형non-linear'이다. 비선

[그림 2] 중층적인 프랙탈 네트워킹

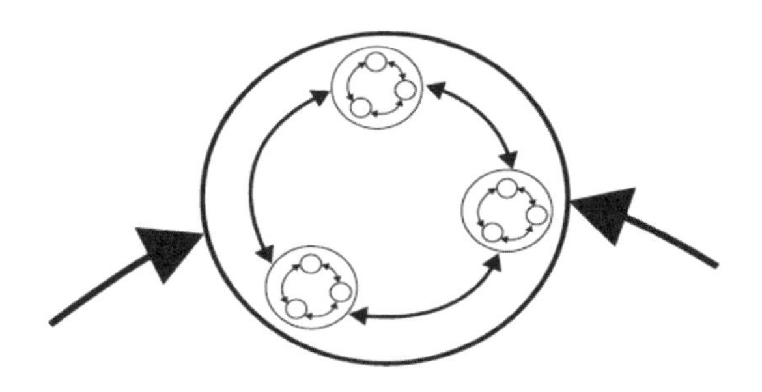

Davis & Sumara, 현인철·서용선 옮김, 2011

형에서는 원인이나 행동은 여러 가지 다른 영향이나 결과를 초래한다는 점을 이해한다. 비선형에서는 부분의 합이 총합보다 크기 때문에 시너지 효과를 보인다. 마을과 학교에서의 마을수업과 마을교육과정으로 외부 환경과 상호작용하면서 다양한 경로와 시간으로 작은 생명체가 큰 생태계로 번져 간다. 그 과정에서 자기조직, 자기유지, 자기창조 등의 다양한 모습이 제시된다. 아래 표는 이상의 내용을 정리한 내용이다.

[표 6] 생태 관점에서 본 마을수업과 마을교육과정

일정한 경계	네트워킹		비선형성			동반상승작용
	자율성	네트워킹 유형	혼돈의 가장자리	피드백	나비효과	창조적 집단지성
역동성을 위해 자체 규정으로 만들어 가는 마을수업과 마을교육과정의 경계	마을수업과 마을교육과정에 가치 있는 지식에 기여하는 능력	마을수업과 마을교육과정이 가능한 분산형이나 탈중심형	마을수업과 마을교육과정을 둘러싼 확장이나 지속	지속적이고 동시발생성, 혹은 맞물리는 마을수업과 마을교육과정 피드백	피드백과 혼돈 속에서 이뤄지는 사회적 나비효과	지속적이고 빈번한 마을수업 마을교육과정 중심의 창조적 집단지성 학습

Sullivan, 현인철·서용선·류선옥 옮김, 2013에서 재구성

3. 실제

1) 마을에 관한 수업과 교육과정

마을수업의 개념을 '마을에 관한 교육', '마을을 통한 교육', '마을을 위한 교육'에 대입시켜 논의해 보자. 먼저 '마을에 관한 수업learning about community'은 어린이·청소년이 속해 있는 마을과 지역에 대하여 배우는 것과 관련된다. 나와 친구와 가족들이 사는 마을은 삶의 공간이자 '우리 마을'이 되면서 수업의 학습 대상이 된다. 어린이·청소년이 사는 그 마을은 태어나거나 유아기와 학창 시절을 보낸 고향과 같은 곳일 수도 있다. 물론 현재 수업이 진행되는 현재 시점에 학생이 발을 딛고 있는 곳에 관한 일일 수도 있다.

마을수업에서는 학생들이 사는 지점과 다양한 공간과 건물 등을 만드는 마을지도 만들기 수업 같은 활동을 할 수 있다. 학교를 포함한 작은 마을에 수업을 한 동료 학생들의 거주 지점과 동선이 마을지도에 보이고 어떤 장소인지 한눈에 드러난다. 이 마을에는 역사, 자연, 문화, 산업 등의 특수성과 발전 양상이 포함되어 있다.

수업에서 마을은 살아 있는 사회 콘텐츠이자 로드맵의 역할을 한다. 이를 위해 학생들이 수업을 통해 마을지도를 만들고, 마을의 다양한 역사나 문화를 수업 속에서 소개하는 일도 마을에 관한 수업이라 할 수 있다.

2) 마을을 통한 수업과 교육과정

'마을을 통한 수업learning through community'은 지역사회의 인적·문화적·환경적·역사적 인프라를 적극적으로 활용하여 이루어지는 수업 형

[표 7] U중학교 마을수업을 위한 로드맵

사회과 도시 단원		교과통합 프로젝트		행복 마을 만들기
•마을 만들기 역사와 의미 살피기 •도시에서 마을 만들기 •『마을의 귀환』 읽기 •〈다큐멘터리 3일, 성미산마을〉 시청	⇨	•마을 탐방지 조사 •마을 사람/단체 섭외 •기획안 작성 •마을 탐방/조사 •마을 보고서 작성	⇨	•사회적 기업으로 행복 마을 만들기 •대안 경제로 행복 마을 만들기 •함께 사는 마을

U중학교, 2015: 112-113

태를 띤다. 다시 말해 '인프라 활용'은 사람이든 물건이든, 문화적인 것이든 역사적인 것이든 모두 활용 가능하다. 지역사회와 관련된 것이면 일종의 수업 콘텐츠 인프라로 활용할 수 있다.

위 표는 마을수업에서 프로젝트 방식으로 지역사회의 인프라를 조사하고 탐방한 후 직접 체험을 통해 다양한 교육활동을 한 사례이다. 학생들이 직접 수업에서 연결한 마을의 교육 인프라와 자원을 통해 배움을 실천한 모습이 로드맵에 들어 있다.

마을을 통한 수업은 마을 사람들 가운데 연결된 재능기부자들이 어린이·청소년을 위해 직업교육을 시킨다. 문화·체육 시설과 기관들은 어린이·청소년을 위한 사회적 배움터가 된다. 마을의 생태계, 기업, 농장 등 각종 기관은 훌륭한 교육 프로그램이 된다.

3) 마을을 위한 수업과 교육과정

'마을을 위한 교육learning for community'은 마을 현장에서의 민주시민교육을 일컫기 때문에 마을수업에서 중요한 위상을 갖는다. '시민'이 곧 '마을의 주민'이고 마을의 주민은 민주시민의식과 실천을 갖도록 노력하는 것이 마을교육공동체가 지향하는 궁극의 방향이다. 그래서 마을교육공동체 활동의 지향점으로 논의되는 '마을교육자치'나 '마을민주주의'와의 연관성은 마을수업의 본령을 이룬다.

마을을 위한 수업을 통해 학생들은 자신의 삶의 터전, 이웃과 공동체를 위해 할 수 있는 일들을 고민하게 된다. 다시 말해 내가 사는 우리 마을의 문제가 무엇인지 먼저 파악한다. 이는 나의 문제이기도 하고 동료들의 문제이기도 하며 조금 더 멀리 우리 마을의 문제이기도 하다. 개인적이고 특수한 문제일 수도 있고, 정부나 국가 차원의 문제가 우리 마을에서 벌어지는 문제일 수도 있다.

[표 8] 마을을 위한 수업 관련 예시

○○동 마을교육공동체를 위해 지속적으로 노력이 필요한 일
□ 환경 지킴이의 하나로 친환경 물품 만들기 □ 마을지도 만들기(학교, 쉼터 등 도움 주는 곳)+행사 연간 일정 공유 □ 사업 공유를 위한 온라인 공간 활용(예: 주민센터 홈페이지의 게시판) □ 배우는 소모임 공유 □ 주민센터 도서관 활성화 공부방 운영(동장 관심 많음) □ 아이들 등하교 학부모 함께 하기 □ 자원봉사로 이루어지는 돌봄을 사랑방에서 행해질 수 있게 장소 제공 □ 사랑방 좌판대 개설

Seo, Kim, Kim, Seo, Ahn, Lim, Choi, Choi, Hong & Hong, 2016: 133

이러한 고민과 배움의 결과는 그 지역공동체의 지속가능한 발전을 위한 초석이 될 수 있다. 위 표의 내용은 한 학교에서 실시한 '마을을 위한 수업'을 위해 학생들이 의견을 모았을 때 제시된 내용들이다. 수업 실천으로 이어진다면, 학교와 마을이 유기적으로 연결되고 상호 발전의 지점이 생기는 것이다. '마을을 위한 수업'은 교육공동체와 마을공동체가 유기체적 관계를 맺게 되는 것이다.

실상 마을을 위한 수업은 학생들이 지역사회 발전의 훌륭한 자원이 될 수 있도록 미래진로 역량을 키워 주는 활동으로 펼쳐진다. 지역사회가 가지고 있는 환경적 기반을 근거로 하는 문화, 자원, 사회, 경제 등의 학습은 어린이·청소년에게 자연스러운 관심을 유발하고 손에 와닿는 진로교육을 실천할 수 있게 된다. 마을을 위한 수업을 통해 학생들은 자신의 삶의 터전, 이웃과 공동체를 위하여 할 수 있는 일들을 고민하게 되고, 이러한 고민과 배움의 결과는 그 지역공동체의 지속가능한 발전을 위한 초석이 된다.

4) 지속가능한 마을교육 거버넌스의 틀과 전략

마을수업과 마을교육과정의 실제에서 보듯이, 마을교육공동체는 규모와 속도, 과정과 결과 모두 다르지만 관통하는 교육 기제가 있다. 그것이 바로 이들 사이를 가로지르는 교육 거버넌스이다. 내용 차원에서 보면, 교육 거버넌스는 '배움'과 '민주주의'를 지향한다. 마을교육공동체에서 배움은 우리 지역의 아이들의 성장을 위해 학교교육을 넘어서는 다양한 배움을 추구한다. '민주주의'는 학교와 학교, 학교와 마을에서 학생들의 '삶의 양식으로서의 민주주의democracy as a way of life'로 연결되는 실체에 속한다. 지역이 민주화된다는 것은 지역의 아이들이 민주적인 경험을 넓게 체험하면서도 깊게 체화되는 길이기도 하다.

과정 측면에서 보면, 마을교육공동체 교육 거버넌스의 '계속성'은 시간과 관련되는 종적 개념이다. 2009년 혁신학교, 2011년 혁신교육지구, 2014년 마을교육공동체가 전개되었고, 15년 진로교육, 16년 교육복지, 29년 대안교육, 40년 공동육아, 42년 평생교육 등과 시간적으로 밀접하게 연결되어 있다. '상호작용'은 마을교육공동체가 공간적으로 확대된 것은 물론 비선형의 역사적 축적을 담고 있다. 공간이라는 횡적 개념으로 학교 안의 교실과 교무실의 혁신이 학교에서 지역으로, 학교와 마을 곳곳으로 확장된 것이다. 관계와 소통, 협력과 협업, 네트워킹networking과 플랫폼platform 개념이 여기서 등장한다.

[표 9] 교육 거버넌스의 틀

내용 과정	배움	민주주의
계속성	배움의 계속성 (삶을 위한 교육과정)	민주주의의 계속성 (삶을 위한 민주주의)
상호작용	상호작용하는 배움 (협력학습)	상호작용하는 민주주의 (숙의민주주의)

마을수업과 마을교육과정을 포함한 마을교육공동체가 지속가능하려면 전략이 필요하다. 첫 번째 전략은 '넓게broadening' 만들어 가는 것이다. 마을교육공동체를 '지구' 혹은 '지역' 단위에서 학교를 넘어 혹은 학교를 지역과의 관계 속에서 의미 있게 자리매김하려는 노력이다.

두 번째 전략은 교육 거버넌스를 '깊게deepening' 하는 것이다. 이것은 혁신교육의 가치, 철학, 원칙을 깊게 가져가는 일이다. 마을교육공동체는 혁신학교로부터 이어 온 배움과 민주주의를 향한 공교육 철학이 깊게 담겨 있다. '아래로부터'의 교육개혁이라거나 '학생 중심, 현장 중심'의 철학이 프로그램과 사업과 운영의 면에서 반영되는 것도 바로 이 때문이다.

세 번째 전략은 교육 거버넌스를 '길게extending' 가져가는 것이다. 시간과 주체 그리고 접근하는 방법에 대한 실천과 정책과 담론이 길어야 교육체계와 문화로 자리 잡을 수 있다. 마을교육공동체가 '생활 민주주의'를 꿈꾸고, '참여와 자치'를 제시하는 이유가 여기에 있다.

네 번째 전략은 교육 거버넌스를 통해 '스며들게' 하는 것이다. 마을교육공동체는 마음을 공유하고, 사람을 세우고, 문화를 일구는 일이다. 일종의 저수지가 되면서 '마음'과 '사람'으로 이어지고 '문화'로 모인 것이다.

4. 가치

1) 실천의 가치

마을수업, 마을교육과정은 실천의 용어이다. 현재 일부 지역에서 그리고 몇몇 혁신적인 학교에서 이루어지고 있는 이러한 실천은 공동체 교육을 새로운 패러다임으로 승화시키고자 하는 의지에서부터 시작되었다. 예를 들어 혁신학교의 운영과 확산, 교육 주체들 사이의 교육개혁에 대한 공유된 인식과 문화, 도시와 농촌이 혼재되어 마을 개념이 유지되고 있다는 점 등이 바탕이 되었다.

다시 말해 마을수업, 마을교육과정 실천은 풀뿌리에서의 주체의 실천으로 등장했다. 마을교육공동체를 추진하면서 지속가능한 발전을 위한 새로운 교육 플랫폼이 요청되었다. 여기에는 교사들의 노력이 컸다. 그런 사례를 담은 서적과 연구들이 큰 역할을 했다. 그 가운데 『마을로 걸어간 교사들, 마을교육과정을 그리다: 혁신교육에서 미래교육까지』[백윤애 외, 2020]는 다양한 마을수업과 마을교육과정의 모습을 보여 주었다. 소제목으로 쓰인 제목을 보면, 이를 잘 알 수 있다. '학교 담장을 넘어선 배움-마을 벽화 탄생기', '마을의 삶을 찾아가는 여행', '마을 속으로 들어간 학교', '마을에서 보물찾기' 등등.

현재 마을교육공동체에 대한 논의가 초기 단계이지만, 실천의 확산과 체제의 구축을 위해 몇 가지 문제점을 풀고 가야 한다. 우선, 이전보다 나아졌지만 아직까지도 마을교육공동체라는 개념이 뚜렷하게 자리잡혀 있지 않기 때문에, 이와 관련된 논의와 실천은 꾸준히 진행되어야 한다.

또한 마을수업, 마을교육과정의 실천을 위해서라도 개념 정립뿐만 아니라 이에 대한 이론적인 토대를 마련하는 일이 중요하다. 수업 이론, 교육과정 이론에서도 마을수업과 마을교육과정이 인정받고 자리 잡아야 한다. 단위 학교나 특정 지역을 토대로 한 실천 사례를 넘어선 보편적인 확산과 기틀을 잡아야 한다.

더불어 마을수업, 마을교육과정이 교사나 개인들의 개별적인 실천이 아닌 중요한 교육운동이나 제도적인 정착이 되어야 한다. 이를 위해서는 좀 더 구체적인 정책 방향이 필요하다. 학교 단위, 지역 단위, 국가 단위에서 마을수업과 마을교육과정을 어떻게 이해하고 추진해야 하는지도 보다 선명해져야 한다. 주제별로도 마을여행, 마을축제, 마을문화예술, 교육협동조합, 마을학교 등 관련된 다양한 논의와 실천이 어떻게 연대되어야 하는지 종합적이고 정책적인 판단이 필요하다.

2) 인식의 가치

실천의 가치에 이미 인식의 가치가 담겨 있지만, 이제 시작되는 마을교육공동체에 대한 인식은 물론 마을수업과 마을교육과정의 교육적 의의와 필요성을 정리할 필요가 있다. 2105년에 처음 마을교육공동체라는 단어가 세상에 나왔을 때와 비교하면 지금은 상당히 많은 사람들이 아는 상태가 되었다.

마을수업과 마을교육과정도 마을교육공동체 개념과 마찬가지로 이 단어를 쓰면서 혼선을 최소화하고 그 확산성을 높일 수 있다. 또한 기존 수업과 교육과정 이론에서 다루지 못한 이론을 마을수업과 마을교육과정 관련해서 국내외 이론을 충분히 검토하면 개념 정착에 도움이 된다. '마을공동체'를 넘어 '교육공동체'로 넘어가는 길목에 마을수업과 마을교육과정이 교육학 영역에 자리 잡게 된다. 이런 흐름이 총화되면 마을교육공동체의 구축과 확산을 위한 구체적인 정책 방향 수립과 제도적인 지원과 역할을 확립할 수 있다. 마을수업, 마을교육과정이라는 말을 쓰면서 교사뿐만 아니라 다양한 교육 주체들의 역할과 기여에 관련한 제안이 될 것이며, 개별적으로 실천되고 있는 각종 교육사업의 효율적인 연대를 위한 전략적인 방안이 될 것이다.

더불어 마을교육공동체에 대한 상식적인 개념에 대해서 마을수업과 마을교육과정은 상당히 의미 있는 접근이 된다.

첫째, '마을이 아이들을 함께 키우는 것'을 마을교육공동체로 보았는데, 마을수업은 이를 위한 수업으로, 마을교육과정은 함께 키우는 틀과 방식으로 말할 수 있다. 한 지역의 아이들을 키우는 역할과 책임이 이제는 더 이상 특정한 곳에만 부과되지 않기에 마을수업도, 마을교육과정도 학교와 마을 모두에서 사용 가능해진다. 교사에게만 지워졌던 수업과 교육과정을 지역사회 모든 교육 주체들이 함께 권한과 책임으로 가져가게 된다. 이미 지역의 모든 주민들이 아이들을 위한 교사가 되고, 친구가 되며, 관찰자가 되어서 공교육에 대한 공동의 권한과 책임을 나눠가져야 할 시대가 되었다. 지역의 공공기관, 사회단체, 기업, 작은 공동체 등이 교육의 방관자가 아니라 책임자로서 역할을 해야 한다면 수업도 교육과정도 이제 함께할 수 있는 인식이 커 가게 된다.

둘째는 '마을이 아이들의 배움터가 되는 것'을 마을교육공동체로 보았는데, 마을수업과 마을교육과정 역시 이 배움터에서 펼쳐지는 핵심적인 교육활동이 된다. 교육공동체를 구축하기 위해서는 지역사회가 아이들을 위한 하나의 배움터가 되어야 하고, 수업과 교육과정 또한 지역의 교육공동체 구축에 위상을 부여받는다. 마을이 아이들의 배움터가 된다는 의미는 그 지역사회가 가지고 있는 교육 자원과 인프라를 적극적으로 활용한다는 의미를 담고 있고, 수업과 교육과정에 담는다는 의미이다. 진정한 교육공동체는 아이들이 학교뿐만 아니라 마을의 자연, 사회, 삶 속에서 살아 있는 배움을 실천할 수 있는 교육적인 기회와 공간을 제공하는 것이다.

마지막으로 '아이들을 마을의 주인(시민)으로 성장시키는 것'을 마을교육공동체로 보는데, 마을수업과 마을교육과정도 최종 목표는 민주시민교육이 된다. 이를 수업과 교육과정에서 구체화시키기 때문에 그 지역에 대한 다양한 내용을 실천적인 방법으로 학습시킨다. 아동·청소년의 학습역량과 정의적인 발달을 도모하고, 그러한 학습과 성장의 결과가 다시 지역사회로 환원되는 선순환적인 구조의 지역공동체를 구성하는 데 중요한 목표가 된다. 이때 학습의 결과가 지역사회로 환원된다는 의미는 그 지역사회에서 교육받은 아이들이 다시 그 지역사회의 주민으로 성장하여 지역 발전을 위한 주인의식을 발휘하는 시민이나 주민이 되는 것을 말한다.

3) 철학의 가치

이러한 마을수업과 마을교육과정 역시 공동체의 작동 원리와 원칙으로 설정된다. 이 연구가 제안하는 마을교육공동체 운영원리는 '생태주의', '사회적 자본', '협력적 교육 거버넌스'라는 세 가지 관점에서 접근할 수 있다.

첫째, '생태주의' 관점은 마을수업과 마을교육과정이 기존의 교육심리학 지향에서 확신했던 "행동 수정"의 문제가 아님을 보여 준다. 복잡성(생태주의) 교육학에서 학습이란 신체적이고 행동적이다. 학습은 생물학적인 측면에서 구조적인 것이며, 학습자 내부에서 총체적으로 발생하는 일종의 변형과 구성의 관점에서 이해되어야 한다. 다시 말해서, 학습은 외부의 자극에 의해 이루어지는 것이 아니라, 개별적인 경험과 집단적인 교섭을 바탕으로 학습자 자신의 복잡한 생물학적 구조와 경험적 구조를 거치면서 구성해 나가는 과정적 행위이다. 마을수업, 마을교육과정 또한 마을이라는 사회적·학습적 맥락 속에서 아동·청소년이 배움을 실천해 나가는 일이 된다.

둘째, '사회적 자본'은 마을수업과 마을교육과정이 교육공동체를 구축하는 데 중요한 시사점을 준다. 사회적 자본을 구성하는 요소는 세 가지로 자발적인 '네트워크(사회적 관계망)', '상호 신뢰', '호혜적 규범'을 든다. 그렇다면 마을수업과 마을교육과정은 사회적 관계망을 만들고, 서로 믿음을 쌓아 가며, 상호 어울리는 규칙과 규범을 만들어 낸다.

하나씩 살펴보면, 마을수업과 마을교육과정은 '사회적 자본을 위한 네트워크 형성'의 중요한 기반으로 아동·청소년들을 연결해 주는 연대적 인식과 실천이 된다. 수업을 통해서, 교육과정을 통해서 아동·청소년들의 자발적이고 수평적인 참여를 통해 연결된 관계망은 공동체의 가장 기본적인 요소이다. 마을수업과 마을교육과정을 통한 상호 신뢰는 사회적 자본의 심층적인 단계로서 종교, 전통 혹은 역사적 관습 등과 같이 문화적 메커니즘에 의해 생겨나고 전파된다. 사람 사이의 신뢰는 타인의 행위에 대한 이해와 관심에 관한 것이며, 이러한 이해와 관심에 대한 기대가 지속되었을 때 비로소 사회적 신뢰로 발전한다. 이는 호혜적 규범으로 네트워크와 신뢰를 바탕으로 한 공동체가 공유하는 행동적·실천적 약속과 관련된다. 수업을 통해, 교육과정을 통해 공동의 목표를 설정하고 이를 달성하기 위하여 모든 구성원들은 헌신, 나눔, 배려, 협력 등의 가치를 실천한다.

셋째, 협력적인 교육 거버넌스로, 마을수업과 마을교육과정이 전개되는 다양한 장면에 누가 어떤 수단과 방법을 동원하여 무슨 과정을 거쳐 교육을 통제하는지 의사결정을 내리고 학습을 개발하는 과정이다. 의사결정뿐만 아니라 교육 프로그램과 활동을 생산해 내는 과정, 교과과정 및 교육활동을 실천해 내는 과정, 이를 평가하는 과정 등 모든 교육적 국면에서 행위자 간의 협력적 관계와 참여를 바탕으로 교육 거버넌스를 실현시킬 수 있다.

4) 가능성의 가치

결국 마을수업과 마을교육과정은 마을교육공동체 담론과 실천을 통해 다양한 접근이 가능한 가능성의 가치를 갖는다. 마을수업과 마을교육과정이 마을이라는 구체적인 수준에서 작동된다는 점은 마을교육공동체를 일구는 중요한 계기가 된다. 이에 대한 철학적 기반으로서 포스트모더니즘이 수업을 '학습'으로 전환하도록 요청하고, 모두가 '교육 주체'가 되게 하며, '시공간의 초월과 내용·형식의 자유'를 추구한다면, 마을수업과 마을교육과정이 갖는 역동성은 더 강화된다. 마을수업과 마을교육과정이 폭넓고 역동적인 상상과 실천으로 확장 가능한 이유가 바로 여기에 있다.

마을수업과 마을교육과정이 갖는 몇 가지 가능성을 제시하면 다음과 같다.

첫째, 마을수업과 마을교육과정은 기존 교육의 과정과 질을 혁신적으로 담보해 나갈 수 있다. 마을을 알아 가고, 마을을 통하고, 마을을 위한 마을수업과 마을교육과정은 어린이·청소년의 삶과 마을 현상에 직결되어 있다. 포스트모더니즘으로 판단하면, 마을수업과 마을교육과정은 구성주의적이고 다원주의적이기 때문에, 그 구성은 역동적이고 내용은 다양성을 띤다.

둘째, 마을수업과 마을교육과정은 교과 내, 교과 간, 교과와 비교과 간의 창조적 상호작용이 가능해진다. 마을을 중심으로 한 교과 연계 교육과정이든 주제통합 교육과정이든, 하이브리드식 결합도를 높여 갈 수 있다. 기존의 수업 구조에 대한 해체를 꾀하는 마을수업과 마을교육과정은 아동·청소년의 삶을 중심으로 한 수업혁신, 교육과정 재구성, 평가혁신으로 의미 있게 전개될 수 있다. 마을수업과 마을교육과정에 학생동아리가 결합되고, 마을의 사회단체가 결합된다면, 교육 내용은 물론 활동과 사고의 역동성도 배가된다.

셋째, 마을수업과 마을교육과정에서 교육개혁의 가능성을 담보해 나갈 수 있다. 실제 마을수업과 관련된 교육 내용은 철학과 비전, 방법과 평가 등에서 개혁성이 높게 평가된다. 교육의 목적을 '민주시민 육성'으로 본다면, '마을을 위한 수업과 교육과정' 같은 경우, 어린이·청소년 한 명 한 명을 시민적 삶으로 간주하면서 활동을 전개해 나갈 수 있다. 마을수업과 마을교육과정을 통해 아이러니스트ironist 관점의 인식과 실천으로 기존 관행을 깨고 새로운 문제해결 방식과 내용이 전개될 수 있기 때문이다. 개방성, 유연성, 통합성의 정체성들이 잘 발휘된다면, 마을수업과 마을교육과정은 여러 분야에 결합되고 시너지가 날 것이다.

마을수업과 마을교육과정의 가능성은 제도적으로도 철학적으로 큰 변화의 가능성을 담고 있다. 학교교사와 마을교사의 연계, 학교수업과 마을수업의 디자인과 실천, 학교수업과 마을수업의 공간과 동선 등의 결합은 기존 흐름을 역동적으로 전환시킬 수 있다.

마을이라는 말에는 우리들의 삶이 들어 있고, 힘들게 일구어 가는 자치도 들어 있으며, 선명하게 보이진 않지만 우리가 꿈꾸는 미래도 들어 있다. 이것들을 교육으로 바라본다는 것은 그 자체로 상당한 의지와 상상력이 더해지는 일인데, 이를 실천한다는 것은 살아 숨 쉬고 움직이는 놀라운 교육 경험이다. '스스로 해 보는 일'과 '앞으로 함께할 일'을 교실의 작은 공동체에서 마을공동체까지 잇고 있다. 앞으로 '마을수업'과 '마을교육과정'은 교육을 하는 어느 곳이건 아이들이 건강하게 성장할 중요한 말 그릇이 될 것으로 믿어 의심치 않는다.

곽병선(2010). “교육과정 의사결정 과정의 탐색”. 한국교육과정학회 편. 『교육과정: 이해와 개발』. 교육과학사.
권낙원·민용성·최미정(2008). 『학교교육과정 개발론: 학교교육과정, 어떻게 이해하고 개발할 것인가』. 학지사.
권진희 외(2017). “마을교육공동체 활성화를 위한 중장기 발전 방안 연구”. 경기도교육청.
김삼진 외(2012). 『덕양중학교 혁신학교 도전기: 우리는 대화한다. 고로 우리는 점프한다』. 맘에드림.
김영천(2007). 『현장 교사를 위한 교육평가』. 문음사.
김영천(2012). 『교육과정 이론화: 역사적 동시대적 탐구』. 아카데미프레스.
김영천·주재홍(2012). 『포스트 패러다임과 교육학 교육과정 연구』. 아카데미프레스.
김영철·임진철·장슬기(2017). “미래 사회의 마을교육공동체 발전 방향, 현안보고”. 2017-25. 경기도교육연구원.
김용련(2018). “지역 발전 및 도시 재생을 위한 교육복지문화 연계 방안 연구: 지속가능한 마을교육공동체를 위한 제언”. 『이슈페이퍼』. 교육부/전국시도교육감협의회.
박도순(2007). 『교육평가: 이해와 적용』. 교육과학사.
박순경(2010). “교육과정 이해에 있어서의 ‘텍스트 읽기’의 의미”. 한국교육과정학회 편. 『교육과정: 이해와 개발』. 교육과학사.
박제윤(2007). “학교 수준의 교육과정 자율권 행사에 관한 연구: 실천적 관점에서 본 학교 수준 교육과정의 개발”. 인하대 박사학위논문.
박휴용(2012). 『교육과정』. 학지사.
백윤애 외(2020). 『마을로 걸어간 교사들, 마을교육과정을 그리다』. 살림터.
서명석·김외솔·박상현(2011). 『교육과정·수업·거대담론·해체』. 아카데미프레스.
서명석·김외솔·박상현(2012). “교사 교육과정 운영의 현상학과 그 파르마콘”. 『인격교육』 5(1), pp. 53-81.
서용선(2012). “국가교육과정 개편 방안 연구: 2009 개정 교육과정의 문제와 새로운 교육과정 방향의 정립”. 경기도교육청.
서용선(2012). 『혁신교육 존 듀이에게 묻다』. 살림터.

서용선(2018). “혁신학교-혁신교육지구-마을교육공동체의 교육 거버넌스: 시공간과 주체의 변화”. 한국교육학회 전국학술대회 자료집.
서용선 외(2012). “국가교육과정 개편 방안 연구”. 경기도교육청.
서용선 외(2013). 『혁신교육 미래를 말한다』. 맘에드림.
서용선 외(2016). 『마을교육공동체란 무엇인가?: 탄생. 뿌리 그리고 나침반』. 살림터.
서우철·이경원·한은정(2013). 『수업을 살리는 교육과정: 아이들 눈높이와 함께하는 초등교육』. 맘에드림.
성열관(2012). “교수적 실천의 유형학 탐색: Basil Bernstein의 교육과정 사회학 관점”. 『교육과정연구』 30(3). pp. 71-96.
손민호·박제윤(2008). “학교 수준 교육과정 개발 운영의 실천적 논리에 대한 재검토”. 『한국교육논단』 8(1), pp. 170-197.
양병찬(2018). “한국 마을교육공동체운동과 정책의 상호작용”. 『평생교육학연구』 24(3).
윤병희(2010). “Schutz의 현상학적 동기 이론과 교육 목적론 비판”. 한국교육과정학회 편. 『교육과정: 이해와 개발』. 교육과학사.
이수광 외(2010). “경기교육중장기발전방안”. 경기도교육청.
이훈병(2008). “학교교육과정 평가를 위한 논리와 근거 탐색”. 『인문학연구』 35(1), pp. 353-376.
조윤정·김현주·이권수(2017). “학습생태계 확장을 위한 마을교육과정의 개념과 실천 방안”. 경기도교육연구원.
최창의 외(2016). “혁신교육지구사업 비교분석을 통한 협력적 교육거버넌스 발전 방안 연구”. 『정책연구』 2016-05. 경기도교육연구원.

2부

마을, 학교를 품다

서울형혁신교육지구 10년을 바라보며
김옥성

학교 너머, 더 큰 학교
김정호

은평에서 시작한 혁신교육, "교육 콘텐츠 연계 사업"
채희태

청소년의 삶을 지원하는 마을방과후 '활동'
박동국

지역교육력과 학교자치: 교육 거버넌스 관점을 중심으로
김용련

서울형혁신교육지구 10년을 바라보며

김옥성(전 서울형혁신교육지구 운영위원회 공동위원장)[8]

1. 서울형혁신교육지구의 출발

서울형혁신교육지구는 2012년 구로 금천에서 시작했으니 올해로 9년 차에 들어섰으며, 내년이면 10년이 된다. 이때의 혁신교육지구는 구로·금천에서 시범적으로 구청장과 교육감이 공교육 정상화를 위해 의기투합한 성과였다. 그러다가 박원순 서울시장이 당선되면서 서울형혁신교육지구사업이 본격화되었다.

2012년 5월 14일 박원순 서울시장, 곽노현 서울시교육감, 허광태 서울시의회 의장, 고재득 서울시구청장협의회장, 그리고 서울교육단체협의회 상임대표를 맡고 있었던 필자가 '5. 14 서울 교육의 희망을 위한 약속 서울 교육 희망 공동 선언문'을 발표하면서 서울형혁신교육지구의 위대

8. 강남대학, 한신대학 신학전문대학원에서 공부를 했으며 전 서울형혁신교육지구 공동운영위원장으로 현 강북혁신교육지구협의회 공동위원장, 행복마음연구소 대표. 영성수련원 영성학교장으로 봉사하고 있다. 한신대 평생교육원 상담교수로 서울시교육연구원, 경기율곡연수원, 성북평생교육원에서 또한 지난 20여 년 동안 각급 학교와 연수원에서 교사들의 행복한 교실 가꾸기 연수에서 강의해 왔다. 저서로는 『처음부터 잘 쓸 수는 없잖아요(1, 2, 3)』(최창의·김옥성 공저), 『글쓰기가 좋아요(1, 2)』(최창의·김옥성 공저), 『성서와 전통에서 배우는 기도』(공동 집필), 『지혜로운 신앙인 되기』가 있다.

한 출발이 이루어졌다. 아래는 그 전문 내용이다.

> 우리는 "새로운 교육으로 새로운 서울, 새로운 대한민국을 세워야 한다"는 절박한 마음으로 이렇게 모였다. 우리는 아이들이 삶의 기쁨과 행복을 빼앗기고, 꿈조차 꿀 수 없는 세대로 전락하지 않도록 하기 위해서 '새로운 서울 교육'을 향한 공동의 결의와 각오를 선포하고자 한다.
>
> 교육은 개개인이 가진 소질과 적성, 꿈과 희망을 키우는 일이며, 건강한 미래 사회를 짊어질 민주시민을 기르는 일이다. 교육은 개인과 가족의 행복은 물론 사회 전체를 행복하게 하는 데도 기여해야 한다. 따라서 교육은 가정과 학교·교육청만의 일이 아니라 마을과 지역, 서울시와 국가가 함께 나서서 책임져야 할 일이다.
>
> _2012 서울 교육 희망 공동 선언 5. 14 서울 교육 희망을 위한 약속에서

서울 교육의 새로운 혁신의 출발을 선언한 역사적인 날이다. 전국 어디도 흉내 낼 수 없는 엄청난 변화가 시작되었다. 일반자치와 교육자치가 시민사회와 결합하여 어린이와 청소년을 행복하게 하기 위한 서울교육혁명의 새로운 시도는 이렇게 시작되었다. 새로운 서울 교육을 위해 교육을 가정과 학교, 교육청만의 일이 아니라 민·관·학, 곧 학교와 마을과 지역, 서울시, 그리고 국가가 함께 나서서 책임져야 한다는 점이 분명해지고 있다. 이렇게 시작한 혁신교육지구사업이 10년을 바라보고 있다. 필자는 2012년 서울 교육 희망 공동 선언 참여자의 한 사람으로 지금까지 혁신교육지구사업에 참여하고 있다. 강북혁신교육지구 운영협의회 공동위원장으로, 서울형혁신교육지구 공동운영위원장으로 참 오랫동안

이 사업의 한 주체로 참여하고 있는 셈이다.

서울형혁신교육지구사업은 2012년에 출발했지만 서울시교육감의 유고로 2년여 동안 멈춰 서야 했고, 교육청이 빠진 채 서울시와 자치구가 함께 교육우선지구사업을 힘들게 진행했다. 이때는 참으로 떠올리기 싫은 시기이다. 다음에 기회가 된다면 이 기간의 교육우선지구사업을 평가해 보는 것도 의미가 있을 것이다. 세상이 언제 어떻게 바뀔지 모르니, 어려운 때가 다시 찾아온다면 그 당시의 경험을 통해 알맞은 준비를 해야 한다.

이제 대한민국 사회에서 혁신교육, 혁신학교, 혁신교육지구, 마을교육공동체는 더 이상 낯선 단어가 아니다. 진보 교육감이 있는 서울과 몇몇 지역뿐만 아니라 전국적으로 곳곳에서 마치 유행처럼 퍼져 나가고 있다. 최근에는 교육부의 웹 매거진(인터넷 잡지)에서조차 혁신교육지구 관련 기사가 다뤄지고 있다. 혁신교육지구를 통해 지역 주민인 마을교사가 협력교사로 수업에 참여했고, 학교와 마을이 만나는 기회를 제공했으며, 교사와 지역단체들의 만남의 자리를 만들어 서로 알아 갈 수 있게 되었다. 마을 곳곳에서 아이들이 마을의 선생님들과 만나 함께 놀며 배우는 마을학교가 문을 열었다. 마을은 학교 시스템과 운영체제를 알게 되었으며, 교사는 학생들이 살아가는 마을을 더욱 자세하게 이해하게 되었다. 학교와 마을이 협력하면 수업을 더 풍성하게 할 수 있고 학생들에게 다양한 체험과 활동, 돌봄을 제공할 수 있다. 이렇게 마을과 학교, 마을 선생님과 학교 선생님들이 만나 아이들을 행복하게 할 수 있는 가능성을 쌓아 왔다. 이런 협력의 경험이 축적되면 학교와 마을, 교사와 주민, 학생, 학부모는 함께 혁신미래교육을 만들어 나갈 수 있을 것이다.

2015년부터 2018년까지가 혁신교육지구사업 1단계였다면 이제는 성장된 모습의 2단계로 진입했다. 서울형혁신교육지구는 2단계 혁신교육지구사업을 '마을교육공동체'란 이름으로 새로운 시도를 하고 있다. 새로운 시대를 맞이한 지금 무엇을 발전시키고 무엇을 반성해야 할 것인가? 무엇을 버리고 무엇을 새로 만들어 가야 할 것인가?

2. 서울형혁신교육지구, 어떻게 해 왔는가?

혁신교육지구사업은 경기에서 먼저 시작했지만 서울은 경기와 전혀 다른 모델로 전개되었다. 경기가 교육청 주도의 사업이라면 서울형혁신교육지구사업은 '민·관·학 거버넌스'를 핵심으로 출발한 사업이었기 때문이다. 사실 서울형혁신교육지구는 민·관·학 거버넌스를 중심축으로 움직인다는 점에서 다른 지역과는 확실히 차별적이다. 민·관·학 거버넌스 체계는 지역과 중앙의 차이가 있지만 이 글에서는 중앙[9]에서 작동되는 거버넌스 체계를 중심으로 살펴보려고 한다. 2011년, 서울교육희망네

[표 10] 2011년 박원순 서울시장 후보 7대 교육정책 협약서 7항 중

7. 서울의 '교육·복지·문화 지원 민관 협력 기구'를 운영하겠습니다.
- 서울시와 25개 구청은 교육복지의 확대를 위해, 서울시교육청은 학교교육의 혁신을 위해서 국민 세금을 가장 효과적으로 활용하는 전략적 역할 분담을 강화하겠습니다. - 서울시장, 교육감, 25명의 구청장·시민사회 대표들이 참여하여, 서울의 어린이·청소년 교육·복지·문화 지원 정책을 조율하고 협력하는 민관 협의체 구성을 추진하겠습니다.

9. 중앙은 서울형혁신교육지구를 운영하고 있는 서울시와 서울시교육청을, 지역은 서울형혁신교육지구에 참여하고 있는 지자체를 말한다(편집자 주).

트워크를 포함한 5개의 교육시민단체가 박원순 서울시장 후보와 체결한 교육정책 협약서에 의하면 서울의 '교육·복지·문화 지원 민관 협력 기구'를 운영하겠다는 내용이 있다.

이 협약에 따라 처음 혁신교육지구사업을 기획할 때는 서울혁신교육지구 종합지원센터(가칭)를 설치하여 혁신교육지구 민·관·학 거버넌스 기구로 운영되는 것을 염두에 두고 제안했었다. 이 종합지원센터가 서울혁신교육지구의 중앙 지원 기구가 되고, 그 기구가 향후 지역 지원 조직으로 확대될 수 있도록 구상했던 것이다. 그러나 여러 가지 사정상 이러한 기구는 만들어지지 못했고, 중앙 실행추진단이 그 역할을 대신하게 되었다. 앞으로 이 문제를 풀지 못하면 관에 끌려갈 수밖에 없는 사업이 될 가능성이 크기에 다시 한 번 기억을 위해서 짚어 두고자 한다.

1) 중앙 운영위원회: 민·관·학 거버넌스 최상위 기구

중앙 운영위원회는 당연직과 지역대표로 구성되었다. 당연직은 서울시 평생교육국장과 서울시 교육자문관, 서울시교육청 기조실장, 그리고 서울시 의원 4인과 지역대표 25인으로 구성되어 있다. 지역대표의 활동과 역할에는 아쉬운 점이 있었다. 최상위 기구인 중앙운영위는 지역의 사업을 가지고 그 사업을 제안하거나 요청하는 기구가 아니라 최상위로 서울형혁신교육지구사업의 방향성을 논의하는 자리여야 한다. 그런데 지역대표들 중 일부는 지역의 혁신교육지구사업 현장에 참여하지 않는 사람들이었고, 이로 인해서 개인적인 생각이나 판단을 늘어놓는 일이 종종 발생하기도 한다. 지역대표들은 지역에서 혁신교육지구사업에 참여하면서 지역과 소통하며, 지역 현안과 혁신교육지구사업 전반의 방향을 논의할 수 있는 분들이 참여해야 중앙운영위가 최상위 거버넌스로 제

역할을 할 수 있을 것이다.

2) 중앙 실행추진단: 민·관·학 거버넌스 최상위 실행 기구

민·관·학 거버넌스의 중앙 조직은 서울형혁신교육지구 중앙 운영위원회가 최상위에 있고 실무 논의를 위한 기구로 중앙 실행추진단이 있다. 중앙 실행추진단은 서울시 교육정책과장, 팀장, 주무관, 서울시 교육자문관, 서울시교육청 참여협력과장, 팀장, 주무 장학사, 민 대표 중앙 운영위원장, 민간 2인, 서울시교육청 비서실, 이렇게 12~13인으로 구성되어 주 단위로 회의를 가졌다. 중앙 실행추진단에서는 중앙 운영위원회 안건을 준비하고, 서울형혁신교육지구의 계획된 현안 사업 내용을 검토하는 등 중앙 지원단의 역할을 했다. 여기에서 논의된 내용을 바탕으로 필요할 경우 TF팀을 구성하거나 자문단을 구성해서 발 빠르게 대응했고 교육청 비서실의 참여로 전체적인 방향을 잡아 가는 역할까지 했다.

중앙 실행추진단은 서울시와 서울시교육청, 민간이 함께하는 중앙 거버넌스 실행 조직으로 중요한 역할을 하였다.

3) 중앙 실무협의회: 지역의 민·관·학 실무 역량이 모이는 회의

중앙 실무협의회는 자치구와 중앙이 함께하는 논의 구조이다. 처음에는 구청과 교육청 실무자 협의 구조로 운영되다가 민이 참여하는 구조로 재편되면서 실무 차원의 민·관·학 거버넌스 체제가 비로소 완성되었다. 서울시 혁신교육지구 담당 실무 조직, 서울시교육청 혁신교육지구 담당 실무 조직, 11개 교육지원청 혁신교육지구 담당 실무 조직, 25개 자치구 혁신교육지구 담당 실무 조직, 민간 대표들이 참여하면서 행정 논의 중심에서 벗어나 실질적인 거버넌스를 갖추었다. 이 과정에서 민들은 주체별 네트워크를 조직하기 시작했다. 학부모 네트워크 모임을 따로 갖기도 했고, 지역사회 네트워크 모임을 갖기도 했다.

4) 혁신교육지구 중앙 워크숍: 축제와 의지를 모아 내는 자리

중앙 워크숍은 혁신교육지구의 대동마당이고 축제의 장이었다. 한 학기, 또는 일 년 동안 수고한 혁신교육지구의 민·관·학 거버넌스 참여 주체들이 함께 모여서 결산하며 힘을 모으는 자리였다. 각 자치구에서 참여하고 있는 마을활동가, 학부모, 교사, 청소년, 지역교육청 담당자, 25개 구청 혁신교육지구 담당자, 시장, 교육감, 시의원, 심지어 구청장, 구의원까지 참여하는 중앙 워크숍은 서울형혁신교육지구사업의 꽃이라고 할 수 있었다.

이 워크숍은 여름에 한 번, 겨울에 한 번, 연 2회씩 개최하면서 서로 성장을 확인하고, 위로받고 격려를 받는 자리이기도 했다. 서울형혁신교육지구 부흥회라고도 말할 수 있다. 한 번이라도 참여해 본 분은 뜨거운 열정과 감동을 느꼈을 것이다. 토론과 세미나도 했지만 그중에도 워크숍의 꽃은 서로 술잔을 부딪치면서 회포를 풀어내는 뒤풀이 자리였다. 참석자들은 교육감, 시장과 함께 서울형혁신교육에 필요한 이야기를 교환하며, 자치구별로 새벽까지 솔직한 대화를 나누며 웃고 울었다. 사실 자치구별로 민·관·학 거버넌스 참여자들이 함께 모여 밤을 새우면서 이야기를 나누는 자리로, 서로를 이해하고 격려하는 자리로 이만한 자리가 있을까 싶을 정도로 정감이 넘치는 자리가 워크숍이었다. 서로의 벽이 깨지고, 막혔던 소통이 시작되고, 오해가 풀려나가는 자리가 워크숍이었던 것으로 기억한다.

3. '마을교육공동체'로 진화하고 있는 혁신교육지구

- 혁신교육지구 개념: 어린이·청소년이 학교와 마을에서 삶의 주체로 성장할 수 있도록 서울시, 교육청, 자치구, 지역사회가 함께 참여하고 협력하여 학교-마을교육공동체를 실현해 나가는 자치구
- 혁신교육지구 비전: 어린이·청소년이 행복하게 성장하는 학교-마을교육공동체
- 혁신교육지구 목표: 민·관·학 거버넌스 체제를 통한 자치구별 특성이 살아 있는 마을교육공동체 형성
- 기본 방향: 유기적인 민·관·학 거버넌스 체제 구축·운영, 마을과 함께하는 학교교육과정 운영, 배움과 쉼을 위한 마을방과후활동 지원 체제 강화.

_2019 서울형혁신교육지구 운영계획안

위 내용은 2019 서울형혁신교육지구 운영 기본 계획의 일부이다. 이 계획은 기본적으로 서울형혁신교육지구가 어디로 가야 할지, 어떤 철학을 바탕으로 가야 할지 철학과 방향을 분명하게 밝히고 있다. 서울형혁신교육지구사업이 2단계로 진화하는 첫해였던 2019년 기본 계획에서 눈에 띄는 점은 마을교육공동체란 어휘의 등장이다. 학교가 마을 속의 섬으로 남지 않고 마을로 나오는 것이 마을교육공동체이다. 어쩌면 앞으로는 "혁신교육지구라 쓰고 마을교육공동체라 읽는다"라고 말하게 될 수도 있을 것이다. 아직 선언적인 수준에 그치고 있고 마을과의 협력을 어려워하는 많은 학교들도 있지만 방향은 제대로 제시했다고 평가할 만

하다.

다음은 서울형혁신교육지구에 참여하면서 우리가 놓치지 말아야 할 중요한 가치들을 살펴보자.

1) 민·관·학 거버넌스

서울형혁신교육지구의 가장 중요한 가치와 철학은 민·관·학 거버넌스이다. 혁신교육지구 목표를 민·관·학 거버넌스 체제를 통한 자치구별 특성이 살아 있는 마을교육공동체 형성으로 잡았으며, 서울형혁신교육지구 기본 방향도 유기적인 민·관·학 거버넌스 체제 구축·운영이다. 서울형혁신교육지구에서 민·관·학 거버넌스를 사업의 목표와 기본 방향으로 삼을 만큼 중요한 가치를 부여한 것이다. 물론 거버넌스의 수준은 25개 지역마다 다르게 작동되고 있지만 중앙에서만은 거버넌스 원칙이 분명히 작동될 수 있도록 해야 한다. 왜냐하면 중앙은 각 지역의 모델이 되어야 하기 때문이다.

2) 주체별 네트워크 구축

서울형혁신교육지구는 각 지구별로 구청과 교육지원청이 지역의 교원, 학생, 학부모, 지역 주민 등 교육 주체와 민·관·학 거버넌스를 구축하여 운영하는 사업으로 정의되어 있다(「서울형혁신교육지구 운영에 관한 조례」 제2조). 교육 주체는 개인 자격으로 거버넌스에 참여해서는 안 되며, 주체 네트워크를 구성하여 그 대표 자격으로 참여해야 한다.

주체별 네트워크 구성은 결국 풀뿌리 네트워크를 조직하는 것이고 서울시교육감, 서울시장, 구청장, 시의원, 구의원이 누가 되든지 흔들림 없는 혁신교육지구사업을 추진할 수 있는 근간을 만드는 일이다. 주체별 네트워크는 지역의 풀뿌리 운동의 든든한 버팀목으로 시민사회의 조직화된 힘이 되며, 우리 아이들의 행복을 위해 우리 아이들의 문제를 우리 손으로 당당하게 요구할 수 있게 만드는 힘이 된다. 이를 위해서는 학생, 학부모, 교사, 지역사회 등 각 교육 주체의 풀뿌리 조직이 자리를 잡을 수 있도록 지원해야 한다. 사실 중앙 조직보다는 지역 풀뿌리 조직이야말로 시민사회의 또 다른 운동 기반이 되기도 한다. 중앙의 주체별 네트워크 지원 사업도 지역 풀뿌리 네트워크를 지원하기 위한 지원 체계가 되고 서로 정보를 공유하며 지원하는 네트워크여야 한다. 혁신교육지구 활동가들은 자기 지역에서도 많은 일들로 힘들어하기 때문에 중앙 단위의 조직으로 또 다른 에너지 낭비를 하게 해서는 안 된다. 현재 지역사회와 학부모 네트워크는 어느 정도 자리를 잡아 가고 있기는 하지만 청소년과 교사 네트워크가 뿌리를 내릴 수 있도록 지원하는 일이 시급하다.

3) 공동체성

혁신교육지구사업과 마을교육공동체운동은 지난 반세기 동안 한국 사회와 교육을 철저히 파괴시켜 온 입시 경쟁 교육의 대안으로 공동체성을 지향하고 있다. 마을교육공동체가 단순히 마을의 자원을 학교로 연계하거나, 학교라는 공간을 지역사회에 개방 공유하는 수준을 넘어서는 개념이 되는 것은 마을교육이 바로 공동체, 즉 인간의 사회성과 공동체성을 회복하는 데 초점을 맞추고 있기 때문이다. 마을교육공동체는 마을이라는 공동체의 교육적 기능을 회복하는 것이며, 마을을 통해 어린이·청소년이 사회성을 기르고, 공동체의 구성원으로 성장하도록 하는 것이다. 이런 측면에서 마을을 통한, 마을에 의한, 마을을 위한 교육에서 마을은 공동체로서의 마을을 의미하며, 공동체성을 상실한 마을교육, 마을학교, 마을교육과정, 마을-학교 연계 사업은 학교가 마을을 활용, 동원하는 것으로 그칠 수밖에 없다.

또한 마을교육공동체에서 공동체성이 중요한 이유는 파괴된 인간성을 회복하는 데만 목적이 있는 것이 아니라, 협동하고 남을 도울 수 있는 인간을 형성하는 교육활동이 될 수 있기 때문이다. 이는 죽은 지식을 주입하는 교육, 진도를 나가기 위한 수업, 입시를 위한 문제풀이 수업 등 현재의 입시 경쟁 교육으로는 성취하기 어려운 일이며 이를 이루기 위해서는 입시 폐지와 대학평준화를 위한 제도적 개혁운동이 반드시 함께 수반되어야 할 실천 영역이다.

4. 서울형혁신교육지구의 특징

지난 10년 동안 서울형혁신교육지구사업이 일구어 온 특징들을 정리해 보자.

- 어린이와 청소년에게 가장 좋은 성장 환경을 만들어 주기 위해 노력함
- 민관의 소통과 협치를 위한 서울시 거버넌스의 제도화
- 현실에 대한 인식 공유와 해결 방안에 대한 공감대 확산(박원순 서울시장, 서울시교육감, 민간 대표의 3차례의 신인)
- 교육자치와 일반자치의 협력: 소통과 협력의 일상화
- 자치구별로 민간이 자발적·주도적으로 계획과 추진에 참여할

것을 적극 권장

- 자치구 단위의 민·관·학 협력을 위한 거버넌스 제도화
- 청소년의 주체적인 참여를 보장하고 적극 지원: 청소년 자치와 동아리 활성화
- 교사와 마을(지역) 주민 또는 전문가의 협력을 촉진 지원: 마을 교육과정
- 방과후학교의 운영 주체를 마을로 이관하기 위한 노력: 마을 방과후활동 활성화

학교와 마을이 새롭게 만나고 소통하고 협력하는 가운데 마을교육공동체가 만들어질 수 있고, 그렇게 될 때 '한 아이를 기르기 위해서는 온 마을이 필요하다'는 새로운 교육적 비전과 처방이 나올 수 있다. 이러한 과정에서 소통과 협력을 가장 효과적으로 촉진시켜야 하는 것이 행정이다. 모든 정책과 행정을 공무원들이 주도하고, 시민은 서비스를 받는 대상으로만 간주했던 과거의 행정이 아니라, 민의 주체적 참여와 자치를 보장하고 지원하는 행정으로의 대전환이다. 그것이 바로 서울형혁신교육지구사업에서 민·관·학 거버넌스, 협치가 가장 중요시되는 이유이기도 하다.

우리가 마을교육공동체를 회복해야 하는 가장 중요한 이유는 무엇인가? 그것은 사랑스러운 어린이와 청소년들에게 어떻게 해서든지 최적의 성장 환경을 만들어 주기 위함이다. 모든 학교를 좋은 학교로 만드는 것이 성장 환경의 일부를 변화시키는 것이라면, 또 다른 성장 환경인 마을과 가정까지도 함께 변화하는 것은 성장 환경의 전부를 변화시키는 일이다. 혁신교육지구가 지향하는 마을교육공동체는 학교와 그것을 둘러

싼 마을(지역사회), 가정, 행정, 시민사회들을 모두 포괄하는 아이들의 성장 환경이다. 최적의 성장 환경으로서 마을교육공동체를 만들기 위해서는 가장 필수적인 것이 소통과 협력이다. 기존에는 만날 이유가 없었던 사람들이 마을의 어린이·청소들의 성장과 교육을 위해 만나고 대화하고 머리를 맞대야 한다.

5. 서울형혁신교육지구사업의 의미와 전망

서울에서 진행되고 있는 혁신교육지구사업은 기본적으로 학교와 교육을 변화시키기 위한 사업이면서, 지역사회·마을 전체를 어린이·청소년 친화 도시로 변화시키는 사업이다. 혁신교육지구사업은 '학교가 마을의 한 부분으로 자리를 잡고, 마을이 더 큰 학교로 발전되는' 사업이다. 서울형혁신교육지구사업은 지방자치와 교육자치, 민·관·학이 협력하여 최대한의 인적, 물적인 자원을 투여하여 어린이와 청소년들의 건강한 성장과 발달을 보장할 수 있는 여건을 조성하고 환경을 만드는 사업이다. 혁신교육지구사업을 계기로 이루어지는 이와 같은 노력들은 새로운 마을교육공동체의 시대를 열어 가는 거대한 프로젝트라고 할 수 있다. 서울형혁신교육지구의 의미와 전망을 정리하면 아래와 같다.

① 일반자치와 교육자치가 전면적으로 협력하는 실험이 이루어지고 있다

서울형혁신교육지구사업의 가장 큰 특징은 교육자치단체와 광역 및 기초자치단체가 전면적으로 협력하여 추진하는 사업이라는 점이다. 혁신교육지구사업은 민간 부문에서 다양한 사람들이 함께 결합하여 만들어 내고 있는 새로운 지방자치의 실험이라고 할 수 있다.

② 민·관·학이 소통 협력하는 거버넌스의 시대를 활짝 열고 있다

서울형혁신교육지구사업과 다른 사업의 근본적인 차이는 민·관·학의 협치, 거버넌스에 입각해 사업을 추진하는 것을 가장 중요하게 요구하고 있다는 점이다. 특히, 혁신교육지구사업에는 민간(시민사회, 풀뿌리 활동가)이 사업을 주도적으로 기획하고 참여하는 것을 장려한다. 민간은 이제 사업의 제안자를 넘어 공동으로 책임을 질 주체가 되고 있는 것이다.

③ 마을·학교·시설·기관의 새로운 연계 협력을 촉진하는 사업이다

학교는 오랫동안 어린이와 청소년들의 성장을 위한 중요한 거점이었지만, 어린이·청소년을 위해 설립된 서울시와 자치구의 갖가지 시설, 센터, 기관들과는 완전히 별개로 존재했다. 혁신교육지구사업을 계기로, 이제는 학교와 지역사회의 다양한 기관과 시설들은 물론 교사들과 지역의 전문가들이 벽을 허물고 협력의 시너지를 발휘하기 시작했다.

④ 시민 참여와 자치, 생활 민주주의를 실천하는 장을 확대하고 있다

혁신교육지구사업은 지역 주민, 교사, 학생, 학부모, 전문가들의 참여를 매우 중요시한다. 서울시는 물론 자치구나 학교 차원에서 소수 행정가나 전문가들의 독주가 아니라 민주적인 거버넌스를 통한 참여와 자치가 활성화되어야 한다. 앞으로, 혁신교육지구사업은 행정 민주주의, 마을 민주주의, 학교 민주주의, 학급 민주주의를 크게 향상시킬 것이다.

⑤ 마을과 함께하는 '아래에서부터의 학교혁신'이 시작되고 있다

급변하는 사회구조 속에서 혁신교육지구사업은 학교와 마을의 상생과 협력을 촉진하면서 학교들에 변화의 계기를 만들어 주고 있다. 학교가 마을이 되고, 마을이 학교가 되게 하려는 노력들 속에서 학교혁신의 새로운 가능성이 보인다.

⑥ 참여와 소통, 거버넌스로 행정 구조의 변화가 시작되고 있다

혁신교육지구사업은 시민 참여적 예산 운용의 새로운 모델을 창출하고 있다. 지방자치단체들 사이의 소통 협력은 물론, 교육청이나 시청, 자치구청 내에서도 부서 간에도 장벽을 허물 것을 요구하고 있다.

⑦ 마을교육생태계가 생겨나고, 마을교육공동체의 발전을 촉진하고 있다

혁신교육지구를 통해 마을이 살아나고 있다. '한 아이를 기르기 위해서 온 마을이 필요하다'는 명제처럼 학부모와 주민, 마을의 전문가들에게 어린이·청소년의 성장과 발달을 위해서, 학교의 변화와 혁신을 위해서 새로운 역할이 주어지고 있다. 자치단체의 예산이 다양한 형태로 지역 주민들에게 지원되면서 마을교육생태계가 만들어지고 있는 것이다.

6. 마무리:
서울형혁신교육지구 안정화를 위한 제언

1) 민·관·학 거버넌스는 자리를 잡았는가, 흔들리고 있는가?

서울형혁신교육지구의 가장 중요한 핵심은 민·관·학 거버넌스라고 수도 없이 언급했다. 그런데 거버넌스가 중앙에서는 자리를 잡았는가? 자치구는 어떠한가? 아쉽게도 자리를 잡기보다는 거버넌스 체계가 흔들리고 있거나 무너졌다는 한숨 소리가 많다. 자치구청과 교육청 장학사들은 우수 자원임에 틀림없다. 안정된 위치에서 예산을 집행하는 일은 누구보다 우수함이 분명하다. 그러나 민이 뒷받침되지 않는 한 그 담당자의 인사이동이 있으면 원점에서 다시 출발해야 하고, 관성대로 갈 수밖에 없게 된다. 민·관·학 거버넌스 체제는 지역의 우수 자원과 시민들을 동반자로, 지원자로 만들어 낸다. 지역의 문제는 지역이 더 잘 알 수밖에 없기 때문에 지역과 함께 풀어 가자는 것이 서울형혁신교육지구사업이다. 이러한 민·관·학 거버넌스 체제를 다시 점검하고 강제하지 않고 편한 방향이나 행정이 원하는 쪽으로 흘러가 버린다면 서울형혁신교육지구는 식물이 되고 말 것이다.

2) 주체가 네트워크화되고 있는가?

지금 서울의 다양한 자치구에서 일어나고 있는 혁신교육지구사업을 공통적으로 상징하는 사업은 무엇일까? 최소한 어떤 사업을 하고 있을 때 혁신교육지구라는 이름을 붙일 자격이 있나? 기존의 많은 교육경비 보조금 사업이나 프로그램 사업들과 혁신교육지구사업 사이에 가장 큰 차이점은 무엇일까? 혁신교육지구가 제대로 추진되고 있는지 아닌지 가르는 핵심 지점은 '주체화와 네트워크 구축'이 아닐까 싶다. 그런 점에서 서울형혁신교육지구에서 최소한 아래와 같은 몇 가지 사업들이 힘 있게 추진되어야 한다고 생각한다. 즉, 학부모와 교사와 학생, 마을 주민과 청소년들, 지역사회의 다양한 전문가들이 스스로 주체가 되어 일어서고 긴밀하게 네트워킹하고 협력하는 것이 서울형혁신교육지구사업의 정체성을 가르는 핵심 지점이 아닐까 하는 것이다.

① 혁신교육지구사업에 참여했던 많은 분들의 인적 자원이 축척되고 있는가?

지금 서울형혁신교육지구의 가장 큰 문제 중 하나는 혁신교육지구사업에 헌신했던 자원들이 모아지지 않고 있다는 것이다. 무엇보다 민간부문에서 애써 경험한 소중한 자원이 임기가 끝나면 자원으로 모아지지 않고 흩어지고 있다. 이들을 모아 내고 다음을 준비하는 소중한 자원이 되게 해야 한다. 서울형혁신교육지구에 참여했던 1세대들을 조직화하고 그 경험을 서울형혁신교육지구 활성화를 위해서 활용할 기구가 필요하다.

② 소통과 협력, 참여와 자치의 민·관·학 거버넌스 운영

- 주체별로 분과를 구성해 거버넌스 방식으로 사업을 추진하고 있는가?
- 소수가 독점하는 것이 아니라 최대한의 풀뿌리 활동가, 시민이 참여하는가?

③ 학부모들이 스스로 기획하여 운영하는 학부모 사업의 지원

- 학부모들 스스로 기획하고 주도하는 사업이 지원되고 있는가?
- 역량 있는 학부모들이 학생들을 위해 의미 있는 활동을 하도록 지원해야 한다.

④ 학교와 마을에서 학생(청소년) 자치활동 및 동아리 활동의 활성화

- 학생회 차원의 생활자치 활성화 지원, 자치구별 학생자치 네트워크 구축은?
- 학교 안과 마을에서 다양한 학생(청소년) 동아리 활동, 봉사활동 지원은?

⑤ 마을 방과후클럽(마을학교)의 활성화 및 적극적인 지원

- 자꾸 학교 방과후교실을 연상하는데 방과후클럽은 전혀 접근이 다르다. 외국의 경우는 보이스카우트 같은 청소년 조직이 마을에서 이루어지는 방화후활동이다. 축구나 농구 같은 클럽처럼 체육, 놀이, 예술 등의 활동이 마을을 중심으로 이루어지는 것을 말한다. 지금의 방과후학교를 마을 중심의 방과후클럽으로 전환하기 위해 적극적으로 노력해야 한다.
- 마을방과후 활성화, 자치구 단위로 마을 방과후클럽 추진단 구성 운영 등

⑥ 어린이·청소년이 행복한 서울을 만들어 갈 수 있게 주체들이 모여 논의를 시작하자

그동안 10년여에 걸쳐 마을과 중앙에서 배출한 혁신교육지구 활동가

들의 경험은 엄청난 자원이다. 지금 이 자원을 모아 내지 못하고 있다. 혁신교육지구 마인드가 있는 사람들이 TF팀을 구성하여 2021년을 시작할 새로운 사업 모델을 창안해 보자. 무엇보다 급하다. 그렇지 않으면 우리가 공들여 이룩한 혁신교육지구사업은 교육청 주도의 사업이 될 것이고, 지역으로 가면 구청과 교육지원청 담당자의 일과 부담이 되고 말 것이다.

끝으로 늘 수고하시는 서울시와 25개 구청 실무자, 서울시교육청 참여협력담당관과 지역교육청에서 혁신교육지구를 담당하시는 분들, 무엇보다 지난 10여 년 동안 마을에서 함께해 주신 많은 학부모와 혁신교육지구 활동가들, 학교 선생님들께 감사를 드린다. 우리가 이룬 성과가 아이들이 행복한 마을과 학교, 세상을 만들어 내는 데 큰 밑거름이 되기를 소망한다.

김세희·김옥성·안승문·박경현·이준범·김태정·박동국·강민정(2017). "2017 서울형혁신교육지구 주요 운영방침 연구". 서울특별시교육연구정보원.
서울시·서울시교육청(2019). "2019 서울형혁신교육지구 운영계획안".

● 선언문 및 협약서

2011/10/21. 「박원순 서울시장 후보 7대 교육정책 협약서」.
2012/5/14. 「5. 14 서울 교육의 희망을 위한 약속, 서울 교육 희망 공동 선언문」.
2014/11/17. 「상생과 협력의 글로벌 교육혁신도시 서울 선언」.
2015/11/20. 「어린이·청소년이 행복한 서울을 만들기 위한 우리의 약속, '혁신교육도시 서울' 만들기 공동 선언」.

2011. 10. 21.

「박원순 서울시장 후보 7대 교육정책 협약서」

'경청'한 그대로 '약속'합니다.

범야권 단일후보인 박원순 서울시장 후보는 2012년 서울시장 후보 캠페인을 진행하면서 서울 곳곳에서, 각계각층 시민들의 간절한 소망과 정책 제안에 귀 기울여 왔습니다. 오늘 서울 교육의 희망을 키우기 위해 노력해 온 교육 시민단체들의 의견을 겸허하게 수렴하여 다음과 같이 정책 협약을 체결하며 시장으로 당선되면 교육계 및 시민사회와 긴밀하게 협의하면서 성실하게 이행할 것을 약속합니다.

1. 친환경 무상급식을 차근차근 확대하겠습니다.

- 지난 8월 주민투표에서 나타난 시민의 뜻에 따라 친환경 무상급식을 확대하겠습니다.
- 2011년 초등 1~4학년(4개 자치구는 1~3학년) → 2011년 11월부터 초등 1~6학년(4개 자치구는 1~3, 5, 6학년) → 2012년 3월부터 초등 전 학년 + 중학 1학년 → 2013년 3월부터 초등 전 학년 + 중학 1, 2학년 → 2014년 3월부터 모든 초등학생과 중학생

2. 내년부터 서울시립대학교 반값 등록금을 실시하겠습니다.

- 시립대 학부생 모두에게 내년부터 4년(일부학과는 5년) 내내 반값 등록금이 되도록 특별한 예산을 지원하겠습니다(175억 원).
- 다른 대학들에서도 반값 등록금이 실현될 수 있도록, 타 시도의 시장과 도지사, 시도교육감, 대학총장, 시민사회가 함께하는 '사회적 협의기구'를 추진하겠습니다.

3. 일반계고까지 무상교육을 확대하고, 영유아 복지를 크게 증진시키겠습니다.

- 현재 특성화고에서 시행되고 있는 고교 무상교육 혜택이 모든 일반계 고교생들에게까지 주어지도록 예산을 편성하겠습니다(1,630억 원).
- 영유아 보육의 향상을 위해 어린이집에 대한 지원을 강화하고, 구립어린이집과 공립유치원 등 공보육과 공공 유아교육이 확대되도록 서울시교육청 및 구청과 협력하겠습니다.

4. 어린이 돌봄과 청소년 복지를 크게 향상시키겠습니다.
- 돌봄이 필요한 아동들에게 맞춤식 돌봄이 제공되도록 '학교 돌봄교실'과 '지역아동센터'에 대한 지원을 확대하고, '토요 돌봄 공간과 프로그램'을 적극 지원하겠습니다.
- 8만 명(13.3%)에 달하는 학교 밖 청소년들에게 초·중·고 과정 이수, 직업훈련 기회 보장, 멘토링, 일자리 보호 등이 지원되도록 특별히 지원하겠습니다-지역사회 협의기구 구성.
- 초등학교 통학로의 교통안전을 확보하고, 어린이·청소년 대상 범죄를 예방하기 위해서 서울 경찰청장 및 구청장들과 함께 적극적인 대책을 마련하겠습니다.

5. 어린이·청소년을 위한 문화 서비스를 적극 지원하겠습니다.
- 서울의 구립 청소년 수련관들이, 청소년들의 학교와 연계된 문화예술 교육과 다양한 취미 동아리 활동을 지원하는 센터가 되도록 예산을 지원하겠습니다(구청과 대응 투자 추진).
- 25개 구청들과 협력하여, 서울의 500여 개 동마다 현대식 '청소년문화복지센터'가 개설되도록 지원(대응 투자)하겠습니다(카페형 만남 장소, 쉼터, 작은 도서관, 모임방, 놀이방 등).
- 서울의 모든 어린이·청소년의 건강한 문화 향유를 촉진하기 위해 문화예술 관람, 클럽활동, 취미활동 등에 사용할 수 있는 '스마트 문화카드'(쿠폰)를 제공하겠습니다.
- 서울의 건전한 성인 문화예술체육 동호회들이 초등학생과 중고생들의

스포츠·문화예술 클럽(동아리)을 지도하고 지원할 수 있도록 예산을 지원하겠습니다.

6. 학교혁신을 위한 서울시교육청의 노력을 적극 지원하겠습니다.
- 서울시교육청의 교육 여건을 크게 개선하고, '혁신학교' 사업이 성공적으로 추진·확산될 수 있도록 가능한 모든 협력과 지원을 하겠습니다.
- 더 많은 예산이 교육에 지원될 수 있도록 교육지원 조례 개정을 추진하고, 적정한 시점에 법정 전입금을 지원하여 서울 교육행정의 안정성이 높이겠습니다.
- 42,000명이 넘는 학교 비정규직들의 처우 개선 대책을 마련하기 위해서 서울시교육감과 함께 긴밀하게 협력하고 필요한 지원을 하겠습니다.

7. 서울의 '교육·복지·문화 지원 민관 협력 기구'를 운영하겠습니다.
- 서울시와 25개 구청은 교육복지의 확대를 위해서, 서울시교육청은 학교교육의 혁신을 위해서 국민 세금을 가장 효과적으로 활용하는 전략적 역할 분담을 강화하겠습니다.
- 서울시장, 교육감, 25명의 구청장·시민사회 대표들이 참여하여, 서울의 어린이·청소년 교육·복지·문화 지원 정책을 조율하고 협력하는 민관 협의체 구성을 추진하겠습니다.

2011년 10월 21일

범야권 서울시장 단일후보	박원순
서울교육희망네트워크 운영위원장	김옥성
행복세상교육시민연대 공동대표	박경양
서울교육단체협의회 대표	이돈주
서울시립대학교 학생회장	김종민
서울시친환경무상급식추진운동본부 상임대표	배옥병

2012. 5. 14.

5. 14 서울 교육의 희망을 위한 약속 서울 교육 희망 공동 선언문

우리는 "새로운 교육으로 새로운 서울, 새로운 대한민국을 세워야 한다"는 절박한 마음으로 이렇게 모였다. 우리는 아이들이 삶의 기쁨과 행복을 빼앗기고, 꿈조차 꿀 수 없는 세대로 전락하지 않도록 하기 위해서 '새로운 서울 교육'을 향한 공동의 결의와 각오를 선포하고자 한다.

교육은 개개인이 가진 소질과 적성, 꿈과 희망을 키우는 일이며, 건강한 미래 사회를 짊어질 민주시민을 기르는 일이다. 교육은 개인과 가족의 행복은 물론 사회 전체를 행복하게 하는 데도 기여해야 한다. 따라서 교육은 가정과 학교·교육청만의 일이 아니라 마을과 지역, 서울시와 국가가 함께 나서서 책임져야 할 일이다.

대한민국은 경제 수준이 세계 10대 경제 강국을 넘보고 있으며, 학생들의 학업성취도는 세계 최고인 핀란드와 겨룰 만하다. 그러나 OECD 국가 최저인 학생 행복지수, 세계 최고의 청소년 흡연율과 자살률 등의 지표들은 우리를 한없이 부끄럽게 한다. 삶의 즐거움과 배움의 기쁨을 느낄 수 없는 아이들은 자살과 학교폭력으로 사회를 향해 절박한 경고의 메시지를 보내고 있다. 극심한 경쟁과 줄 세우기를 당연시해 온 학교교육과 사회구조가 만들어 낸 안타까운 현실이다.

이제 우리는 소수의 승리자를 만들기 위해 다수를 패배자로 전락시키는 학교교육과 사회구조를 새롭게 바꾸기 위해 나설 것이다. 모든 아이들이 교육에서 차별받지 않고 각자의 소질을 기르며 사람답게 성장할 수 있도록 노력할 것이다. 우리 아이들이 세계와 호흡하면서 지속가능한 미래를 열어 갈 수 있는 꿈과 비전을 가진 인간으로 성장하도록 지원할 것이다.

서울시교육청은 그동안 아이들이 가고 싶은 학교를 만들기 위해 많은 노력을 기울여 왔다. '혁신학교'를 만들어 즐거운 배움이 있는 새로운 학교의 가능성을 보여 주었다. 문·예·체 교육과 진로 체험 교육의 활성화를 위해서 노력해 왔다. 학생인권조례를 만들어 인권이 존중되는 학교를 만들고 폭력 없는 학교를 만들기 위해 노력해 왔다. 교사는 물론 학생과 학부모의 참여를 늘리고 민주적인 학교를 만드는 데도 힘썼다.

'한 아이를 키우는 데 온 마을이 필요하다'는 말처럼, 우리는 아이들에게 더 좋은 교육과 성장 환경을 제공하기 위해서 서울시가 가진 모든 자원과 지혜와 역량을 모아 갈 것이다. 이를 위해서, 교육감과 시장과 구청장은 물론 시의회와 구의회 및 시민사회가 새롭게 소통하고 협력하면서, 서울을 교육과 복지와 문화가 활짝 꽃피는 도시, 어린이와 청소년들이 행복한 도시로 만들기 위해 노력할 것이다.

서울 교육의 희망을 만들기 위한 우리의 결의

우리는, 서울의 어린이와 청소년들이 한 사람도 차별받거나 소외됨이 없이, △ 존엄한 인간으로 존중받을 권리, △ 행복한 삶을 누릴 권리, △ 어떤 차별도 없이 배울 권리, △ 건강한 시민으로 성장할 권리를 누리면서, 자존감과 자신감을 가진 인간으로 자랄 수 있도록 노력하며, 학교와 지역사회에서 '민주주의와 인권', '참여와 자치', '평등과 정의', '존중과 배려', '공동체와 연대의식' 등의 가치가 실현되도록 노력할 것이다.

■ "한 아이를 키우는 데 온 마을이 필요하다."

1. 우리는 박물관, 체육관, 미술관, 공연장, 실험실 등 서울의 다양한 시설들이 문·예·체, 진로교육, 체험과 봉사활동에 활용될 수 있게 하며, 공공기관, 사회단체, 기업 등이 학교교육과 평생학습을 위해 시설을 개방하거나 프로그램을 지원하도록 노력할 것이다.

☞ 학교 울타리를 넘어 서울 전체가 배움터이자 체험학습장이 되도록 함

2. 학교는 마을공동체의 중심이 되어야 한다. 이를 위해서 우리는 교사, 학생, 학부모, 지역사회의 긴밀한 소통과 협력을 촉진하고, 학생 자치활동과 학부모의 학교 참여를 적극 지원하며, 다양한 전문가들과 시민사회가 학교와 원활히 협력할 수 있도록 지원할 것이다.

☞ 학생회와 학부모회 활성화, 참여예산위원회와 학교운영위원회 지원

3. 우리는 서울시민이 누구나 평생학습의 기회를 가질 수 있도록 공공시설과 지역사회가 연계된 새로운 평생학습 전달 체계를 구축할 것이다. 특히 학교의 교육 자원을 개방하여 시민의 평생학습 기회를 확대하고 학교 중심의 평생학습공동체 형성에 노력할 것이다.

☞ 부모대학·시민대학 등 평생학습의 활성화, 지역사회 '평생학습 네트워크' 구축

■ 한 명도 포기하지 않고 모두에게 좋은 교육을….

4. 모든 학생들은 사는 곳이나 가정형편에 관계없이 공평한 교육 혜택을 누릴 수 있어야 한다. 이를 위해 우리는 '서울의 모든 학교를 가고 싶은 학교, 보내고 싶은 학교로 만들기 위한 교육청-서울시-자치구가 함께하는 협력 프로젝트'를 추진할 것이다.

☞ 강남·북 교육 격차 해소, 무상교육·무상급식 확대, 모든 학교를 새롭게 변화시킬 혁신 프로젝트 추진

5. 우리는 서울의 어린이와 청소년들이 자율과 자치와 민주주의를 생활 속에서 배우며 책임 있는 민주시민으로 성장할 수 있도록 노력할 것이다. 학생들의 의견을 존중하고, 학생자치활동을 활성화하며, 학교와 지역사회에 다양하게 참여할 수 있도록 지원할 것이다.

☞ 학교 민주주의 실현, 학생 자치활동 활성화 및 학생 참여 제도화, '민주시민교육 네트워크' 구축

6. 학교는 학생들에게 안전하고 편안한 생활공간이 되어야 한다. 우리는 서울의 모든 학교들이 폭력과 괴롭힘이 없는 학교가 되도록 지원할 것이며, 학생들의 인권을 보호하고 평화로운 학교를 만들기 위한 학교와 지역사회의 노력에 함께할 것이다.

☞ 폭력 없는 학교 만들기 캠페인 및 지원, 학교 안팎의 인권 감수성 제고

7. 서울의 어린이와 청소년들은 한 명도 소외되지 않고 최상의 교육·돌봄·복지·문화적 환경 속에서 행복한 삶을 누릴 수 있어야 한다. 자치구청 단위로 촘촘한 교육·돌봄·복지 안전망을 구축하고, 장애 학생 통합교육과 다문화교육, 국제이해교육에도 힘쓸 것이다.

☞ 자치구청별로 '책임교육 네트워크' 추진, 장애 학생 통합교육 확대, 다문화교육 및 국제이해교육 활성화

8. 모든 청소년들은 국민의 세금으로 적절한 지원을 받으며 성장할 권리가 있다. 우리는 해마다 수천 명씩 학교 밖으로 나가는 아이들이 방치되지 않고 교육과 돌봄의 혜택을 받음은 물론, 다양한 사회 참여 활동을 통해 성장할 수 있도록 배려하고 지원할 것이다.

☞ 학교 밖 아이들을 위한 다양한 교육 시설 및 프로그램 지원

■ OECD 국가 수준의 공교육을 위한 여건 및 제도 개선

9. 학습 부진이나 부적응 학생 문제, 학교폭력 문제 등 우리 교육의 문제점들을 해결하기 위해서는 과밀 학급을 해소하고 적정한 학급 규모와 최적의 학습 여건을 마련해 주어야 한다. 우리는 학급당 학생 수 감축을 위해 중앙 정부가 적극 나서도록 함께 노력할 것이다.

☞ 학급당 학생 수 25명(OECD 국가 평균)이 되도록 초등학교 1학년과 6학년, 중학교 1학년에 교사 추가 배치

10. 단편적 지식 암기 위주의 '정답 맞히기', '경쟁 교육'으로는 창조적인 인재를 기를 수 없다. 우리는 서울 교육을 인문학, 문·예·체, 삶의 기술 교육과 체험활동, 협력수업과 프로젝트 학습이 살아나는 '창조적인 협력의 교육'을 활성화하기 위해 노력할 것이다.

☞ 수업과 평가 방법 혁신을 위한 교사 연수 지원, 창의적 체험활동 활성화를 위한 버스 지원

11. 교사들의 열정과 헌신적인 노력은 학생들의 건강한 성장과 발달에 가장 중요한 조건이다. 우리는 교사들이 자존감을 갖고 신명나게 일할 수 있도록 최적의 교육 여건을 마련하고, 교사와 지역사회의 협력을 촉진하며, 교사를 존중하는 풍토를 만들기 위해 노력할 것이다.

☞ 교원 업무 정상화로 교육활동 전념 보장, 연수와 연구 지원, 교사-학부모의 소통과 협력을 촉진

12. 진로·진학 상담교사와 커리어코치가 모든 청소년들의 학교생활 중에 최소한 3회의 진로 경로 설계를 도와주도록 하며, 청소년들이 자신의 소질과 적성, 자기에게 적합한 직업에 대해 정확히 알고 진로를 선택할 수 있도록 '직업체험지원센터'를 설치할 것이다.

☞ 초4·중1·고1 전체 학생 진로 경로 설계, 직업체험 활성화, 자치구별 '직업체험지원센터' 설치

13. 직업교육을 활성화하기 위해, 실무 위주 교육과정과 새로운 수업 방법으로 특성화고 교육을 혁신하고, 서울의 기업들이 특성화고 졸업(예정)자 채용을 확대하도록 노력할 것이다. 현장 실습 및 취업 매니저를 지원하여 청년의 조기 취업과 생활 안정을 위해 노력할 것이다.

☞ 특성화고 교육 체제 혁신, 취업 매니저 지원으로 취업률 80% 달성

14. 초·중등학교의 교육에 절대적인 영향을 미치는 대학입시 제도와 평

가 체제를 혁신하지 않고는 학교교육의 근본적인 변화는 불가능하다. 우리는 미래 지향적 역량을 가진 창의적인 인재를 선발할 수 있도록 대학입시 제도를 근본적으로 개선하기 위해 함께 노력할 것이다.

☞ **서울시립대 입학 전형의 혁신을 모델로 대학입시 개선 대책 주도**

15. 특목고, 자율형사립고 등 서열화된 고교 체제는 고등학교를 입시학원으로 변모시키고, 초등과 중학교 교육의 파행을 부추기고 있다. 우리는 고등학교 교육을 새로운 시대에 맞는 교육으로 재정립하기 위한 근본대책 마련에 나설 것이다.

☞ **'고교 체제 개편 추진위원회' 구성, 고교 교육 정상화 방안 마련**

■ **미래를 향한 교육의 지평 확대-먹을거리, 독서, 생태, 건강**

16. 자원의 낭비, 에너지 과소비, 기후변화로 인한 생태계의 위기 등은 모두가 함께 풀어 가야 할 공동의 과제다. 우리는 서울의 공공기관과 학교, 시민과 학생들이 힘을 모아 서울을 지속가능한 생태도시로 만들 수 있도록 최선의 노력을 기울일 것이다.

☞ **학교 옥상 등에 '햇빛 발전소 건설', '마을과 학교 생태공원 조성', '초록학교 만들기' 지원**

17. 서울의 어린이와 청소년들이 질 좋은 학교급식을 통해 건강하게 성장할 수 있도록 협력하고, 친환경 식재료 공급을 늘리며, 올바른 식생활 습관 형성 교육 지원을 위해 학교와 지역사회의 협력 체제를 구축하도록 노력할 것이다.

☞ **초등학교와 중학교 모든 학생들에게 안전한 식재료 제공, 식생활 교육 활성화를 위한 지원 체제 구축**

18. 서울시민과 학생이 좋은 책을 읽을 수 있는 독서 환경과 독서 문화

진흥을 위하여 공공 도서관 및 학교 도서관의 장서를 선진국 수준으로 확충하고, 공공·학교 도서관 간 통합 서비스 제공을 위한 협력 체계를 구축하여 '책 읽는 서울, 책 읽는 학교'를 만들기 위해 노력할 것이다.

☞ **인구수 대비 공공 도서관의 확충, 선진국 수준의 장서 구비, 도서관 운영 활성화, 학교 및 지역의 독서 동아리 지원**

19. 학생들의 전인적 성장과 행복한 삶을 위해서는 학습권 보장과 함께 건강권 확보가 매우 중요하다. 우리는, 어린이부터 성인에 이르기까지 스포츠 활동을 생활화하고 건강 체력을 증진시킬 수 있도록 스포츠 친화적 사회 분위기를 조성하는 데 최선을 다할 것이다.

☞ **학교와 지역 스포츠리그 활성화, 학생 체육과 생활 체육 활성화를 위한 지역 협의체 구성**

20. 모든 어린이와 청소년들은 유치원부터 고등학교까지 신체적·정신적으로 건강하게 성장할 권리를 보장받아야 한다. 우리는, 아이들의 건강 증진과 안전을 위해서 가정과 학교, 지역 보건소와 의료 기관 등이 긴밀하게 소통하고 협력할 수 있도록 지원할 것이다.

☞ **보건교육 활성화, 학교와 지역이 어린이·청소년 건강 협력 네트워크 구축**

■ 아이들과 미래를 위한 전면적인 소통과 협력의 길로…

우리는 이른 시일 안에 오늘 발표한 '서울 교육 희망 공동 선언'에 담긴 정신과 가치, 정책 방향들을 실현하기 위한 구체적인 노력을 시작할 것이다. 서울시교육청과 서울시가 함께할 과제들은 '서울교육행정협의회'를 통해서, 서울시·서울시교육청·자치구·시민사회가 함께할 과제들은 '서울 교육·복지민관협의회'를 통해서 협의해 나갈 것이다. 서울시교육청과 자치구청이 함께할 과제들은 교육청과 자치구청 간의 긴밀한 협의를 통해 발전적으로 보완하고 공동의 실행 방안을 마련할 것이다.

교육을 근본적으로 혁신하기 위해서는 '전면적인 소통과 협력'이라는 새로운 접근법을 통해서 우리 교육이 나아가야 할 방향이나 원칙, 미래 비전에 대한 사회적 공감과 합의를 마련하는 것이 무엇보다 중요하다. 이를 위해 우리는 서울시교육청, 서울시와 서울시의회, 자치구와 구의회, 학생, 학부모, 시민사회단체, 학계, 문화·예술계, 언론계, 노동계, 기업 등까지 함께하는 '대토론회'나 '원탁회의' 등 폭넓은 소통과 공론의 장을 마련할 것이다.

2012년 5월 14일

박원순 서울시장, 곽노현 서울시교육감, 허광태 서울시의회 의장,
고재득 서울시구청장협의회장, 김옥성 서울교육단체협의회 상임대표

2014. 11. 17.

상생과 협력의 글로벌 교육혁신도시 서울 선언

오늘 우리는 서울특별시장과 서울특별시교육감으로서 어린이·청소년을 비롯한 모든 시민의 행복한 삶과 희망찬 미래를 위하여 서울 교육을 혁신하기로 합의하고 앞으로 긴밀하게 소통하며 협력할 것을 선언합니다.

우리는 서울의 어린이·청소년 그리고 시민이 서로를 배려하고 포용하는 따뜻한 시민, 민주적인 절차와 인권을 존중하는 민주시민, 창의적이고 세계화된 시민으로 성장할 수 있도록 서울특별시와 서울특별시교육청은 물론 일선 학교, 시민단체, 시민 등 모든 이의 힘을 모아 대한민국만이 아닌 전 세계가 주목하는 모범적인 교육혁신도시로서 새로운 비전을 만들어 갈 것을 약속합니다.

이를 위해 우리는 다음과 같은 다섯 가지 비전에 합의하였습니다.

1. 지방자치와 교육자치, 민과 관이 협치하는 시대를 열겠습니다.

그동안 교육자치와 지방자치는 제도적으로 분권화되어 서로 독립적으로 운영되어 왔습니다. 그러나 앞으로 서울특별시와 서울특별시교육청은 분업이 아닌 협업을 하겠습니다. 나아가 서울을 지역사회와 학교가 모두 함께하는 민관 협력 거버넌스의 모범 도시로 키우겠습니다.

2. 소외받는 어린이·청소년이 없는 어린이 친화적이고 안전한 교육 환경을 만들겠습니다.

모든 어린이와 청소년은 존엄한 인격체이자 당당한 시민으로 존중받아야 합니다. 어느 누구도 소외되지 않도록 배움과 돌봄의 성장지원망을 구축하고, 참여와 자치를 보장하며, 평등한 대우를 받는 안전한 교육환경을 만들겠습니다.

3. 교육개혁과 학교혁신으로 21세기형 미래 인재를 기르겠습니다.
낡은 20세기 교육으로는 새로운 미래를 창조할 수 없습니다. 교육개혁과 학교혁신은 서울시-교육청-시민사회 등 모든 사회 구성원이 힘을 모아 이루어 내야 할 시급하고도 중요한 과제입니다. 무한경쟁과 줄세우기식 교육이 아닌 협력과 공유 그리고 지속가능성의 가치를 위한 인문학, 예술, 삶의 기술, 생태, 생명교육 등을 활성화하겠습니다.

4. 마을이 학교이고, 학교가 마을인 시대를 열겠습니다.
한 아이를 기르기 위해서는 온 마을이 필요하다는 말처럼 어린이·청소년의 건강하고 온전한 성장을 위해서는 학교와 마을, 교사와 지역 주민들 간의 소통과 협력이 이뤄져야 합니다. 학교와 마을이 상생하는 교육생태계, 배움과 성장의 마을공동체 구현으로 모두가 함께하는 교육의 장을 열어 나가겠습니다.

5. 서울의 모든 교육 자원을 연계하여 배움과 나눔의 평생학습도시를 만들겠습니다.
급격한 지식정보화와 사회구조 및 직업구조의 변화로 지속적인 능력 개발과 생애주기에 따른 학습이 날로 중요해지고 있습니다. 누구나, 언제든, 어느 곳에서든, 배우고 싶은 것을 마음껏 배우고 나눌 수 있는 평생학습공동체를 만들어 나가겠습니다.

이러한 "교육혁신도시 서울"의 비전을 실현하기 위하여 우리는 우선 20대 교육협력사업계획을 공동으로 수립하였으며 2015년부터 시행하기로 합의하였습니다.

2014년 11월 17일

서울특별시장 박원순, 서울특별시교육감 조희연

2015. 11. 20.

어린이·청소년이 행복한 서울을 만들기 위한 우리의 약속 '혁신교육도시 서울' 만들기 공동 선언

세계에서 가장 긴 학습 시간, 세계 최고의 사교육비, OECD 국가 최고 수준의 과밀한 학급당 학생 수, 가장 높은 청소년 자살 증가율, 가장 낮은 청소년 행복지수, 우리나라의 어린이·청소년 관련 지표들은 참으로 부끄러운 수준입니다. 그럼에도 우리 사회 전반에서 특별한 관심을 기울이지 못했으며, 재정 투자에도 과감하지 않았습니다. 교육예산도 상대적으로 줄어들고 청소년을 위한 공간과 시설 또한 절대적으로 부족한 실정입니다.

지금까지 서울에서는 어린이·청소년 정책을 새롭게 하기 위해 꾸준히 노력해 왔습니다. 2012년 5월에는 「서울 교육 희망 공동 선언」을 통해 어린이·청소년을 위한 정책 방향을 세웠고, 2014년 11월에는 「글로벌 교육혁신도시 서울 선언」으로 서울시-교육청 협력의 시대를 열었습니다. 이제는, 그간의 성과를 바탕으로 서울시와 교육청이 지원하고 자치구와 마을이 주도하여 '혁신교육도시 서울'을 만들기 위한 대장정을 시작할 때입니다.

이에, 서울특별시장과 서울특별시교육감, 구청장들과 교육·복지민관협의회 민간위원들은 어린이와 청소년이 행복한 서울을 만들겠다는 굳은 결의를 바탕으로, 가능한 모든 행정력과 지역사회가 가진 인적·물적 역량을 최대한 동원하여 아래와 같은 정책 과제들을 공동으로 추진해 나갈 것임을 서울의 어린이·청소년들과 1천만 서울시민들 앞에 엄숙히 약속합니다.

2015년 11월 20일

박원순 서울특별시장

조희연 서울특별시교육감

유덕렬 동대문구청장, 구청장협의회장

이부영 교육·복지민관협의회 민간 대표

김영종 종로구청장

최창식 중구청장

성장현 용산구청장

정원오 성동구청장

김기동 광진구청장

김영배 성북구청장

박겸수 강북구청장

이동진 도봉구청장

김성환 노원구청장

김우영 은평구청장

문석진 서대문구청장

박홍섭 마포구청장

김수영 양천구청장

노현송 강서구청장

이 성 구로구청장

차성수 금천구청장

조길형 영등포구청장

이창우 동작구청장

유종필 관악구청장

조은희 서초구청장

이해식 강동구청장

혁신교육도시 서울 선언문
'혁신교육도시 서울'을 만들기 위한 우리의 결의

1. 우리는, 서울의 어린이와 청소년들이 가정과 학교와 마을에서 건강하고 행복하게 성장 발달할 수 있도록 최대한 배려하고 지원하겠습니다.

1. 우리는, 서울의 어린이와 청소년들이 차별 없는 배움을 통해 미래 역량을 기르고, 소질과 적성을 키우며, 특기와 취미를 즐길 수 있도록 지원하겠습니다.

1. 우리는 서울의 어린이와 청소년들이 자기의 생각과 주장을 자유롭게 표현하고, 참여와 자치를 누리면서 건강한 민주시민으로 성장할 수 있도록 지원하겠습니다.

1. 우리는 서울의 어린이와 청소년들이 여가와 휴식을 즐기면서 몸과 마음이 건강한 전인적인 인간으로 성장할 수 있도록 지원하겠습니다.

1. 우리는 서울이 어린이와 청소년들이 행복한 '어린이·청소년의 도시 서울'이 될 수 있도록 민관 거버넌스를 통해 최선의 노력을 기울이겠습니다.

1. 우리는 분산적으로 이루어져 온 어린이·청소년 관련 사업, 기관, 시설들이 긴밀한 연계와 협력으로 통합적 시너지를 낼 수 있도록 노력하겠습니다.

1. 우리는 이 선언을 실천하기 위해서, 서울시와 교육청, 자치구, 시민이 참여하는 '혁신교육도시 서울 선언 추진기구'를 구성하여 운영하겠습니다.

서울시·교육청·자치구·민간이 함께할 전략적 협력 과제

1. 민·관·학 거버넌스를 통한 건강한 '마을교육공동체' 만들기
- 서울시·교육청·자치구·민간이 함께 만드는 혁신교육지구의 확대
- 지역의 인적 역량과 물적 자원이 선순환하는 마을교육생태계 조성
- 마을과 학교가 협력하는 다양한 협동조합 설립 촉진, 사회적 경제 활성화

2. 참여와 자치, 나눔과 협력으로 전체 학교의 교육혁신 지원
- 학교와 마을이 상생하는 '마을결합형 학교' 만들기 지원, 마을교육과정 개발
- 교사회, 학생회, 학부모회의 참여 자치 활성화로 민주적 학교문화 조성
- 교사, 학부모, 지역사회가 민주적으로 참여하는 학교운영위원회 활성화 지원

3. 학교와 마을이 함께하는 문화·예술·체육 교육의 활성화 지원
- 교사와 예술가가 협력하여 운영하는 '예술적 융합 교육과정' 활성화
- 문·예·체 동아리 활성화, 오케스트라·합창단 등 다양한 문화예술 활동 지원

4. 학교와 마을, 행정이 함께하는 환경 생태 교육 활성화
- 교육과정-마을 연계 환경 생태 에너지 교육 활성화, 지속가능 발전 교육 지원
- 학교 정원 가꾸기, 꽃 사랑 학생 동아리 운영, 학교 텃밭 가꾸기 등 추진

5. 자치구와 서울시가 책임지는 '마을방과후학교' 지원 체제 구축
- 지역 주민들을 방과후 마을교사, 청소년 코디네이터로 발굴 육성
- 마을방과후학교의 활성화 및 자치구 방과후활동 지원 체제 구축

6. 청소년들의 자치와 동아리 활성화를 위한 시설과 콘텐츠 확보
- 청소년들이 만드는 서울형 '혁신 청소년수련관, 문화의집' 운영
- 청소년 시설 운영에 마을 참여 확대, 서울시 전체 역사·문화 시설 적극 개방

7. 건강한 성장과 발달을 위한 '건강 복지 및 안전 지원' 강화
- 친환경 급식의 안정적 운영을 위한 협력 강화, 식생활 교육·먹거리 교육 활성화
- 초·중·고생들의 건강한 성장을 보장할 건강 보건 복지 서비스 제공 노력
- 자치구별로 동 마을복지센터 중심의 어린이·청소년 돌봄과 안전 지원 체제 구축

8. 학부모 참여 활성화, 학부모가 만드는 '마을 연계 평생학습' 활성화
- 학교별로 학부모들이 주도하는 학부모 시민 교육 및 학습 동아리 활성화
- 학교를 거점으로 교사·학부모·시민이 만드는 마을학교, 자유시민대학 활성화

9. 직업 현장과 연계된 '진로교육과 직업체험' 활성화
- 서울시 진로직업교육종합센터 추진, 진로직업체험센터 운영의 내실화 활성화
- 대학 비진학 청소년 지원 대책 마련, 서울시 기술교육원과 직업학교 연계 협력

10. 소통·참여·협력을 지속가능하게 하기 위한 노력

- 집단지성으로 창조적 협력을 촉진하는 민관 거버넌스와 원탁회의의 활성화
- 자치구별 청소년 포럼, 청소년 원탁회의, 청소년 자치활동 네트워크 활성화
- 어린이·청소년과 시민이 두루 참여하는 '혁신교육도시 서울 원탁회의' 추진

학교 너머,
더 큰 학교

김정호(마을교육활동가 학부모, 도시건축가)[10]

학교와 마을 사이, 아이들을 위한 온전한 공간이 있나?

2012년 좋은 아빠가 되고 싶어 서울시 마을공동체사업과 함께한 마을살이 9년과 2015년 어쩌다 학부모가 되어 혁신교육사업 5년을 함께 한 주민이자 학부모로서, 4년간 두 아이가 다니는 학교의 학교운영위원장과 학교 밖 주민자치회관 속 마을학교 운영을 위해 주민자치위원을 했던 오지라퍼의 경험들. 그리고 일터에서는 사람 냄새나는 삶의 공간을 디자인하기 위해 노력하는 젊은 도시건축가 입장에서 일터와 삶터, 학교와 마을의 경계를 오가며 생각했던 서울혁신교육 2.0의 바람과 상상을 이야기해 보려고 한다. 먼저 두 개의 질문을 드리겠다.

---

10. 일터에서는 남의 동네를 디자인하고, 삶터에서는 내가 사는 동네를 더 살기 좋은 마을로 만들고픈 오지라퍼 도시건축가. 건축을 통해 자연스럽게 사람과 마을에 대한 관심으로 전공 외 문화인류학, 마을 만들기를 좇아다니며, 2002년 서울시대안교육센터 네트워크 학교 밖 청소년들과 '도시 속 나' 공간 인문학 수업 등 청년 시절 캠퍼스 밖 마을에서 청소년들과 놀았다. 어쩌다 부모가 된 후 친구 같은 아빠가 되기 위해 2012년 아이 친구 이름 3명 정도는 알기 위해 시작한 도시 속 마을살이가 어느덧 100여 명의 마을 아이들 이름을 부르며 놀이삼촌, 마을아빠, 공무원처럼 보이는 마을활동가 등으로 불린다. 오늘도 일과 삶을 순환하며 지금 아니면 결코 만날 수 없는 소중한 시간에 집중하며 최선을 다해 행복하려는 낭만 지구도시민.

아이들을 마을에서 행복하게 키우고 싶으세요?

아이들을 학원에서 경쟁적으로 키우고 싶으세요?

부모라면 대부분 전자를 선택할 것이다. 인간답게 살고 싶은, 행복 추구라는 삶의 기본권에 대한 질문이기 때문이다. 하지만 현실은 어떤가? 하교 후 학교 밖 아이들이 맘 편히 쉬며 동무들을 수시로 만나 소소하지만 확실한 행복을 누릴 수 있는 공간이 있는가? 기껏해야 도서관이나 놀이터밖에 찾기 어려운 게 현실이다. 아이들은 갈 곳이 없고, 부모들은 아이들을 보낼 곳이 없다.

이제 공간을 이야기할 때다. 공간을 통해 사회를 변화시킬 수 있다고 생각한다. 학교와 마을에서 소외되었던 '어린이·청소년의 삶'을 위한 공간에 대해 본격적으로 이야기를 나누어야 할 때다. '아이를 키우는 데 온 마을이 필요하다'에서 한 걸음 더 나아가 '아이들이 스스로 성장할 수 있는 온전한 마을 속 공간이 필요하다'로 바뀌어야 한다. 우리 아이들을 키움의 대상이 아닌, 스스로 공간의 주체가 될 수 있는 구체적인 명제 안에서 해결책을 찾아야 할 때가 왔다.

1. 마을교육! 이제 활동을 넘어 공간이다

다행히 2012년 서울시 마을공동체사업 9년과 2013년 서울형혁신교육지구사업의 마을교육공동체사업 6년을 통해 학교는 마을로, 마을은 학교로 공간의 경계가 열리기 시작했다. 특히 2014년 11월 17일 조희연 교육감과 박원순 시장의 '교육혁신도시 서울 선언' 이후 서울시교육청에서는 혁신교육지구사업 내에 마을결합형학교와 민·관·학 거버넌스 구축 사업 등 학교와 마을이 상생하는 교육생태계 조성을 위한 정책이 본격 추진되었다.

서울시 마을공동체사업으로 학교 밖에서는 마을살이를 기반으로 등장한 부모들이 '마을활동가'가 되었고, 학부모로서 각자의 자녀가 다니는 학교 공간에서는 서울형혁신교육지구사업과 지역사회 협력수업을 통해 '마을교육활동가'가 되기 시작했다. 돌봄과 육아, 교육을 매개로 조직되었던 마을 중심의 '부모 커뮤니티'는 이제 학교 공간을 중심으로 교육공동체의 일원인 '학부모 커뮤니티'로 성장하게 된 것이다. 마을공동체 회복을 위한 학교 밖 마을학교 활동이 마을교육공동체 실현을 위한 마을 연계 교육활동으로 연결되고 있다.

이런 마을공동체 실현을 위한 서울시교육청의 혁신교육사업과 서울시 마을사업의 최근 정책 흐름을 살펴보면 다음의 [그림 3]과 같이 정리할 수 있다.

과거엔 교육행정과 자치행정의 칸막이로 분리되었던 영역이 정책적 연계를 통해 공간과 사람을 중심으로 중간 경계 영역에 대한 고민을 함께 모색하기 시작했다. 학교에서는 지역사회 개방과 마을결합형 교과과정 운영 및 학령인구 감소에 따른 유휴 공간 활용 차원에서, 마을에서는 방과 후 청소년 활동 공간을 지원하고 마을 자원이 모이는 배움터와 생활자치 공간으로서, 공유하며 결합 가능한 공간의 흐름들이 보인다. 이는 단순히 학교 공간을 지역 주민과 공유하는 차원이 아니라 학교와 마을이 함께 지역의 교육 현안을 해결하려는 공간적 연결이다. 이렇게 교육자치와 생활자치의 중간 사이 결합할 수밖에 없는 교집합적인 가치와 철학을 담는 공간들이 요구되고 있다. 이제 마을공동체 실현을 위한 학

[그림 3] 공간과 사람을 중심으로 한 학교-마을 행정 결합도

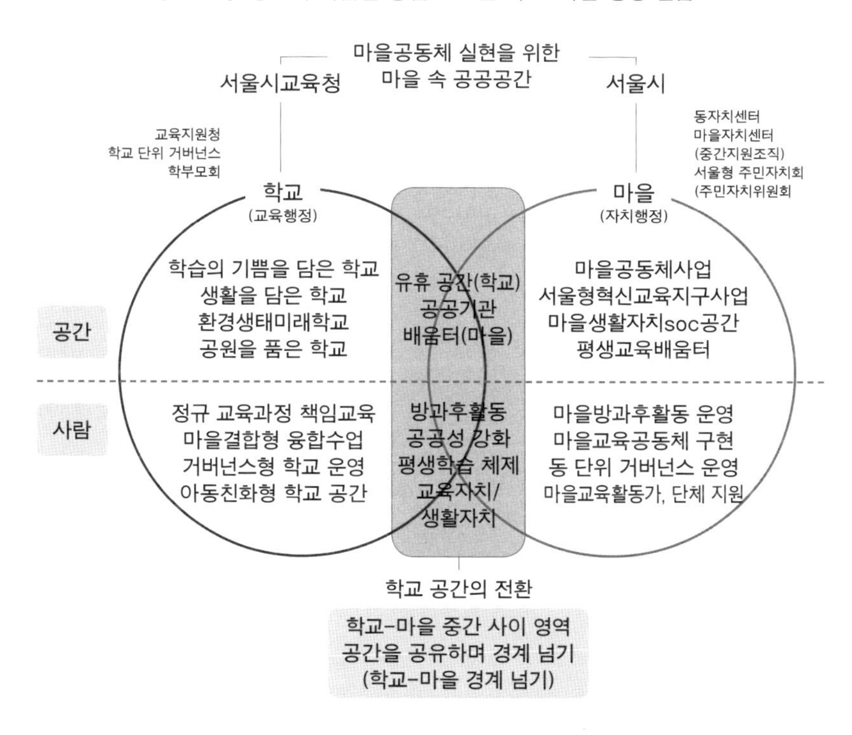

교와 마을 경계 넘기는 시대정신이 되었다.

학교와 마을의 경계를 넘어 진행된 그 대표적인 변화의 성과를 들자면 서울시 25개 자치구 초등학교 3학년 사회 교과에서 만든 마을 교과서가 아닐까 한다. 2016년 금천구에서 시작된 교사와 주민이 함께 만들기 시작한 마을 교과서가 드디어 모든 자치구에서 제작된 것이다. 앞으로 혁신교육 2.0에서는 교육과정에 학교-마을 연계 집중 지원 학년을 설정하여 본격적으로 마을교육과정이 운영된다. 이제 더 이상 '교과서에 없어서, 내 주변에 그런 마을 자원이 없어서'라는 말은 하지 못하는 환경이 되었다. 학교와 지역사회의 유기적인 협력을 통한 마을교육공동체

실현은 이제 몇몇이 주도하는 특별한 활동이 아니라 교육과정 속 일상이 되었다. 학교로 오는 마을, 마을로 가는 학교는 이제 선택이 아니라 필수가 된 것이다.

혁신교육 1.0이 학교와 마을 사이 연결과 협력의 씨앗 뿌리기였다면, 혁신교육 2.0에서는 함께 만들어 온 경험들을 온전히 담고 지속가능하게 뿌리내릴 수 있는 공간 만들기에 초점을 두는 정책이 되어야 한다. 최근 교육부에서는 학교 공간 혁신이라며 학교 공간에 '혁신'까지 붙이고 있으며, 서울시와 서울시교육청에서도 학교 현대화 뉴딜 사업의 일환으로 미래를 담은 학교(미담학교)를 발표하는 등 학교 공간의 패러다임이 바뀌고 있는 시점이다. 영역 단위 학교 시설을 넘어 학교를 품고 있는 마을과, 마을에 열려 있는 학교로 그 사이 공간을 공유하며 한 단계 더 성장하는 경계 넘기를 준비해야 한다.

2. 학교와 마을의 공간적 관계: 학교 공간은 마을의 중심 공간이다

그렇다면 공간적 측면에서 마을에서 학교 공간의 의미는 무엇이며, 학교 공간에서 마을의 의미는 무엇일까? 학교는 미래 세대들이 12년이라는 길면 길고, 짧으면 짧은 시간을 머물다 가는 공간이다. 마을 속에서 가장 중심이 되는 공공 공간은 학교다. 나아가 도시계획을 할 때도 학교와 마을은 분리할 수 없는 관계임을 확인할 수 있다.

[그림 4] 도시계획 속의 학교

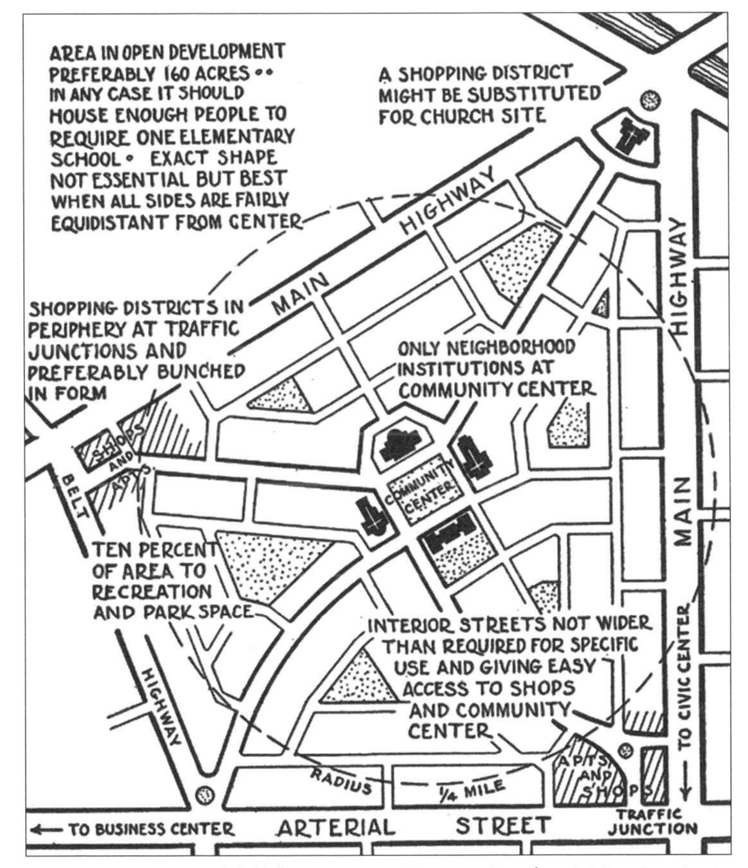

그림 출처_"A diagram of Clarence Perry's neighbourhood unit, the New York Regional Survey, Vol 7. 1929"

자! 잠시 눈을 감아 보자. 도시건축가가 되어 우리가 그렇게 의미를 두는 하나의 마을을 계획한다고 상상해 보자. 무엇을 가장 먼저 고민할까? 아마도 가장 먼저 중심에 넣어야 할 시설은 무엇이며, 어디까지 마을의 경계를 그려야 할지, 가장 최적인 커뮤니티 크기와 안전한 공간의 물리적 스케일은 어디까지로 할 것인지, 즉 마을의 중심 시설과 범위를 정하는 일일 것이다. 1920년 미국 클레런스 페리Clarence A. Perry라는 도시계획가가 그 적정한 범위를 제시했는데, 그것을 네이버후드 유닛Neighborhood Unit이라 한다. 한자로 풀이해서 근린주구近隣住區라고도 불린다. 초등학교와 같은 커뮤니티 공간을 중심으로 400미터, 도보로 5분 거리의 범위를 하나의 마을로 설정하는 것이다. 마을의 인구 또한 초등학생을 기준으로 가구 수를 계산하여 산정한다. 보행권을 기준으로 한 개념이기 때문에 도시설계 분야에서는 지금도 사람 중심의 커뮤니티를 연구[11]하고 계획할 때 자주 쓰인다. 대표적인 사례로 우리나라 신도시 1~2기가 있겠다. 이처럼 사람을 위한 도시계획사적 기법에서도 한 마을의 중심 공간은 학교였으며, 학교는 그래서 마을의 중심으로 분리할 수 없는 삶과 학습의 장으로서 마을과 연결되어 있다.

이렇게 결합될 수밖에 없는 학교와 마을의 관계지만 현장 선생님들에게 마을은 아직도 막연한 낯섦과 두려움이 있다. 제도화되어 교육과정에 있지만, 학교 담장 너머 마을은 너무 추상적이다. 마을에서 누굴 만나야 하는지, 학부모와 마을(교육)활동가를 만난다고 하더라도 만나는 것 자체가 교사에게 부담스러울 수 있다. 그 불안의 원인은 일차적으로 어디까지가 마을인지 그 경계가 모호하기 때문이다. 그래서 마을의 물리적 경계 설정은 매우 중요하다.

페리의 네이버후드 유닛을 근거로 일단 학교와 집을 오가며 걷는 5분 거리, 길게는 10분 사이 공간이 마을이라 생각하자. 아이들이 학교를 오가는 골목길, 학교 밖 아이들이 쉬는 놀이 공간, 아이들이 책을 읽고 머무는 공간, 엄마 아빠와 손을 잡고 장보기 위해 찾아가는 빵집, 아이들

---

11. 한광야(2004), 「커뮤니티 설계언어의 고찰」, 『한국도시설계학회지』 제5권 제3호.

이 발 도장 찍는 점과 선이 연결되고 다양한 관계들이 어우러진 곳이 마을이다. 마을의 주어는 활동 프로그램도 마을교육활동가도 아닌 우리 아이들의 발자국들이다. 따라서 마을은 아이들이 집을 나와 학교로 오고 가는 길이라 쉽게 이해하면 된다. 아이들 시선으로 접근하면 마을과 어떻게 만나야 하는지 부담과 고민을 덜 수 있다고 믿는다.

더불어 마을은 단순히 물리적 공간만이 아니라는 사실을 알아야 한다. 학교 밖 활동을 모두 마을교육활동이라고 보면 곤란하다. 마을이 대상화될 때, 마을살이는 곧 일회적인 마을체험이 되고, 마을교육은 곧 소비되는 마을 프로그램이 되기 때문이다.

마을과 만남에 대한 두려움이 조금 사라졌다면 이제 질문을 던져 보자. 방과 후 아이들이 가장 오래 머물며 노는 공간은 어디인가? 돈이 없어도 마음 편히 머무는 공공 공간은 어디 있을까? 통학 시 가장 위험한 공간과 안전한 공간은? 역사문화·인문학적 공간으로 자랑하고 소개하고 싶은 우리 동네 공간은? 생태전환교육의 관점으로 우리 동네 생태자연 녹지의 흔적을 찾아보고 연결해 볼까? 탄소배출이 가장 적은 건물은? 하루 종일 맘 놓고 놀 수 있는 놀이터를 찾아보고, 누구나 함께 누릴 수 있는 통합놀이터도 친구들과 상상해 보자.

학교 너머로 아이들 발자국을 따라 작은 질문부터 시작한다면 삶이 있는 마을 교과서와 마을결합형 융합수업은 멀리 있지 않다고 감히 생각한다. 공간의 주인공이 되어 학교 미술 수업에서 '친환경 에너지 도시'도 디자인'[12]하고, '통학로 안전지도'[13]도 만들며, 학교 밖 마을 놀이터 3개(창

---

12. 강재남(신창중학교 교사), 「[미술] 미래인재교육의 리더 Like다빈치 미술융합수업」, 『서울교육』 2020 여름호(239호).
13. 배성호(2019), 『안전 지도로 우리 동네를 바꿨어요』, 초록개구리.

의놀이터)와 학교 놀이 공간(꿈담놀이터)을 직접 참여해 학교 중심 도보권 동 단위 규모에 놀세권(놀이+세권)이 있는 첫 마을도 만들 수 있다.[14]

마을결합형 수업을 통해 마을의 현안을 어른들만 해결할 수 있는 게 아니라, 아이들도 얼마든지 목소리를 내고, 행동하고, 실천할 수 있음을 배울 수 있다. 결국 아이들 눈높이에서 본 마을에 대한 작은 관심이 그 시작이 된다. 그 관심들이 모여 학교와 마을 지역사회가 함께 참여하고 협력할 때, 아이들은 마을교육공동체의 당당한 일원으로서 스스로 행복한 마을을 만들며 삶의 주체로서 성장하게 되는 것이다.

3. 학교-마을 사이 마을결합 공간 정책 살피기

그렇다면 우리 주변 아이들이 찾아가고 싶고 마음 편히 머물 수 있는 학교와 마을 속 공간은 무엇이 있을까? 서울혁신교육사업과 서울시 마을사업 정책들 중 학교와 마을 연계를 위한 공간·활동 지원 사업을 통해 찾아보자.

크게 학교와 마을 그리고 공간과 활동 네 축으로 구분하여 유형화할 수 있다. 도표에서 보듯 공간 지원 사업에서 학교는 꿈담교실, 꿈담놀이터, 마을결합도서관 등 학교 내 영역별 시설 공간 개선에 국한된 사업이 진행된 반면, 마을에서는 생활예술활동 공간으로서 마을예술창작소, 마을공동체 활성화를 위한 주민자치활동 공유 공간으로 우리마을지원사

---

14. 동대문구 장안1동 소재 놀이터 4곳, 한내어린공원·늘봄어린이공원(2017년 서울시 꿈틀놀이터 4단계)/미나리어린이공원(2018년 서울시 꿈틀놀이터 5단계)/서울안평초등학교(2019년 꿈담놀이터)/유튜브 영상(https://youtu.be/w7ExTDx5UAA).

[그림 5] 4개의 키워드로 본 학교와 마을 공간과 활동을 주제로 한 정책사업

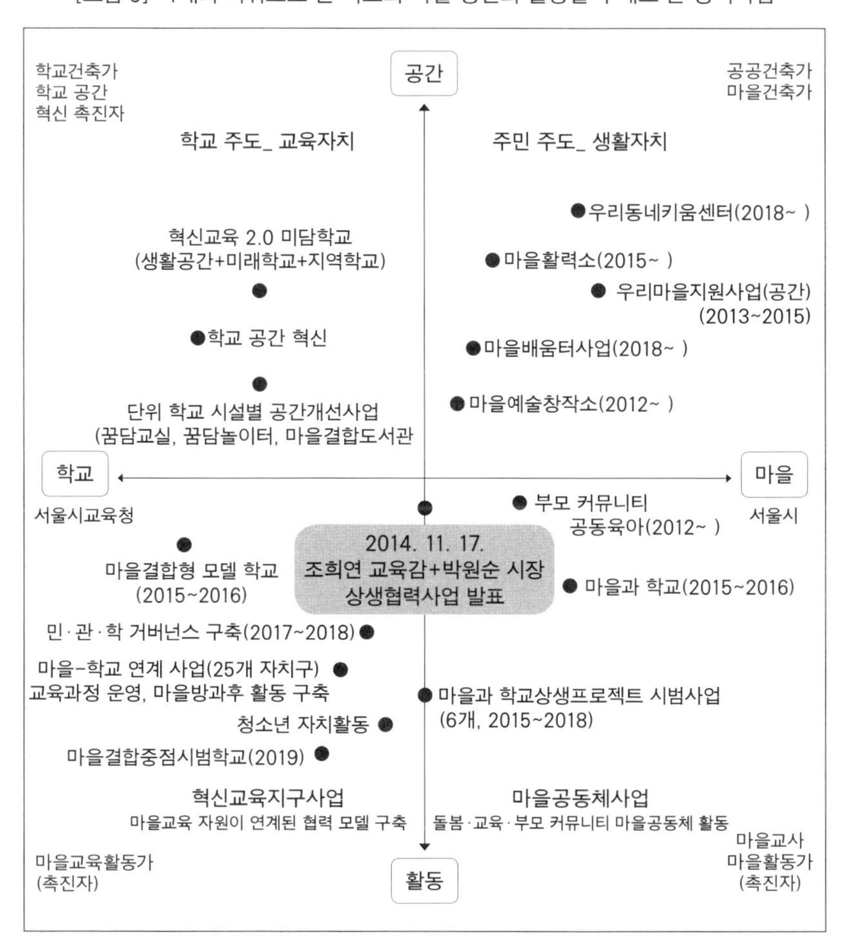

업(공간) 및 마을활력소, 돌봄과 평생학습 공간으로서의 아이키움센터와 마을배움터 등 다양한 유형의 공간 지원 사업들이 보인다.

활동 지원 사업 측면에서 보면 학교에서의 마을결합형 모델/중점시범학교, 민·관·학 거버넌스, 청소년자치활동, 교육과정 마을방과후활동 등 마을 연계 협력 모델 활동을 지원하는 서울형혁신교육지구사업이 서

울시 마을정책사업보다 더 구체적이고 체계적으로 활동을 지원하고 있음을 확인할 수 있다.

학교 너머 어린이·청소년 공간으로서 가능한 마을공동체 공간 지원 사업에 한 걸음 더 들어가 보자. 초창기 대표적인 서울시 마을공동체 공간 지원 사업으로는 우리마을지원사업(공간)과 마을예술창작소가 있다. 우리마을지원사업(공간)은 3명 이상 주민(조직) 및 비영리단체, 법인, 협동조합 등이 마을공동체 활성화를 위한 다양한 주민활동을 지원하는 공간 조성 사업이다. 이 사업을 통해 북카페와 돌봄 커뮤니티 공간을 운영하고 싶은 주민들에게 큰 도움을 주었다. 마을예술창작소는 지역활동가, 마을 주민, 예술가, 청소년 중심 등 다양한 유형으로 운영된 생활문화활동 중심의 마을 공간이다. 마을예술창작소는 청소년들이 마을축제와 마을공연을 하는 청소년문화예술 공간으로 사용하며 마을 단위 청소년 축제를 확산하는 데 크게 기여하고 있다.

[표 11] 청소년 활동 공간으로 활용 가능한 마을공동체 공간(마을활력소 시범사업지 4개소)

구분	주민공간
금천구 독산4동	1층 모두공간(다목적 공간), 2층 너나들방(공유 부엌)
성동구 금호1가동	3층 숲속아트홀(복합 공간), 숲속 테라스, 세미나실
성북구 동선동	2층 강의실, 마을문고, 동동마당(공유 공간), 3층 소강의실, 중강의실, 회의실(창고)
도봉구 방학3동	2층 채움(강의실), 어울터(라운지), 솔마루(테라스), 늘봄(영유아방, 수유실)

우리마을지원사업(공간)과 마을예술창작소가 주민 제안 사업인 반면, 학교 밖 청소년 마을 공간으로서 서울시 공공사업의 일환으로 진행된 사업은 마을활력소, 우리동네키움센터, 마을배움터다. 마을활력소는

동 주민센터의 유휴 공간을 공동체 공간으로 개선한 사업으로 주민들이 직접 운영하고, 주민 누구나 사용할 수 있는 열린 커뮤니티 공간이다. 2016년 시범사업으로 운영되고 있는 4개 사업지의 주민 공간[15]에서 보듯 학교 밖 청소년들이 모이고 배울 수 있는 공유 공간이 계획되어 있다. 2019년 현재 마을활력소는 45개소가 운영 중이다. 이와 같이 2012년부터 서울시 마을공동체 공간 지원 사업으로 지원을 받아 민간에서 운영하는 마을공동체 공간이 총 301개[16]에 이른다. 아직도 턱없이 부족한 청소년 공간 현실이지만, 그나마 다행히 우리 주변을 둘러보면 마을정책 사업을 통해 청소년을 위한 수련시설 외에도 이처럼 청소년 활동 공간으로 활용 가능한 마을결합형 공간 인프라가 많이 조성되어 있음을 확인할 수 있다.

4. 학교 너머, 더 큰 학교를 위한 세 가지 정책 제안

이런 마을의 변화는 학교 밖 마을공동체 9년과, 학교현장의 서울형혁신교육지구 6년의 성과라 하겠다. 하지만 아직도 학교와 마을 현장은 혁신교육 2.0은 물론, 1.0도 잘 모른다. 심지어 마을에서는 혁신교육사업지구와 마을결합형학교라는 용어조차도 모르는 경우가 많다. 2.0에 바라는 점이 있다면 '선언'이 아니라 '선명'함이다. 우리는 코로나19 비대면의 일상도 준비해야 한다. 교육생태계 대전환 앞에서 디지털의 공간과 아날

---

15. 서울시마을공동체종합지원센터(2016), 『주민참여형 공공시설 공간 개선 및 자율관리 방안 연구』, 8쪽.
16. 출처 http://communityspace.kr/에서 우리 동네 마을공동체 공간을 검색할 수 있다.

로그의 공간의 균형(디아벨)은 일과 삶의 균형(워라벨)보다 중요하게 될 것이다. 따라서 온라인과 오프라인의 차이를 경험할 수 있는 공간에도 관심을 두어야 한다. 쉽게 선명하게 보이는 일상 공간에 정책을 녹여 삶터와 학교현장 눈높이와 스케일에 맞는 정책 디자인이 필요하다. 공간적 측면에서 바라본 세 가지 정책 제안을 해 보겠다.

첫 번째, 정책의 일상 공간화

정책은 공간에서 구현된다. 혁신교육지구에서 '지구District'의 사전적 정의는 지역, 행정구역 등 물리적 범위를 나타내는 공간 단위 용어임에도 지금까지 개념과 정책을 공간화한 시도는 없었다. 커뮤니티 스케일로 구분하면 크게 세 개의 마을결합 유형으로 구분할 수 있다.

1차 마을결합은 학교 단위 작은 마을결합이다. 학교를 중심으로 한 마을교육활동 지원 사업과 공간 지원 사업이 여기에 속한다. 2차 마을결합은 도보권 동 단위의 생활권으로 중간 마을결합이다. 학교 밖 혁신교육지구 방과후 마을사업과 마을의 인적·물적 자원의 협력을 통해 지원되는 활동들이다. 학부모회와 주민자치회 간 협력으로 가능한 마을학교가 여기에 있겠다. 3차 마을결합은 지역 단위별 교육 거버넌스를 구축하는 것으로 큰 마을결합이다. 세 개의 유형으로 학교와 학교 너머 교육활동 공간을 구분하면 [표 12]와 같이 정리될 수 있다.

혁신교육지구라는 용어의 공간적인 정책 접근에서 한 걸음 더 들어가 보자. 말과 용어 속에는 개념이 자리 잡는다. 혁신교육지구라는 말 자체가 너무 어렵다. 또 서울의 모든 지자체가 혁신교육지구가 된 만큼 차별화와 일상적인 접근이 필요하다. 혁신교육지구사업과 마을교육공동체 가치를 누구나 쉽게 일상용어로 부를 수 있도록 역세권처럼 마세권(마

[그림 6] 마을결합의 세 가지 유형

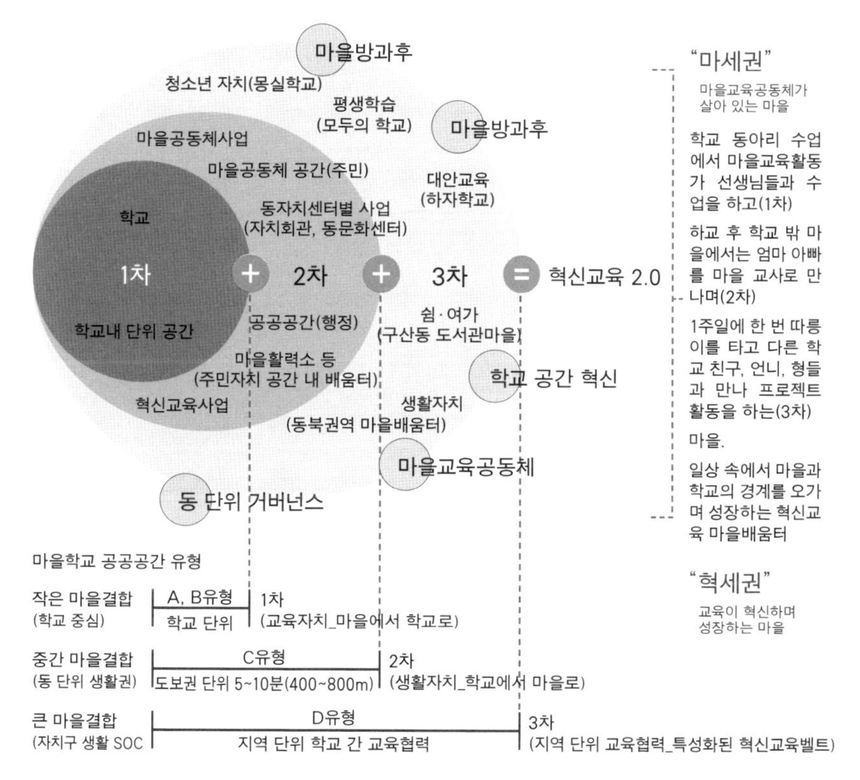

A: 학교 공간 확장을 위한 새로 만드는 학교 공간(시설 중심: 통폐합 학교 적용)
B: 학교 공간 개선을 위한 마을 자원 연계 학교 공간 재구조(단위 공간: 노후화된 모든 학교 적용 가능한)
C: 학교 밖 우리 동네 배움터(생활권, 동 단위)
D: 학교 밖 멀리 찾아가는 배움터(권역별, 거점형)

을교육공동체가 살아 있는 마을) 또는 혁세권(교육이 혁신하며 성장하는 마을) 등과 같이 보다 친숙하게 용어를 만들면 어떨까? 대중교통이 편리하고 사고 싶은 역세권보다 학교 너머 배움의 공간이 많은 '마세권'과 '혁세권'이 더 살기 좋은 동네임을 홍보하고, 인식 전환을 해야 할 시점에 있다고 본다.

1차, 2차, 3차 마을결합형 공간으로 다양한 선택지가 있고, 마을교육

[표 12] 마을결합 유형에 따른 교육활동 공간

구분	1차 작은 마을결합(점)	2차 중간 마을결합(선)	3차 큰 마을결합(면)
규모	학교 단위	10분 도보권 (약 400~800m), 동 단위	권역별 거점형 클러스터, 자치구 단위
행정결합 운영/관리	학교 중심(지원청/학교)	생활권 (동 주민센터/주민)	자지구 생활 SOC(민·관 협력/위탁)
거버넌스 연계	학부모회, 학운위	주민자치회, 동 단위 거버넌스	자치구 민·관·학 거버넌스 교육혁신벨트
유형별 마을결합 적용 공간	-A유형(신축형) : 공유화(전환, 리모델링) 학교 공간 개선을 위한 학교 공간 재구조 : 모든 학교 적용 -B유형(개선형) : 복합화(신축, 개축, 증축) 새로 만드는 학교 공간 : 시설 중심 통폐합 학교 적용	C유형(연계형) 학교 밖 주민자치 공유 공간, 마을공동체 공간 속 배움터	D유형(거점형) 학교 밖 멀리 찾아가는 배움터(권역별)
마을결합 연계 활용 공간	꿈담교실, 꿈담놀이터 마을결합 도서관, 미담학교 등	북카페, 마을활력소, 마을배움터, 동 단위 마을공동체 공간 등	청소년 센터, 혁신교육과 마을공동체 중간지원센터, 지역 청소년 공간(청소년 문화의집, 수련원 등), 권역별 마을배움터 등
사례	송곡여고 도서관 개선 사업	성동구 마장동 마을활력소	서울시 1호 동북권역 마을배움터

활동 공간을 수시로 만날 수 있는 행복한 동네, 살기 좋은 도시에서 살고 있다고 선명하게 알릴 수 있는 정책의 공간적 접근을 해야 한다.

상상해 보자. 아이들이 "마을결합형 공간에서 마을교육활동가 선생님들(마을 강사)과 동아리 수업인 마을 미디어 리터러시 수업을 하고(1차),

하교 후 학교 밖 마을에서는 엄마 아빠를 마을교사로 만나며(2차), 1주일에 한 번 따릉이를 타고 다른 학교 친구, 언니, 형들과 만나 프로젝트 활동을 하는(3차) 마을에서 살고 있다"라고 당당하게 말할 수 있는 일상을….

> 정책 제안
>
> 1. 커뮤니티 스케일에 따른 1차, 2차, 3차 유형별 정책 제안
> 2. 학교 중심 동 단위 거버넌스 협력체계 제안(기초 단위의 거버넌스의 필요성, 학교 간 혁신협력벨트)
> 3. 행정자치와 교육자치가 결합하여 동 단위 민·관·학 거버넌스가 함께하는 공간으로서의 마을결합형 공간 확대(마을교육자치 공간 지원, 주민자치회 청소년자치위 연계 지원 참여)

두 번째, 작고 가벼운 거버넌스의 참여 확대

하향식 관 주도 양적인 성장이 1.0 버전이었다면 질적 성숙으로의 혁신교육 2.0이 되기 위해서는 상향식으로 나아가는 학교 중심의 교육협력 생태계 조성이 필요하다. 학교장의 의지와 지역사회 마을의 역량에 의해서만 좌지우지되는 혁신교육은 지양되어야 한다. 학교가 조금은 반품을 덜 들이며 동참할 수 있는 협력 지원 방안과 쉬운 참여를 통해 교육공동체의 민주적인 숙의를 모아 의제화된 요구와 필요를 맞춤형으로 지원하는 방안이 모색되어야 한다. 이를 위해서는 마을결합 교육협력 학습생태계가 필요하다.

마을교육공동체 활동은 자기가 할 수 있는 여력만큼 하는 것이다. 1차 작은 마을결합에서, 2차 중간 마을결합을 거쳐, 3차 큰 마을결합의 연결 회로가 잘 조직되어 있을 때 거버넌스의 역할과 각자의 여력 안에서

[그림 7] 학교 중심의 교육협력 학습생태계

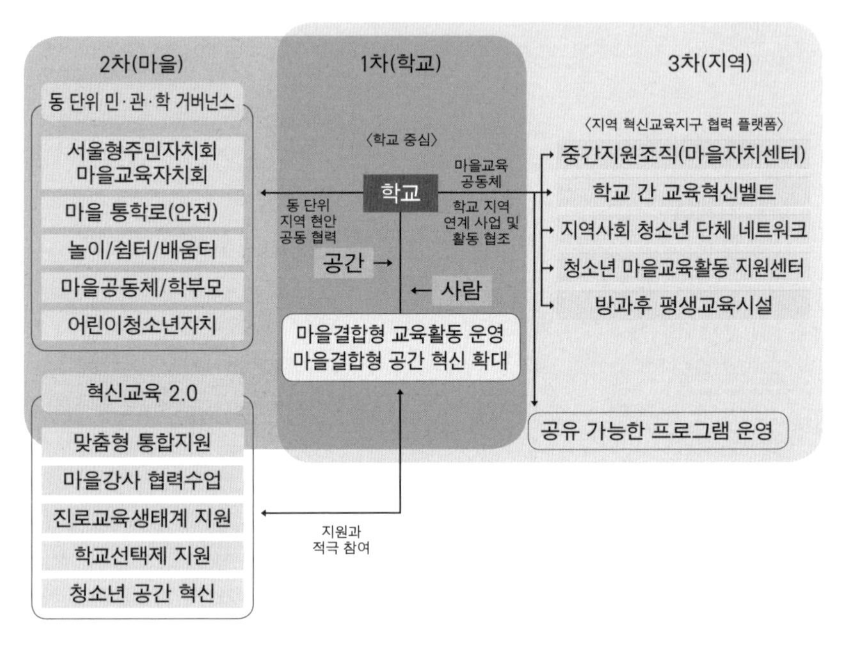

참여 가능한 역할 찾기가 더 쉽게 구체화될 수 있다. 이런 작은 단위 거버넌스들의 점들이 선으로 연결되어 면으로서 학교 간 교육협력 거버넌스가 더 단단히 구축될 수 있다. 학교에서만의 관계에서 지역으로 확장하는 '작고 가벼운' 경험을 통해 교육자치와 주민차지가 연결되는 교육협력 학습생태가 조성되는 것이다. 아마도 현재 자치구 민·관·학 거버넌스 운영에서 공통적으로 나오는 문제점인 역할 정립, 자생력, 소통과 민·관 갈등이 해소되는 효과도 있을 것이다.

다양하고 복잡한 서울형혁신교육지구사업과 정책들이 한눈에 보일 수 있도록 그림과 같이 지역 클러스터별 학교 중심의 맞춤형 교육협력

생태계 지도가 있었으면 한다. 협력을 이끌지 못하고 시너지가 없는 개별 활동과 사업으로 읽히는 게 현실이다. 유형별 거버넌스 주체들이 각자의 여력 안에서 참여하고 협력할 수 있도록 도와주는 실천적 가이드북을 지역별로 만들어 제공해야 한다. 학교와 동 주민센터, 마을교육단체 등이 연결된 다양한 플랫폼의 교육협력 학습생태계 속에서 유기적인 거버넌스 협의체를 구축하여 지역별 학교 간 협력을 일상화할 수 있다. 이것이 2.0에서 말하는 '교육혁신벨트'라 하겠다.

정책 제안

1. 지역 단위 도보권 초·중·고 거점 단위 네트워크 연결
2. 지원청별 교육협력 학습생태계 구축: 교육혁신벨트 조성
3. 지자체 권역별 거버넌스 구축에서 동 단위 거버넌스 구축: 서울형주민자치회 청소년교육분과+학교+마을교육자치회

세 번째, 지역 단위(교육혁신벨트) 학교 공간 마스터플래너 도입과 공간의 결정 권한 나누기

2020년 8월 28일 교육자치정책협의회에서 교원과 학부모 등 어른만 참여했던 학교운영위원회에 학생들도 참여할 수 있도록 「초·중등교육법」 개정이 의결되었다. 이제 학교운영위원회에 학생위원도 참여하게 되었다는 반가운 뉴스다. 더불어 학교 단위 거버넌스의 민주적인 교육자치를 위해 또 챙길 게 있다. 학운위를 '심의' 기구에서 '의결' 기구로 만드는 변화도 함께해야 한다. 결정적인 순간 학생도 명분 만들기를 위한 들러리 거수기로 학부모와 함께 대상화가 될 가능성이 높은 문제점을 항상 가지고 있기 때문이다. 이제 운에 맡기며 로또 학교장을 기다리는 교육공동체는 제도적으로 보완해야 할 시대가 아닐까 한다.

챙길 것 많고 바쁜 학교장님도 도와 드리고, 학운위가 학교장의 의사결정 보조기구가 아닌 리스크를 공동으로 책임지는 협의체가 되도록 제도화해야 한다. 바쁜 시간을 쪼개 학교에 오는 학부모들의 성의 있는 참여와 소통이 아이들을 위해 의미 있는 힘이 되기 위해서는 챙겨야 할 것이 아직도 많다. 특히 공간은 더욱 그렇다. 교사는 교육 전문가이지 학교 공간 전문가는 아니기에 그 짐을 분담해야 한다. 공간 혁신의 전환 속 공간에 대한 결정은 지역 학교 클러스터 공공건축가의 자문을 통해 학교의 주인공인 학생위원 참여하에 심의 의결되는 과정이 있어야 한다. 천천히 개선되어야 할 부분이지만 공간 사용자 주체가 의사결정 과정에 참여하는 참여 디자인과 민주적 디자인은 학교 공간 혁신의 핵심이기에 너무나 중요한 부분이다.

지금 같은 시스템은 절차상의 문제가 없어도 한순간 잘못된 선택이 돌이킬 수 없는 결과로 공동체에 지울 수 없는 상처를 영원히 마을에 새길 수 있기 때문이다. 그 예로 4년간의 학운위원장 임기가 보름쯤 남았을 때, 보차분리를 한다며 학교 운동장에 갑자기 아스팔트 콘크리트 차도가 깔려 한바탕 시끄러웠던 적이 있었다. 마을결합형학교와 학생 참여 디자인을 통해 꿈담놀이터도 경험한 학교였지만, 학운위에서 다른 대안으로 논의하자고 했던 아스팔트 차도가 학교의 일방적인 결정으로 운동장에 생긴 것이다.

"이젠 아스팔트 차도에 들어가면 선생님들한테 엄청 혼나요."

차도가 생긴 후 아이들에게서 자주 듣는 이야기다. 아스팔트 차도는 학교 공간 조성에서 무엇을 챙겨야 할지 많은 이야기를 해 주고 있다. 그중에서도 가장 중요한 메시지는 한순간의 잘못된 결정으로 아이들이 맘껏 뛰어놀아야 할 운동장이 이젠 아이들이 조심해야 할 공간이 되어 버렸다는 것이다. 세월호, 그리고 민식이법 이후 많은 사람들이 학교 안전을 말하지만, 제도적 빈틈이 아직 많다. 학운위원장 임기가 끝나는 마지막 날 "학운위는 심의기구지 의결기구가 아니죠…"라며 넘을 수 없는 제도의 벽을 실감한 교장 선생님의 말씀이 아직도 귓가에 맴돈다.

[표 13] 절차상 문제가 없어도 학교 공간의 주인공이 누구냐에 따라 달라지는 풍경들

주체	학생	학교장	학부모
사진			
내용	공사할지 몰랐던 2주 전, 새로 만든 꿈담놀이터에서 운동장을 바라보며 쉬고 있는 아이들	학운위에서 논의 중이었던 아스콘 차도가 어느 날 갑자기 깔린 운동장	아스콘 차도 존치를 전제로 한 학부모 대책회의 후 후속 대책으로 친환경 페인트가 칠해진 아스콘 차도

학교 공간은 마을의 중심 공간이라고 앞서 이야기했다. 교원과 교직원은 기본 4년 후에 떠나는 일터지만 아이들은 6년 이상 머물러야 할 배움터이며, 학부모는 이사 가기 전까지 함께하는 삶터이다. 또한 미래 세대에게도 잠시 빌려 쓰고 내주어야 할 마을의 공적 유산이다.

학교는 마을과 함께 지속하는 공간임을 잊지 말아야 한다. 거버넌스 간 교육 주체들의 참여 확대와 더불어 학교 안의 권한 분산은 교육공동체의 민주적인 교육자치로 나가는 데 필수다.

정책 제안

1. 학교 공간 조성 시 학교·지역 단위 마스터플래너 도입: 교육경비보조금(공간) 사업 조성 시 마을결합형 유도, 지원청 내 전담 마을-학교건축가 구축 활용
2. 학교 공간 조성 시 교육공동체의 참여와 소통의 제도화: 유형별 공간 조성 시 학운위 의결권 부여
3. 사업이 아닌 일상 학습으로: 사업과 공모 지원 방식이 아닌 지속가능한 일상 속 공간 민주시민교육 정착(학교 내 마을결합형 코디네이터 마을 강사 채용)

5. 학교 공간과 마음의 공간 만들기

마을교육공동체 활동 공간이 없다고, 마을에 사람이 없다고 핑계를 대지만 주변을 잘 살펴보면 공간도, 사람도 많음을 확인할 수 있었다. 하지만 부모들에게 '방과후활동과 여가활동을 위한 교육 공간들이 만들어지면 자녀를 기꺼이 보낼 수 있는지'를 물어본다면 어떤 답이 나올까? 공간 이전에 부모들이 아이들을 온전히 보낼 준비가 되어 있는지가 더 관건이다. 학교와 마을의 공간도 중요하지만 동시에 근거 없는 불안을 넘을 수 있는 '부모의 마음' 공간도 챙겨야 한다. '한 아이를 키우는 데 온 마을이 필요하다'라며 지금까지 마을이란 공간에서 한 아이를 어떻게 '키울까'만 고민했다. 이젠 마을의 주체들이 아이들에게 어떤 모습을 '보여 주어야' 하는지에 대해 생각해야 한다. 특히 아이들은 부모의 뒷모습을 보며 자라며, '가르쳐 주는 것'보다 '보여 주는 것'을 통해 더 빠르고 강하게 배운다. 행복한 아이로 키우기 전에 부모가 먼저 행복해

야 하는 이유이기도 하다. 따라서 부모도 행복하게 성장해야 한다. 어디서 어떻게 할 수 있을까?

어쩌다 부모가 된 나와 같은 처지의 부모들끼리 마을과 학교에 모여 줏대 있는 부모의 길을 찾기 위한 공부를 하면 된다. 봉사나 아이들의 문제가 발생했을 때만 만나는 교사와 부모의 관계에서 마을을 주제로 교육공동체의 일원으로 만나서 교육 현안을 함께 궁리하는 모습을 아이들이 자주 볼 수 있게 해야 한다.

8년간 학부모 인문학 강의를 진행하고 있다. 어느 날 강의가 끝나고 질문을 하는 시간이 있었다. 육아에 대한 고민을 털어놓는 쌍둥이 부모에게 청중으로 참석한 다른 쌍둥이 선배 부모가 자기도 그런 경험이 있었다며 살아 있는 팁을 나누는 경험을 한 적이 있다. 부모에게 가장 영향력 있는 사람은 부모다. 부모에게 가장 큰 도움을 줄 수 있는 사람은 바로 비슷한 경험을 하고 있는 또래 부모라는 사실을 확인하는 순간이었다. 그래서 공부하는 부모 모임이 중요하다. 누구도 알려 주지 않는 부모로서의 역할을 함께 공부하고, 배움의 공동체로 확장될 수 있도록 머물고 모일 수 있는 공간이 필요하다. 아이들 공간뿐만 아니라 부모에게도 느슨한 연대로 소소하고 따뜻한 마음이 연결되는 '일상적 협력 공간'이 있어야 하는 이유다. 코로나로 인해 가장 철저하게 방역을 하고 있는 공공기관이 문을 닫고 있다. 그렇다고 학부모들이 사적 공간에서 쉽게 만날 수 있는 것도 아니다. 멀리 가지 않고 학교와 마을 사이 공간에서 만들면 된다. 학부모에게도 마을과 결합된 학교 공간이 필요하다.

다시 한 번 학교는 마을 속 가장 큰 중심 공간이라는 걸 잊지 말자. 거창한 공간이 없어도 할 수 있다. 비어 있는 유휴 공간 교실과 방과 후 운동장이면 된다. 그냥 아이들이 온전히 학교 운동장에서 놀 수만 있게 해도 학교는 마을의 놀이터가 될 수 있다. 지금 우리에게 필요한 것은 아이들에게 학교 운동장이라는 마을 놀이터에서 놀 틈을 주고, 그 마을 놀이터에서 동무들과 만날 수 있게 해 주는 아주 작은 마음의 공간이겠다.

6. 학교와 마을이 고향이면 된다

어린이·청소년의 사회적 관계 결핍과 행복 수준 조사 결과, 우리나라가 주요 선진국 중 최하위에 머물고 있다. 가족 외 관계 맺기를 촉진하는 공간이 부족하기 때문이다. 어린 시절 공간의 경험은 현재의 삶을 만든다. 요즘 우리 아이들은 어떤 공간에 머물고 있나?

학교 밖 공간은 치열한 경쟁만 있어 '기억'하고 싶지 않고, 나의 존재를 알아주는 '관계'가 없으며, 잠깐이라도 마음 편히 쉴 수 있는 '공간'이 없다. 마을을 구성하는 3요소는 기억, 관계, 공간인데 지금 우리 아이들에게는 이 마을이 없다.

'고향'이라는 사전적 의미 중 "마음속 깊이 간직한 그립고(기억) 정든(관계) 곳(공간)"[17]이 있다. 뜻을 풀면 마을의 3요소가 그대로 들어 있다. 우리 아이들은 고향이 있나? 우리 아이들은 지금 마을이 있나? 기억을 담으며 정체성을 품어 낼 공간이 없고, 관계 또한 평가와 경쟁을 위한 학교와 가족관계밖에 없었다. 놀 동무는 당연히 찾기 쉽지 않다. 등수와 점수를 위해 달리는 나 혼자의 성취를 위한 사적 행복을 위한 공간

17. 네이버 국어사전.

만 있을 뿐이다. 공적 행복감을 누리는 좋은 '기억'을 만들어야 한다. 학교와 가족관계를 넘어 지역으로 확장하는 '관계' 맺기를 해야 한다. 어디에서 가능할까? 마을에서만이 실현 가능하다.

혁신교육지구 내 마을공동체성 회복을 위한 마을교육공동체와 마을학교 활동에서 가능하다는 어려운 용어들보다, 그냥 쉽게 지금 살고 있는 마을을 고향으로 만들면 된다. 거대한 가치와 나 혼자는 할 수 없는 비전들의 미사여구에서 탈출해 나의 언어로 쉬운 목표를 만들어야 한다. 그래야 지치지 않고 지속가능할 수 있다. 내가 지속가능해야 지속가능한 마을교육공동체도 있는 것이다.

아이들과 부모가 지금 살고 있는 마을이 고향이면 된다. 마을의 중심이고 가장 오래 머무는 공간인 학교가 고향이면 된다. 아이들이 '고향이 어디니?'라는 질문에 망설임 없이 지금 다니는 학교와 살고 있는 마을을 고향이라 말할 수 있으면 되는 것이다.

다시 처음 질문이다.

아이들을 마을에서 행복하게 키우고 싶으세요?

적어도 서울형혁신교육을 통해 '학교 너머 더 큰 학교'를 경험한 아이들은 훗날 마음속 깊이 간직한 그립고 정든 학교와 마을을 당당히 '고향'이라고 부를 수 있기를 희망한다.

은평에서 시작한 혁신교육, "교육 콘텐츠 연계 사업"

채희태(전 은평구청 정책실장)[18]

2020년 9월 1일, 구립은평마을방과후지원센터(이하 마을방과후지원센터)[19]에서 마련한 마을 강사 집담회에 발제를 위해 참석했다. 은평구는 서울형혁신교육지구가 시작되기 3년 전인 2012년부터 마을 강사들이 학교에서 아이들을 만나는 교육 콘텐츠 연계 사업을 추진해 왔다. 교육 콘텐츠 연계 사업뿐만 아니라 마을과 학교의 다양한 협력을 지원해 왔던 마을방과후지원센터는 코로나로 인해 학교가 문을 닫자 마을 강사들과 함께 코로나 시대의 마을교육에 대해 고민하기 위해 집담회를 마련한 것이다. 집담회에 대한 내용은 결론에서 함께 다루겠다. 그 전에 서울형혁신교육지구보다 3년 먼저 시작한 은평의 교육 실험인 "교육 콘텐츠 연

---

18. 2012년 은평구청 정책보좌관으로 있으면서 은평의 교육 실험인 "교육 콘텐츠 연계 사업"을 제안하고 추진하였다. 그 인연으로 2015년부터 2017년까지 2년 2개월 14일 동안 서울시교육청에서 서울형혁신교육지구 담당으로 근무하였으며, 2017년 다시 은평구청으로 돌아와 정책실장과 정책연구단장을 지냈다. 지금은 낭만백수로 살며 백수를 사회학적으로 조망한 저서 『백수가 과로에 시달리는 이유』 출간을 앞두고 있다. 논문으로 「교육 거버넌스를 둘러싼 갈등 사례 연구: 서울형혁신교육지구를 중심으로」(2019, 공주대학교 학술지, 교육연구)와 「범람하는 거버넌스에 관한 소고」(2020, NGO 학회)가 있다.
19. 은평구청은 마을과 학교의 연계와 협력을 지원하기 위해 2017년부터 '구립은평마을방과후센터'를 설치해 민간에 위탁 운영하고 있다.

계 사업"에 대해 살펴보자.

1. 2012년 교육연구모임을 추억하다

2012년 5월 21일이었던 것으로 기억한다. 처음으로 '지역사회 교육 콘텐츠 연계 사업'을 논의하기 위해 은평구청 기획상황실에 은평의 민과 관과 학이 함께 모였던 때가…. 녹번종합사회복지관 오은석 관장님, 마을N도서관 이미경 대표님, 평생학습관 김미윤 팀장님, 서부교육지원청 프로젝트 조정자였던 정용기 선생님, 서울시립 은평청소년수련관 조정현 부장님, 은평학부모네트워크(이하 은학네) 홍기복, 유성룡, 정상용 선생님, 역촌초등학교 김동찬 선생님, 은평구 지역사회 교육 전문가 대표 고정원 선생님, 그리고 당시 은평구청 정책보좌관이었던 필자….[20] 또 그 자리를 마련하기 위해 보이지 않는 곳에서 열심히 오리발질을 했던 교육복지과[21] 박남춘 과장님, 김수지 팀장님, 채지현, 이지영 주무관님이 있었다.

지금은 거버넌스를 주제로 석사학위도 받았고, 또 두 개의 논문도 썼지만, 사실 그 당시 필자에게 거버넌스는 매우 낯선 단어였다. 그저 은

---

20. 9년이라는 시간이 흘러 이미경 대표는 '구립은평마을방과후센터' 센터장, 김미윤 팀장은 은평구청 정책연구단장, 조정현 부장은 은평 청소년문화의집, '쉼쉼' 센터장, 홍기복 선생님은 충암중학교 교장 선생님으로 여전히 은평의 교육을 위해 열일 중이시고, 필자에게 서울시교육청에서 일한 기회가 주어졌던 것도 교육 콘텐츠 연계 사업에 대한 경험 때문이었다고 생각한다.

21. 은평구청의 교육 담당 부서는 학교교육을 지원하는 '교육복지과'에서 2016년, 지원의 범위를 청소년으로 넓힌 '교육청소년과'로, 다시 2018년엔, 학교 지원을 넘어 시민의 보편적인 성장을 지원하는 '시민교육과'로 변경되어 왔다.

평의 교육 시민단체인 은학네는 교육경비보조금에 대한 다양한 문제제기를 했고, 김우영 구청장은 2012년 신년사에도 밝혔듯 교육경비보조금에 대한 강한 개혁의 의지가 있었고, 교육경비보조금이라는 용어를 처음 접한 필자는 그 비상식적인 집행 관행에 의문이 있었을 뿐이었다. 돌이켜 보건대, 당시 필자는 앞에 놓여 있는 여러 관성의 파편들을 어떻게 결합시킬지에 대해 이러저러한 상상을 했을 뿐, 그 상상에 대한 어떠한 확신이나 집착 따위는 없었던 것 같다.

1) 교육경비보조금 집행에 대한 이견

2012년 1월, 김우영 은평구청장은 신년사에서 교육경비보조금으로 학교의 시설이 아닌 교육 콘텐츠에 투자해 학생들에게 직접적인 혜택이 갈 수 있도록 예산을 집행하겠다는 의지를 밝힌다.

> 학생들이 억지로 떠밀려서 공부하기보다는 스스로 재미를 붙일 수 있는 프로그램에 예산을 집중 투입하고자 합니다. 지금까지 균등배분으로 지원되던 방식에서 벗어나 학교별 '자기주도학습' 공모 등을 통해 우수 프로그램에 지원함으로써 사교육비 부담을 점차 줄여 나가겠습니다. _2012년 김우영 은평구청장 신년사 중

은평구청장의 신년사가 발표되자 자기주도학습을 하고 있던 많은 업체들이 은평구청에 제안서를 들이밀었다. 동시에 은학네는 자기주도학습은 화장만 바꾼 또 다른 고가의 사교육이라며 구청장의 의지에 강한 우려를 표했다. 구청장을 보좌해야 하는 정책보좌관의 입장에선 구청장의 지시를 거스를 수도, 교육 시민단체의 주장을 무시할 수도 없는 난감

한 상황에 빠진 것이었다. 은평구청에 제안서를 제출한 자기주도학습 업체들은 대부분 은평구가 아닌 강남 언저리에 사업장을 가지고 있었고, 은학네의 지적대로 수혜 학생에 비해 터무니없이 비싼 예산을 요구했다. 필자는 자기주도학습 업체에게 돈만 빼 가지 말고 은평구에 자기주도학습 생태계를 구축할 수 있도록 제안서를 보완해 달라고 요구했고, 동시에 은학네와 구청장을 모두 만족시킬 수 있는 제3의 대안을 고민하기 시작했다.

2) 교육 콘텐츠 연계 사업의 토대가 된 민선 5기 은평의 변화

은평구는 2010년, 김우영 구청장이 전국 최연소 구청장으로 당선되면서 이전과는 다른 참신하고 혁신적인 정책들을 추진했다. 그 대표적인 것이 주민참여예산제였고, 다른 하나는 주민참여형 축제인 은평누리축제였다. 주민이 구청에서 깔아 놓은 무대의 관객으로 그저 박수만 치고 일어서는 것이 아니라, 주민이 직접 기획과 집행과 평가에 참여하는 축제였다. 은평누리축제의 백미는 역촌역에서 서부병원으로 이어지는 왕복 6차선 도로를 막고 펼쳐지는 광장축제라고 할 수 있다. 은평에서 활동하고 있는 다양한 기관, 단체, 동아리들이 부스를 차려 놓고 은평구민들에게 한껏 자신의 존재를 알린다. 2010년 광장축제에 참여한 한 주민은 이렇게 이야기하기도 했다.

> 은평에서만 20년 넘게 살았는데, 은평에 이렇게 다양한 기관, 단체, 동아리들이 있다는 걸 오늘 처음 알았네요.

흙 속에 묻혀 있는 진주는 누군가 그 진주를 캐내기 전에는 그저 흙의 한 부분으로만 존재한다. 마을도 마찬가지다. 비록 이 시대가 요구하는 왜곡된 수월성에는 미치지 못하겠지만, 마을에는 '다양성'이라는 보물이 흙 속의 진주처럼 묻혀 있다. 은평구는 주민이 주인으로 참여하는 누리축제를 통해 마을이라는 등잔 밑에 잠자고 있던 보물들을 깨운 것이다.

필자는 외국이나 다른 지역이 가지고 있는 빛나는 성공 사례에 별 관심이 없다. 그 사례가 이식되는 순간 교조주의와의 투쟁이 시작되기 때문이다. 아직도 한국에 유교의 영향력이 미치는 이유, 같은 자본주의 사회임에도 불구하고 북유럽처럼 우아(?)하지 않은 이유, 그리고 교육이 사회의 성장이 아니라 개인의 계층상승을 중심으로 펼치지는 이유는 그것들이 모두 우리의 요구와 합의에서 비롯되지 않았기 때문이다. 주지하다시피 유교는 서민들의 삶보다, 옆 나라 중국의 공자나 주자가 어떻게 말했는지가 더 중요한 논쟁거리였다. 대한민국의 자본주의는 미국으로부터 이식되어 다분히 미국스러운 천박함이 묻어난다. 선발이 중심이 되는 근대 교육이 우리나라에서 시작된 것은 조선시대부터였지만, 현재와 같은 형태를 갖춘 것은 일제 강점기를 통해서이다. 안타깝게도 우리는 우리를 지배하고 있는 문화와 경제, 그리고 교육에 대한 그 어떠한 저작권도 가지고 있지 않다. 그렇기 때문에 저작권자의 허락을 득하기 전에는 아무리 좋은 방향으로 나아가려고 하더라도 교조주의의 강력한 저항에 부딪힐 수밖에 없다. 정작 그 저작권자들은 과거의 유물을 폐기한 채 완전히 새로운 길로 나아가고 있는데도 말이다. 은평누리축제는 다른 지역의 축제를 참조하지도, 이식하지도 않았다. 그저 은평의 민과 관이 함께 노력해 마을이라는 등잔 밑에 있던 보물들을 발굴하고, 연결해 축제의 판에 올렸을 뿐이다.

3) 이견과 이견의 융합

다시 교육 콘텐츠 연계 사업으로 돌아오자. 은평누리축제를 통해 그저 관객에 머물렀던 주민들이 지역사회의 당당한 주체로 등장하게 되었다. 내가 고민한 것은 애써 주체로 등장한 주민들의 역할과 쓸모를 찾는 것이었다. 마을에서 출토된 다양한 보물들을 서로 연결하다 보면 그동안 풀지 못했던 문제들이 풀릴 것이고, 마을의 성장을 위한 새로운 질문들이 생길 것이다. 그래서 학교가 구청에서 지원받은 교육경비보조금으로 마을의 교육 콘텐츠를 구매하는 다음과 같은 정책 구상을 은학네에 제안했다. 최초의 제안은 아래 그림처럼 매우 투박했다.

[그림 8] 교육 콘텐츠 연계 사업 최초 구상

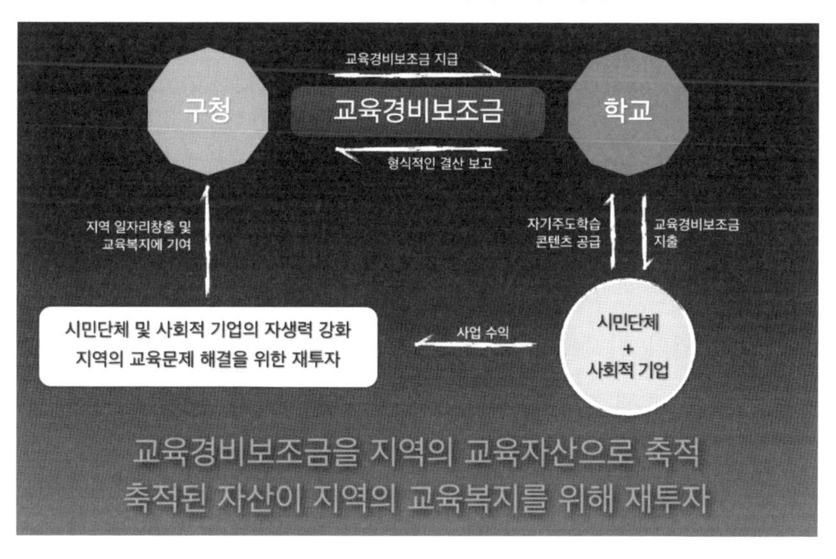

필자의 제안이 은학네의 생각에 딱 들어맞지는 않았는지, 은학네는 필자의 제안도 거부했다. 하루는 은학네 활동가 세 분이 은평구청 비서실장을 찾아와 아무것도 모르는 정책보좌관이 엉뚱한 일을 저지르

려 한다며 민원을 제기했다. 비서실장에게 불려간 난, 그 세 분에게 교육 콘텐츠 연계 사업 구상에 대해 설명을 드렸다. 한 분은 여전히 반대, 다른 한 분은 그거 괜찮은 생각인데 왜 반대하느냐고, 또 다른 한 분은 자신과 함께해 보지 않겠느냐고 제안을 해 주셨다. 친구 따라 온 은평에 아는 사람 하나 없었던 필자에겐 더없이 반가운 제안이었다. 난 무슨 얘기를 해도 반대를 하는 한 분을 설득시키기 위해 무려 5개월 가까이 은평의 많은 전문가와 활동가들을 만나 사업의 취지를 설명했다. 그 고민의 끝이 바로 처음에 언급한 '교육연구모임'이었다. 필자는 교육복지과 팀장님에게 그동안 만나 온 분들의 명단을 드리며 회의를 소집해 달라고 부탁했다. 사실 필자는 그때만 해도 행정에 대해 아무것도 모르는 비서실 정책보좌관이 대단한 공무원, 그것도 팀장이나 되는 공무원에게 지시를 해도 되는 위치라는 것을 모르고 있었다.

4) 서로가 서로의 문제를 보완하는 집단지성의 발현

2012년 5월 21일, 시간은 아마 오후였던 것으로 기억한다. 기획상황실에 10명 남짓한 사람들이 모였다. 먼저 필자가 구상하고 있는 교육 콘텐츠 연계 사업의 취지에 대해 설명했다. 갑론을박이 벌어졌다. 갑론을박의 요지는 대략 세 가지였다.

① 마을과 학교의 협력은 불가능하다.
② 학교가 마을의 교육 콘텐츠를 받아들일 리 없다.
③ 차라리 그 예산을 다른 시급한 곳에 투입하자.

필자의 의도와 무관하게 논의는 주로 세 번째에 집중되었다. 각자의 입장에서 교육경비보조금이 어떻게 쓰여야 한다는 주장이 오고 갔다. 그때 역촌초등학교에서 교육복지를 담당하고 있던 김동찬 선생님이 작은 목소리로 이렇게 말씀하셨다.

> 교사들은 문·예·체 전문가가 아니라 교과 전문가입니다. 그런데 문·예·체에 대한 학생들의 요구가 계속 늘어나니까 교육청은 교사에게 연수를 통해 문·예·체도 교사들이 가르치도록 요구하고 있습니다. 만약 마을에서 이 부분을 지원해 준다면 학교에도 큰 도움이 될 것 같습니다.

학교가 마을의 교육 콘텐츠를 좋아할 수도 있다고? 논의의 방향이 바뀌었다. 방향을 바꾼 것은 자리를 마련한 필자의 어설픈 의도도, 교육시민단체의 강한 주장도 아니었다. 그저 작은 가능성이 만든 미세한 틈이었다. 그 가능성에 많은 사람들의 생각이 움직였다. 필자는 집단지성이 가지고 있는 힘을 눈앞에서 목도했다. 아직도 필자는 그때만 생각하면 온몸에 소름이 돋는다. 교육복지우선지원 사업을 하며 구청과도, 학교와도, 그리고 은평 지역사회와 두루두루 관계를 맺고 있던 녹번종합사회복지관 오은석 관장님을 좌장으로 모시고, 그 모임의 이름을 '교육연구모임'이라 정했다. 그리고 죽이 되든, 밥이 되든 정책보좌관의 어설픈 제안을 한번 추진해 보자는 데 의견을 모았다. 은평의 교육 콘텐츠 연계 사업은 그렇게 시작할 수 있었다. 지나고 보니 교육연구모임은 다음의 세 가지 관점에서 적지 않은 의미가 있었던 것 같다.

① 민·관·학 교육 거버넌스의 맹아적 형태로서 교육연구모임이 가지

는 위상

② 마을과 학교의 연계, 협력 가능성뿐만 아니라 그 필요성[22]을 구체화한 최초의 모임

③ 교육연구모임을 통해 정책이 갖춰야 할 세 가지 요소인 예산, 정책, 주체가 마련된 점

수당도 받을 수 없는 비공식 모임인 교육연구모임은 지역사회 교육 콘텐츠 연계 사업의 성공을 위해 8시간 넘게 도시락을 까먹으며 열정적으로 사업계획서를 검토했다. 필자가 교육 콘텐츠 연계 사업에 대해 이야기하며 과거를 추억하는 것은 단순한 노스탤지어만은 아니다. 이미 관성의 수레바퀴 위에 올려진 정책의 발전 방안을 논의함에 있어 첫째, 그 정책이 시작된 최초의 의도와, 둘째, 그 의도가 만들어 놓은 예기치 않은 결과와, 마지막으로 이미 통제가 어려워진 정책의 매너리즘에 대해 살펴보아야 하기 때문이다.

2. 교육 콘텐츠 사업이 만들어 낸 도착적 결과와 매너리즘

그리고 많은 일이 있었다. 2012년 말에는 '행복한 학교를 위한 은평의 실험'이라는 기존과는 사뭇 다른 방식의 정책연구가 진행되었고, 2013년에는 사업에 대한 수정 보완이 느슨하게 진행된 반면, 2015년부

22. 이전까지 진행되었던 '혁신학교'와 '마을학교' 운동은 마을과 학교의 연계 협력보다는 독자 생존을 위한 모색이었다.

터 지금까지는 서울형혁신교육지구사업에 끌려다니느라 숨 쉴 틈도 없었다. 어찌 보면 지금 은평에 가장 필요한 것은 가던 길을 잠시 멈추고 민·관·학이 함께 숨 고르기를 하는 것인지도 모르겠다.

은평은 분명 교육의 새로운 흐름을 만들어 냈다. 하지만 아무리 현명한 사람이라고 하더라도 새로운 물결이 만들게 될 지류까지 예측할 수는 없다. 때로는 예기치 않게 삐져나간 지류가 현실의 다양한 이해관계와 결합해 의도에 역행하는 도착적倒錯的 결과를 만들어 내기도 한다. 만약, 교육 콘텐츠 연계 사업을 통해 마을과 학교의 관계망과 무관한 이해관계가 발생하게 되었다면, 그것은 절대 의도한 결과가 아니다. 즉, 교육 콘텐츠 사업의 핵심은 마을과 학교의 관계망이 안전망으로 이어질 수 있도록 관계의 밀도를 높이는 것이지, 오로지 교육 콘텐츠 사업만을 위해 존재하는 '소규모 비교과 사교육 업자의 양산'과 그 이해관계의 확대에 있지는 않다.

1) 마을과 학교의 관계 밀도를 높이기 위한 교육 콘텐츠의 연계

학교를 포함하고 있는 하나의 작은 마을을 교육 콘텐츠 사업을 이루는 최소 유닛으로 본다면 은평구도 꽤 넓은 공간이다. 진관동에 있는 교육 콘텐츠가 수색동에 있는 학교와 연계하는 것은 교육 콘텐츠 사업의 밀도를 높이는 데 큰 도움이 되지 않을 수 있다. 물론 2012년, 최초에 교육 콘텐츠 사업을 구상할 시기에는 학교에서 신뢰할 수 있는 마을의 교육 콘텐츠가 절대적으로 필요했다. 그래서 심지어 은평 지역에서 벗어나 있는 교육 콘텐츠라 하더라도 중복이 되지 않는다면 승인을 해 주었지만, 기회가 있을 때마다 필자는 교육 콘텐츠 연계 사업은 마을과 학교의 일차적인 관계를 높이는 것이라는 방향을 수차례 역설해 왔다.

은평의 교육 콘텐츠 연계 사업은 서대문, 강북, 성북 등으로 벤치마킹되어 확산되었다. 한번은 성북구청의 요청으로 성북구의 교육 콘텐츠 사업 참가자 대상으로 사례 발표를 하는데, 중간 쉬는 시간에 많은 분들이 은평에서 왔다며 인사를 했다. 필자는 쉬는 시간을 마치고 발표를 이어 가면서 성북 교육 콘텐츠 사업의 성공을 위해 은평의 경험이 필요는 하겠지만, 장기적으로 성북의 자원을 발굴해 학교와 연계시키는 것이 더 중요하다고 말했다. 그때 필자의 발표를 듣고 계셨던 은평 분들에게 양해를 구하고….

모든 현장은 각기 다른 장점과 극복 가능한 단점을 가지고 있다. 산업화와 미디어의 발전은 그 각기 다른 다양성이 지닌 장점을 폭력적으로 일원화시켰고, 극복 가능한 단점을 무기력한 현실로 만들었다. 개인의 입장에서 교육은 성장의 계기를 제공한다. 동시에 교육은 산업사회를 유지, 발전시키기 위해 교육을 통해 성장한 개인을 선발해야 하는 목적도 갖고 있다. 자유와 평등의 균형이 인류의 영원한 숙제이듯, 성장과 선발의 균형은 근대 교육의 시작과 함께 던져진 숙제이다. 일찍이 조선 시대부터 관료사회가 시작된 우리나라와, 영국에서 독립해 그 역사가 짧은 미국은 교육을 통한 신분 상승을 꿈꾸는, 소위 개천에서 용 나는 사회를 지향하며 교육의 선발 기능을 더 중시해 왔다. 반면 핀란드, 스웨덴, 덴마크 등 복지국가를 표방한 대부분의 북유럽 국가들은 개인의 성장에 무게를 두는 교육을 하고 있는 듯하다.

교육의 목적이 산업사회의 일원이 되기 위해 나와 다른 환경 속에 있는 누군가와 경쟁하는 것이라면, 그리고 그러한 교육의 결과가 경쟁에서 이기는 자와 패배한 자 모두를 행복하게 할 수 있다면 주저 없이 그 길을 선택하겠지만, 과도한 기대와 현실 간의 간극에 따른 상대적 박탈감이 우리 모두를 불행의 늪으로 내몰고 있는 대한민국의 교육 현실 속에서, 이제는 경쟁을 통한 선발이 아닌 아이들의 자발적 성장을 위한 교육에 대해 심각하게 고민을 해야 하지 않을까? 그런 점에서 교육 콘텐츠 연계 사업은 산업사회가 요구하는 잣대에 맞추려는 선발 중심의 교육이 아니라, 현재 존재하고 있는, 날것 그대로의 마을과 학교가 만나 관계의 밀도를 높이고 새로운 가치를 창출하는 성장 중심의 교육정책이라 할 수 있겠다.

2) 매너리즘의 혁신, 플랫폼과 콘텐츠의 관계를 생각하다

우리나라 속담에 우물에서 숭늉 찾는다는 말이 있다. 우물에서 물을 길어 내지 않으면 밥을 지을 수 없고, 숭늉도 만들 수 없지만, 그렇다고 반드시 우물 앞에서 밥을 짓고 숭늉을 만들어야 하는 것은 아니다. 우물이 밥과 숭늉을 만들어 내기 위해 물을 제공하는 하나의 플랫폼이고, 그 우물에서 퍼 올린 물로 쌀을 씻고, 밥을 지어 각기 다른 맛으로 만들어지는 숭늉이 다양한 콘텐츠라면, 톱다운 방식의 정책 추진에 익숙해진 우리는 우물에서 밥도 짓고, 숭늉도 만들어서 각자의 집에 나눠주는 비효율적인 방식을 취하고 있지는 않은지 고민해 보았으면 한다. 우물을 관리하는 사람은 숭늉을 어떻게 만들지 고민하거나 관여할 필요가 없다. 다만 우물이 오염되지 않도록 노력을 해야 한다. 숭늉이 어떻게 만들지에 대해서는 우물에서 물을 길어 밥을 짓는 각자의 집에서 할 고민이다.

교육 콘텐츠 연계 사업은 마을과 학교의 협력을 지향하는 교육정책 플랫폼이다. 마을과 학교의 협력이 불가능하다고 여겨지고, 그 필요성 또한 수면 아래에 잠자고 있던 사업 초창기에는 플랫폼이 가지고 있는 역할보다는 구체적인 콘텐츠 사례의 발굴에 집중할 수밖에 없었던 한계가 분명히 있었다. 올해는 교육 콘텐츠 연계 사업을 추진한 지 9년이 되는 해이다. 9년이라는 시간은 하나의 정책이, 다른 정책도 아니고 백 년 뒤를 생각해야 하는 교육정책이 자리를 잡아 시스템화되기에는 턱없이 부족한 시간이지만, 그사이에 마을과 학교의 협력 필요성이 대중적으로 확장되는 외부 지형의 변화 또한 있었다. 대표적인 것이 바로 서울 25개 자치구가 참여하여 추진하고 있는 혁신교육지구라고 할 수 있다. 바야흐로 은평의 교육 콘텐츠 연계 사업은 지난 8년을 되돌아보며 매너리즘에 빠진 하향식 정책 관성을 혁신하고, 마을과 학교의 다양한 연계 협력을 지원하는 플랫폼으로서의 교육 콘텐츠 연계 사업에 대해 고민할 시점이 아닌가 한다.

2012년 교육 콘텐츠 연계 사업을 시작할 때, 몇 가지 원칙들을 세웠다. 첫째 공교육과의 경쟁이 아닌 상호 보완을 위한 '비교과 원칙', 둘째 정책 추진 과정에서 마을과 학교가 함께 성장한다는 '상생의 원칙', 마지막으로 교육 콘텐츠 연계 사업의 성공적인 안착을 위해 학교가 기꺼이 선택할 수 있도록 경쟁력 있는 지역의 콘텐츠를 발굴하여 제공한다는 세 가지 원칙이었다. 그리고 2015년 사업 계획을 발표하는 2014년 교육 콘텐츠 연계 사업 설명회 때, 필자는 세 번째 원칙인 '콘텐츠 경쟁력'을 '마을과의 연계성'으로 수정하자고 제안했다. 정책이 만들어 놓은 변화된 결과에 맞게 원칙을 점검하고, 혹시라도 그 원칙이 또 다른 관성이 되어 정책의 확산에 장애가 되고 있지는 않은지 끊임없이 살펴보아야 하는 것도 매너리즘을 혁신하는 중요한 태도이다.

은평은 교육 콘텐츠 연계 사업을 통해 서로 다른 생각을 가지고 있는 민·관·학이 협력해 함께 성장하는 경험을 했고, 그 성장의 경험이 서울형혁신교육지구로 이어지고 있다. 필자는 서울시교육청에서 많은 혁신교육지구에서 펼쳐지고 있는 다양한 민·관·학의 협력 사례를 경험했다. 그 안에는 다양한 갈등 유형이 있고, 또 다양한 주도 유형이 있다. 은평의 민·관·학은 교육 콘텐츠 연계 사업을 추진하는 과정에서 크고 작은 갈등이 없지 않았으나 꾸준히 그 관계가 깊어져 왔고, 그 품이 넓어져 왔다고 생각한다.

3. 상식의 종말과 시민의 성장[23]

모두가 상식을 주장한다. 하지만 우리는 진보와 보수의 상식이 다르고, 민과 관의 상식이 다르고, 마을과 학교의 상식이 엄연히 다르다는 사실을 일상 속에서 경험한다. 그리고 상식을 주장하는 강도와 빈도를 통해 우리는 "일반적인 사람이 다 가지고 있거나 가지고 있어야 할 지식이나 판단력"인 상식이 이미 사라졌음을 깨닫는다. 상식이 사라진 시대, 상식을 주장하기 위해 우리가 해야 할 일은 대략 두 가지다. 첫째, 더 이상 상식을 주장하지 않거나, 둘째, 상식을 포기한 채 모든 것을 "상식의 제도적 강제 장치"인 법에 의존하는 것이다.

민과 관이 갈수록 확대되고 있는 인식의 간극을 해소하기 위해서는 각자가 생각하는 상식이 그저 자신의 상식일 뿐이라는 사실을 먼저 인지해야 한다. 우리는 그 어떤 집단, 심지어 국가라고 하더라도 집단의 이익을 위해 개인의 자유를 억압하거나 동세할 수 없는 시대에 살고 있다.

---

23. 이 글은 2020년 'NGO학회'에 게재된 필자의 논문「범람하는 거버넌스에 관한 소고」의 내용을 원고에 맞게 수정했다.

[그림 9] 법과 인정, 그리고 개인의 이익을 중심으로 확장되고 있는 불신의 영역

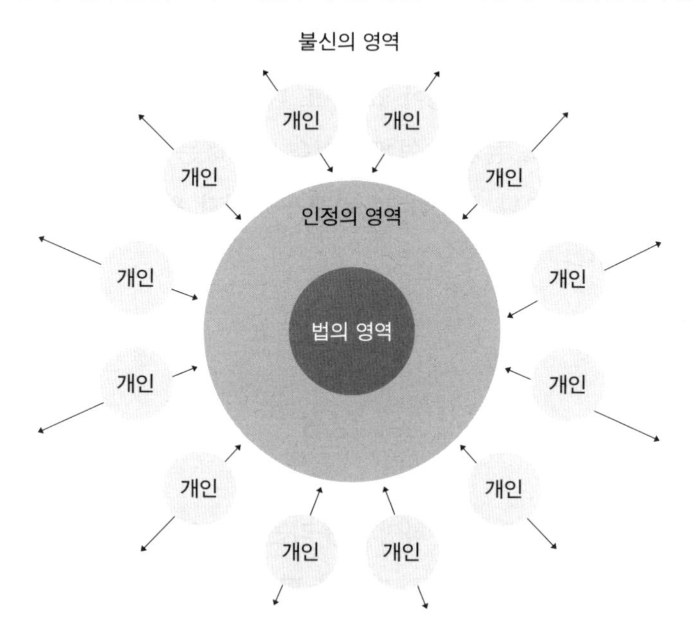

한때 '짐이 곧 국가'라고 얘기했던 절대군주도 있었지만, 지금은 모든 개인이 국가에 준하는 지위를 갖는 직접민주주의의 시대이다. 그리고 그렇게 생각하고 있는 개인은 한 명이 아니라 우리나라에만 대략 오천만 명이 넘는다. 상식이라는 것이 사람 수만큼 존재하고 있고, 각자 자신의 경험과 지식과 신념을 바탕으로 소위 상식이라는 것을 소유하고 있다. 그런 시대에 생존해 있는 유일한 상식은 그나마 법뿐이다. 법의 영역을 인정이라는 영역이 얇게 둘러싸고 있고, 그 밖은 모두 나와 다른 것을 믿지 않는 불신의 영역이다. 불신의 영역은 밖으로 팽창할 뿐만 아니라, 끊임없이 인정이 차지하고 있는 영역을 압박해 들어오고 있다.

이러한 시대의 문제를 극복할 수 있는 방법으로 떠오르고 있는 것이 바로 '시민의 성장'이다. 쉬운 한글의 역설로 '시민'의 '성장'에 대한 개념

의 오해를 막기 위해 내가 생각하고 있는 '시민'과 '성장'의 개념을 한번 설명해 보겠다. 먼저, 누가 시민인지에 대한 정의가 필요하다. 조희연 서울시교육감은 학생들을 '교복 입은 시민'이라고 이야기한다. 나 또한 학생들이 관리나 통제의 대상이 아닌 스스로 존엄한 시민이라고 생각한다. 그렇다면 공무원은 시민일까, 아닐까? 공무원도 이 시대를 살아가고 있는 어엿한 시민이다. 학생들이 교복을 입은 시민인 것처럼, 공무원은 공적 업무를 위임받은 시민이라고 보아야 한다. 비슷하게 개념을 확장해 보면, 교사는 가르치는 시민이고, 학부모는 자신의 아이가 선발되기만을 바라는 시민은 아닐까?

다음은 내가 생각하는 성장의 개념에 대해 이야기를 해 보겠다. 흔히 성장을 키(신장)로 생각한다면 키가 계속 크는 것을 성장으로 생각할 수 있다. 하지만 그것은 키가 큰 사람을 특정한 목적을 위해 선발할 때만 의미가 있다. 10명의 아이가 무거운 나무를 함께 들고 있다고 생각해 보자. 개인에 국한해서 보면 키가 크는 것이 성장일지도 모르겠지만, 집단인 사회의 관점으로 보면 나무의 무게를 효과적으로 분산시키기 위해 키의 차이(간극)를 줄이는 것을 성장으로 보아야 한다. 나아가 이 시대를 가장 고통스럽게 만들고 있는 사회문제가 간극에서 비롯한 불공정, 불만족, 부정의, 불평등이라면 그 간극을 줄이는 것이야말로 진정한 성장이라고 생각한다. 즉, 누군가 혼자 앞서 나가 사회적 간극이 확대된다면, 앞서 나가지 못하게 하는 것도 성장의 한 방법이라는 의미다. 그래서 나는 지금까지 설명한 '시민'과 '성장'이라는 개념을 결합해 '시민의 성장'은 시민의 다양성이 인정받고, 존중되는 것이고, 다양성의 간극을 줄이는 것이고, 다양성이 균형을 잡는 것이라고 생각한다. 그러기 위해선 다음의 세 가지가 필요하다.

첫째, 주장하지 않고 성찰하는 시민
둘째, 요구하지 않고 참여하는 시민
셋째, 남 탓하지 않고 책임지는 시민

근대의 시민은 투쟁의 과정에서 등장했지만, 탈근대의 시민은 성찰의 과정에서 성장한다. 아이들에게 성장을 요구하기 이전에 불공정한 사회를 만들어 온 기성세대의 성찰이 먼저다. 이 사회에서 더 큰 자격과 권한을 가지고 있는 기성세대일수록 사실 더 큰 책임을 가져야 한다. 성찰은 이견을 가진 타자에게 요구하는 것이 아니라, 이 사회의 모든 개인과 이견을 가지고 있는 나 자신을 스스로 살피는 것이다.

4. 거버넌스를 위한 제언[24]

거버넌스는 시장에 주도권을 맡겼던 시장의 실패와 국가가 시장을 통제하려고 했던 국가정책의 실패로 인해 시작되었다. 도덕적 통제가 불가능한 시장이 가지고 있는 장점과 온갖 제도로 발목이 잡혀 있는 국가 기관의 장점이 만나 서로의 단점을 극복하는 것이 바로 거버넌스이다. 그 과정에서 필연적으로 등장하는 것이 바로 갈등이다. 거버넌스란 주도를 배제한 다양한 주체의 수평적 연대와 협력이며, 갈등의 플랫폼 위에서 다양한 주체들이 합의하고, 합의하지 못한 부분은 인정해 나가는 '과정'이라고 할 수 있다. 이에 거버넌스를 위한 세 가지 제언을 하고자 한다.

---

24. 이 글은 필자의 논문, 「교육 거버넌스를 둘러싼 갈등 사례 연구」의 5장 결론에서 가지고 왔다.

1) 거버넌스에서 주도를 걷어 내야 한다

교육 거버넌스 갈등 사례를 연구하기 위해 거버넌스와 관련한 여러 선행 연구들을 살펴보았지만, 주도와 관련된 내용은 찾지 못하였다. 이는 보고 싶은 것만 보고자 하는 나의 한계일 수도 있다. 하지만 한국사회의 거버넌스는 아직도 '무엇을 어떻게 하느냐'보다 '누가 주도하느냐'에 더 묵직한 방점이 찍혀 있다. 과정 위에 놓여 있는 교육 거버넌스를 성공적으로 이끌기 위해 거버넌스에 참여하고 있는 주체들이 해야 할 첫 번째는 거버넌스에서 '주도'라는 개념을 걷어 내는 것이다.

나아가 교육 거버넌스에는 주제가 '교육'이기 때문에 전통적인 거버넌스의 주체인 민과 관 외의 역할인 학이 주체로 결합했다. 교육 거버넌스는 학이 참여해야 하는 거버넌스가 아니라 오히려 민과 관이 머리를 맞대고 수렁에 빠져 허우적거리고 있는 학을 구해 내는 것이다. 설상가상으로 만약 학이 교육 거버넌스를 주도한다면, 교육 거버넌스에 참여하고 있는 민과 관도 학이 빠져 있는 수렁으로 빨려 들어갈지 모른다.

2) 상수가 아닌 변수를 조작해야 한다

민과 관은 각자가 가지고 있는 '상수'가 있다. 상수는 각 주체의 정체성과 관련이 있으며 쉽게 변할 수 없는 것이다. 민의 상수가 '가치'라면, 관이 가지고 있는 상수는 '제도'일 것이다. 그리고 각각의 상수를 둘러싸고 있는 변수가 있다. 민은 가치를 둘러싸고 있는 '자존감', 관은 제도의 '해석'이 상수를 둘러싸고 있는 변수이다. 각각의 변수는 어떻게 활용하느냐에 따라 각각의 상수에 적지 않은 영향을 미친다. 시대적 과세인 가치를 망각한 자존감은 오히려 가치를 훼손시킬 수 있다. 만약 관이 오로지 자신의 편의를 위해 제도를 해석한다면 시민들에게 공적 업무를 위임받은 존재 이유가 사라질 것이다. 거버넌스는 상대방이 가지고 있는 상수를 건드리는 것이 아니라, 상수를 둘러싸고 있는 변수와 변수가 만나 서로 상생할 수 있는 방법을 찾아 나가는 것이다. 그러한 노력들이 경험이 되어, 축적되다 보면 도저히 이해할 수도 없고, 변화가 불가능해 보였던 각자의 상수도 비로소 애초에 그 상수가 시작되었던 의미를 찾을 수 있으리라 생각한다.

3) 현재가 아닌 미래를 합의해야 한다

현실에서 답을 찾을 수 없을 땐, 질문을 바꿔 보라는 말이 있다. 만약 질문을 바꾸어도 답을 찾을 수 없다면, 그 답은 현재가 아닌 미래에 있을지 모른다. 미래의 답은 현실의 '합의'된 상상을 통해서만 찾을 수 있다. 그리고 작은 '합의'를 이끌어 내기 위해서 반드시 필요한 것은 비록 합의할 수 없더라도 상대방이 처한 현실과 한계를 '인정'하는 것이다. '합의'의 필요조건인 '인정'과, '인정'의 충분조건인 '합의'가 만나야 거버넌스의 필요충분조건을 만들어 갈 수 있다. 우리가 거버넌스를 하는 이유는 현실의 문제와 현실의 이해관계를 해결하기 위해서가 아니다. 거버넌스는 구조화된 사회문제(주제)를 해결하기 위해, 사회문제와 관련이 있는 다양한 주체들이 모여(주체), 각 주체들이 서로에 대한 인정을 바탕으로 수평적으로 협력하여(작동 방식) 사회문제가 해결된 미래를 상상하고 합의하는 것이다. "거버넌스란, 특정한 주제와 관련하여, 이해관계를 가진 민·관의 다양한 주체들이 모여, 수평적으로 협력하는 문제해결 방식"이기 때문이다.

5. 마을과 학교의 협업적 중간지대에 대한 제언

구청을 비롯한 행정기관에 민원을 제기해 본 사람이라면 공무원이 서로 자신의 소관이 아니라고 다른 부서에 책임을 떠넘기는 소위 '핑퐁'을 경험해 본 적이 있을 것이다. 필자가 은평구청 비서실에서 근무해 본 경험으로 말을 하자면, 오롯이 한 부서에서 해결할 수 있는 민원이 아닐 경우 그런 현상이 발생한다. 공무원의 입장에선 자신의 권한 밖의 일에 관여를 하는 것은 월권이고, 만약 공무원이 민원을 해결하기 위해 자신에게 주어진 권한을 넘어섰다면 그 공무원은 반드시 감사의 대상이 된다. 답답한 민원인의 입장에서야 속이 터질 일이지만 그렇다고 만약 공무원의 월권을 조금씩 허용한다면 우리는 더 큰 구조적인 문제에 직면하게 될 것이다. 그럴 때는 누군가가 여러 부서가 협력해 그 민원을 해결할 수 있도록 조정자 역할을 해야 하는데, 그 또한 쉽지는 않다.

마을과 학교의 문제도 다르지 않다. 지난 2016년 8월 22일 『한겨레』에 "서울 '방과후학교' 지자체가 맡는다"는 기사가 보도된 적이 있다. 학교 입장에서는 정규 교과 후에 이루어지는 '방과후'학교는 학교의 업무가 아니라고 생각할 수 있고, 방과후학교로 인해 다양한 행정업무에 시달리는 교사들의 입장에서 보면 하루빨리 마을로 그 업무를 이관하고 싶은 절박함이 있을 것이다. 하지만 그렇다고 방과후'학교'가 오롯이 마을이 책임져야 하는 것 또한 동의하기 어려운 지점이 있다. 지자체가 방과후를 책임져야 하는 논리로 선진국의 사례를 끌어와 주장하는 경우가 있다. 하지만 대부분의 교육 선진국에서는 교육의 권한 또한 지방정부가 가지고 있다. 자신에게 유리한 것을 끌어와 주장하는 것은 요즘 유행하고 있는 가짜 뉴스의 한 형태이다. 교육도, 돌봄도 마을과 학교가 함께 협력해서 풀어야 할 문제다. 역할을 기계적으로 분화시켜 특정한 전문성에 오롯이 권한과 책임을 전가하는 것은 교육문제를 해결할 수 있는 올바른 해법이 아니다.

마을과 학교의 협력 지원을 필수 과제로 제시한 서울형혁신교육지구를 통해 마을과 학교는 이미 만나 다양한 협력 사업을 펼치고 있거나 서로 만날 준비를 하고 있다. 뿐만 아니라 2015년부터 서울시교육청에서는 학교가 마을로 향하는 '마을결합형학교'를, 서울시에서는 서울시마을공동체종합지원센터를 통해 마을이 학교로 향하는 '마을과 학교의 상생 프로젝트'를 진행하고 있다.[25] 이렇게 서울시, 교육청, 자치구에서 추진하는 교육정책의 추진 방향은 마을과 학교의 협력이 더 이상 거스를 수 없는 흐름이라는 인식의 확산을 가져왔고, 그 결과 마을과 학교 사이에 새로운 접점과 교집합이 만들어지고 있다.

현대 산업사회의 발전이 낳은 분업화와 전문화는 사회가 함께 고민하고 책임져야 할 많은 다양한 영역들에 대한 권한과 책임을 분산시켰고, 분업화와 전문화된 영역의 이해관계가 확장되어 다른 영역과 충돌하는 결과를 낳았으며, 사회문제에 대해 책임의 회피와 전가로 이어지고 있다. 분업화와 전문화가 효율적인 생산의 확대를 위해 필요할지는 모르지만, 우리가 당면한 다양한 사회문제를 창의적으로 풀어 나가는 데는 커다란 장애가 되고 있다.

현재 마을이 해야 할 역할이 학교로 떠넘겨져 학교를 괴롭히고 있는 것은 애초에 교육의 분업화와 전문화가 낳은 예기치 않은 결과일 수 있다. 마찬가지로 마을 또한 개개인의 경쟁적 생존을 위해 공동체를 버린

---

25. 서울시가 추진했던 "마을과 학교 상생 프로젝트"는 2017년까지 진행되다가 종료되었다.

결과가 교육문제라는 부메랑이 되어 우리 사회를 괴롭히는 구조적 문제가 되었다. 방과후학교, 돌봄, 교육복지 등 마을과 학교가 서로 자신의 영역이 아니라고 생각하거나, 오롯이 자신의 전문 영역이라고 주장하고 있는 다양한 업무들은 당분간 마을과 학교의 접점 지역인 '협업적 중간지대'에 놓고 마을과 학교가 함께 풀어 가야 한다고 생각한다. 필자가 2016년부터 주장해 왔던 이러한 실험을 시흥에서 제한적으로나마 실행하고 있는 듯하다. 문재인 정부는 교육문제 해결을 위해 국가교육회의를 설치했다. 그리고 국가교육위원회로의 진화를 준비하고 있다고 알고 있다. 중앙정부 단위에 국가교육위원회가 생기는 것도 필요하지만, 2011년부터 시작하여 전국으로 확산되고 있는 혁신교육지구에 일반행정과 교육행정, 그리고 민간이 참여하는 '지역교육위원회(가칭)'를 설치하는 방법도 모색되어야 한다고 생각한다. 지방분권시대, 교육의 문제는 국가 단위에서 풀 수 없는 과제이기 때문이다. 물론 이러한 논의가 국가교육위원회 차원에서 다루어진다면 더할 나위 없을 것이다.

누군가의 주장과 또 다른 누군가의 최선의 충돌은 최선이 아닌 최악의 결과를 낳는다. 대한민국의 교육 현실은 서로 다른 누군가의 최선과 최선의 충돌이 낳은 악순환의 결과이다. 교육 콘텐츠 연계 사업의 시작은 누군가의 주장과 또 누군가의 우려 속에서 시작되었지만, 서로가 생각하는 최선을 조금씩 양보해 누구도 예상하지 못했던 결과를 이끌어냈다. 새로운 교육의 비전은 강력한 최선最善이 통합된 결과가 아니다. 오히려 부실한 차선次善이 또 다른 부실한 차선을 만나야 비로소 작은 싹을 틔울 수 있는 것이다.

6. 결론: 코로나 시대의 마을교육과 교육 콘텐츠 연계 사업

글의 시작에 언급했던 마을 강사 집담회에 대한 이야기로 결론을 맺고자 한다. 마을 강사들 중 일부는 코로나로 인해 학교가 문을 닫자 마을교육도 온라인 교육으로 전환해야 한다는 생각을 가지고 있는 듯 보였다. 필자의 견해는 다르다. 마을 강사가 온라인으로 아이들과 만나는 순간 마을교육은 마을교육으로서의 정체성이 흔들리게 될 가능성이 매우 높다. 사실 필자는 학교가 온라인 개학을 결정한 것에 대해 그 절박함은 이해하고도 남음이 있으나 장고 끝에 둔 악수라고 생각하는 입장이다. 교육이 아무리 진학과 입시를 위해 작동하고 있다고 하더라도 적어도 공교육은 선발보다 아이들의 성장에 더 중심을 두어야 한다. IT 기술의 발달로 사이버 대학이 생기고, 메가 스터디를 필두로 이미 많은 입시 사교육이 온라인으로 이루어지고 있다. 교사들이 온라인으로 아이들과 만나는 순간, 자본에 의해 길러진 사교육 강사들과의 경쟁으로 내몰릴 수밖에 없다. 필자는 얼마 전 대학원 지도교수님을 뵌 적이 있다. 자신감 가득 찬 강의와 명쾌한 논리로 학부뿐만 아니라 대학원생들에게도 인기가 높은 교수님은 온라인 수업을 준비하며 수업 자료의 80%를 다시 쓰고 있다고 하셨다. 강의실이라는 공간 안에서 존재하다 시간의 흐름에 따라 열어지고 사라지는 대면 강의가 온라인으로 공개되는 순간, 누군가에 의해 디지털로 기록된 강의는 세계의 대석학과 비교될 수도 있다는 공포감을 가지고 계신 듯 보였다.

마을 강사가 온라인으로 아이들과 만나는 순간 온라인 강사의 교육 콘텐츠는 대놓고 교사와의 비교를 자처하는 것이며, 나아가 억대 연봉의 사교육 강사와의 경쟁을 피할 수 없게 된다. 당장은 꽁꽁 얼어붙은 발을 녹이기 위해 따뜻한 오줌이라도 누고 싶을지 모른다. 눈앞에 장애물을 손쉽게 헤쳐 나가기 위해 감당할 수 없는 크기의 도끼를 휘두르고도 싶을 것이다. 하지만 추위와 만난 오줌은 발을 더 빠르게 얼릴 것이며, 믿었던 도끼는 자신의 발등을 찍을지도 모른다. 코로나는 그동안 인류가 상상하지 못했던 많은 것을 바꾸어 놓고 있다. 그리고 그 변화는 이제 막 시작되었다. 우리가 당연하다고 생각했던 많은 것들은 새로운 당연함으로 대체될 것이다. 기존의 익숙한 틀에 안주하면 새로운 틀을 만들 수 없다. 누군가는 교육을 19세기 교실에서, 20세기 교사가, 21세기 아이들을 가르치는 것이라고 이야기한다. 교육이라는 낡은 틀도 이제 바뀌지 않으면 안 된다. 결론을 대신해 세 가지 교육의 새로운 틀을 제안하고자 한다.

첫째, 마을교육이 가지고 있는 유일한 경쟁력은 대면이다.

마을교육은 무엇일까? 교사 자격증은 없지만 교사보다 아이들을 더 잘 가르칠 수 있는 마을 사람이 교육을 하면 그것이 마을교육일까? 아니면, 자격증이 없는 사람이 교사가 가르치지 않은 영역을 가르치면 그것이 마을교육일까? 그렇게 생각할 수도 있지만, 난 교육과정에서 다루고 있지는 않지만, 내가 살고 있는 마을에 대해 교육을 하는 것이 마을교육이라고 생각한다. 코로나의 확산을 막기 위해 이동을 금지하고 있지만, 코로나가 무섭다고 삶의 터전인 마을을 비울 수는 없다. 마을 강사는 마을에 살고 있는 사람들이다. 내가 살고 있는 마을을 떠나 다른 마을에서, 우리 마을에 살고 있는 아이들이 아닌 다른 마을의 아이들과 만나 하는 교육을 마을교육이라고 할 수 있을까? 학교의 교사가 아이들과 온라인으로밖에 만날 수 없을 때, 아이들의 얼굴을 보며 마을에서 교육을 할 수 있는 사람들이 바로 마을 강사다. 어쩌면 코로나는 그동안 해결하지 못했던 교육의 문제를 해결할 수 있는 새로운 기회를 우리에게 주었는지 모른다.

둘째, 교육을 넘어 서로 배움으로.

시대의 모습이 농경시대처럼 반복되거나, 정보혁명 이전처럼 일정 양에서 머물러 있을 때는 주어진 보기에서 답을 찾으면 된다. 그러나 지금은 정보가 우주처럼 팽창하고 있는 데이터 빅뱅의 시대다.

> 정보통신기술ICT 시장조사기관 IDC는 전 세계에서 생산되는 연간 디지털 데이터가 2025년에는 163조기가바이트GB가 될 것으로 전망했다. 음악 파일로 따지면, 281조 5,000억 곡의 음악을 저장할 수 있는 용량이다. _조주행, 2020년 1월 17일, 『한국일보』

이제 더 이상 주어진 보기 안에 답은 존재하지 않는다. 새로운 답이 매일매일 생산되고 있기 때문이다. 일찍이 소크라테스가 진리를 이끌어내기 위해 산파술을 썼던 이유는 우리가 알고 있는 뻔한 진리를 몰랐기 때문일 수도 있다. 소크라테스가 살았던 고대 그리스는 자연과학의 발달로 이미 정해져 있는 다양한 진리를 앞다퉈 '발굴'하던 시대였다. 피타고라스는 소리의 진동비를 계산해 음계를 발굴했다. 유레카를 외쳤던 아르키메데스는 히에론 2세의 질문에 답을 찾는 과정에서 부력을 발굴했다. 데모크리토스는 모든 물질은 원자로 구성되어 있다는 사실을 발굴했다.

[그림 10] 시대에 따른 개인과 집단의 관계 변화

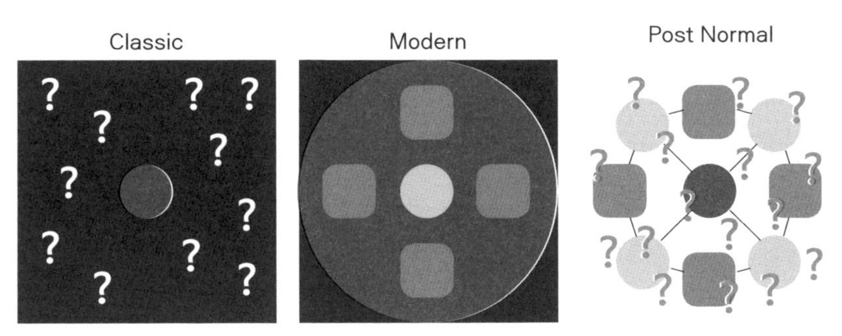

■ 자연계: 불확실의 영역 ● 인간계: 확신의 영역 ■ 전문가: 정치, 경제, 교육, 행정 등 ● 개인으로서의 시민

- Classic: 근대 이전까지 세상은 불확실로 가득 차 있었다. 인간은 질문을 통해 미지의 자연계를 개척하며 문명의 토대를 구축했다.
- Modern: 근대에 들어 인류는 전문가를 앞세워 불확실한 세계를 확신의 영역으로 확장해 나갔다. 그리고 평범한 시민들은 삶과 관련한 대부분의 영역을 전문가에 의존하며 살아왔다.
- Post Normal: 정보 권력을 장착한 개인은 전문가와 대등한 관계로 성장했으며, 세상의 경계 자체를 해체시켰다. 인류를 둘러싼 불확실성의 팽창은 상대적으로 인류를 근대 이전의 무지한 상태로 되돌려 놓았다.

정보 빅뱅의 시대, 어제의 답은 오늘의 답이 아닐 수 있다. 그리고 오늘의 답도 내일 당장 부정당할 수 있다. 『톰 소여의 모험』의 저자로 잘 알려진 마크 트웨인은 "우리가 곤란에 빠지는 이유는 모르고 있기 때문이 아니라, 알고 있다는 확신 때문이다"라고 말했다. 근대 인류는 확신의 영역을 확장하는 과정에서 이미 정해진 답을 찾는 데에만 익숙해졌다. 답이 없는 문제는 없다. 다만 예측이 불가능한 정보의 팽창으로 인해 그 답이 아직 정해지지 않았을 뿐이다. 인류가 포스트 노멀 시대를 개척하기 위해선 확신에 찬 답이 아니라 질문이, 한쪽 방향으로 지식을 전달하는 교육을 넘은 지식이 쌍방으로 소통하는 '서로 배움'이 필요하다.

셋째, 사교육과 공교육, 그리고 마을교육의 보완.

만약 온라인으로 아이들을 교육할 수밖에 없다면, 그리고 입시 경쟁

교육을 당장 멈출 수 없다면, 사교육을 통해 검증된 강사에게 접속할 권한을 모두에게 평등하게 부여하는 것도 한 방법이 될 수 있다. 서로를 대체하려고 경쟁해 왔던 공교육과 사교육은 얼마든지 코로나라는 위기를 극복하기 위한 보완재가 될 수 있다. 교육의 불평등은 누가 더 많은 돈을 들여, 누가 더 뛰어난 사교육을 받느냐에 따라 갈린다. 앞에서도 언급했듯 교사가 주도하는 교육과정은 단지 선발만을 위한 것이 아니다. 공교육의 목표는 아이들을 성숙하고, 당당한 시민으로 성장시키는 것이다. 이러한 공교육의 목표가 전면적으로 교육과정에 담겨야 한다. 교사는 사교육 강사나 마을 강사가 할 수 없는 교육을 할 수 있고, 또 해야 한다. 그것이 바로 아이들을 이 사회의 구성원인 민주시민으로 성장시키는 교육이다. 마지막으로 마을교육은 자신이 살고 있는 마을을 중심으로 하는 관계 교육으로 나아가야 한다. 부모와 자식이 만드는 가족 관계, 마을에 살고 있는 다양한 이웃의 관계, 시대에 대한 다른 경험을 가지고 있는 세대 관계, 가부장제와 페미니즘이 부딪히고 있는 이성 관계, 서로 다른 문화적 경험을 가지고 있는 다문화 관계 등을 구체적인 현장에서 배워 나갈 수 있는 곳이 바로 우리가 살고 있는 마을이다.

청소년의 삶을 지원하는 마을방과후 '활동'

박동국(서울시 교육자문관)[26]

1. 대한민국 청소년의 삶

수면 부족으로 인한 과도한 학업 부담과, 아동 자살의 주요 원인인 높은 스트레스 수준에 대해 깊이 우려하고 있다. 또한 아동의 어린 시절을 사실상 박탈하는 경쟁이 치열한 교육 조건에 대해 심각하게 우려한다. 학업성취에 대한 사회적 압력으로 여가, 놀이 및 신체운동을 위한 자유롭고 안전한 시설의 심각한 부족과, 불충분한 여가활동은 오락을 위한 스마트폰 남용으로 이어진다.

한국의 교육 전문가나 교육학자들이 지적했을 것만 같은 위의 글은

26. 1993년 9월부터 2019년 8월까지 26년간 서울에서 초등학교 교사로 일했다. 교사로서의 삶이 한국 교육운동에도 도움이 되고자 전국교직원노동조합 조합원으로서 같은 시기를 보냈고, 2010년부터 서울형혁신학교를 만드는 일에 참여했으며, 2014년부터는 도봉구청에서 교육특별보좌관과 혁신교육지원센터장으로 도봉혁신교육지구를 통해 마을과 학교의 협력과 소통을 위한 4년의 특별한 경험을 할 수 있었다. 2019년 9월부터는 26년간의 교직을 마무리하고 현재 서울시청에서 교육자문관으로 일하고 있다. 가고 싶은 학교와 살고 싶은 마을을 통해 우리 아이들이 학교와 마을에서 건강하게 성장하도록 하기 위해서 다양한 시도를 모색하고 있으며, 특히 한국 아동·청소년의 방과후활동의 변화와 발전을 위해 노력하고 있다.

국제기구인 유엔아동권리위원회UN Committee on the Rights of the Child가 2019년 10월 3일 한국의 유엔아동권리협약 이행 상황에 대한 제5·6차 국가보고서에 대한 최종 견해[27]를 밝힌 글이다.

> 제 친구들은 쉴 틈도 없이 공부만 해서 주말에 만날 수도 없고, 만약 만난다고 하더라도 반드시 문제집을 들고 나옵니다.[28]

2019년 11월 19일 저녁 TV 생중계로 진행된 '2019 대통령 국민과의 대화'에서 초등학생으로 보이는 학생이 영상으로 보내 준 내용은 참으로 충격적이었다.

한국의 보건복지부는 5년마다 아동종합실태조사를 통해 아동 관련 중·장기정책에 반영하고 있는데 2018년에 실시한 아동종합실태조사[29]에서 다음과 같은 결과를 제시하였다.

> 아동이 방과 후 희망하는 활동과 실제로 하고 있는 활동의 격차가 가장 큰 것은 학원이나 과외로, 희망한다는 응답보다 실제로 하고 있다는 응답이 약 28% 높게 나타남. 방과 후 친구들과 놀기를 희망한다는 응답은 실제로 하고 있다는 응답보다 약 19% 낮게 나타남.

---

27. UN CRC. 2019. 10. 3. 『Concluding observations on the combined fifth and sixth periodic reports of the Republic of Korea』.
28. 2019. 11. 19. KBS 방송 화면.
29. 보건복지부는 2008년, 2013년에 이어 5년마다 아동종합실태조사를 실시하고 있음. 2018년 제3차 아동실태조사는 2020년-2024년 제2차 아동정책기본계획 수립을 위한 자료임.

아동의 삶의 질 및 인지·사회성 발달 전반에서 여가 및 놀 권리의 확보가 무엇보다도 매우 중요하며, 아동의 놀 권리를 생활공간에서 아동의 문화로서 자리 잡을 수 있도록 하기 위해서 놀 권리의 자원과 공간 등에 대한 국가의 강력한 지원이 중요함.

[표 14] 2018 아동실태조사 결과: 보건복지부

① 1주일에 하루 이상 운동(30분 이상)을 하는 아동은 36.9% 수준
② 청소년기 친구의 수도 5년 전에 비해 크게 감소(7.85 → 5.4명)
③ 물질적 결핍수준은 낮은 수준이나 관계적 결핍은 높은 수준

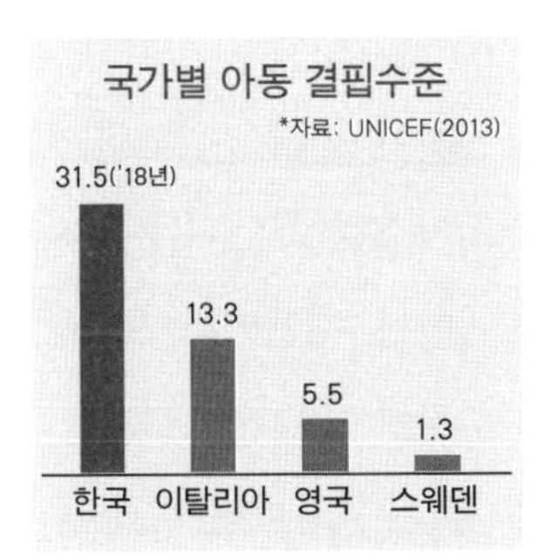

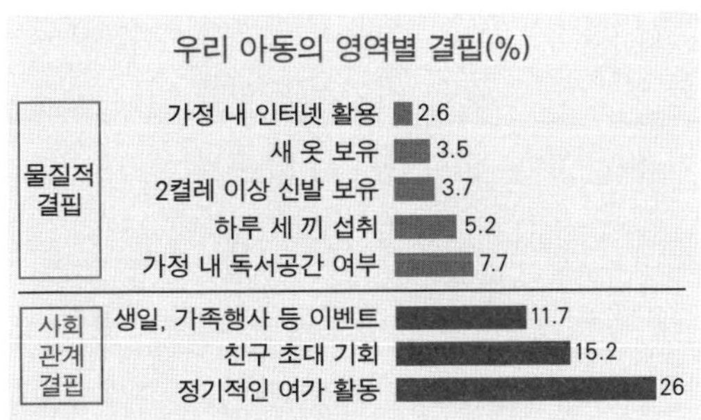

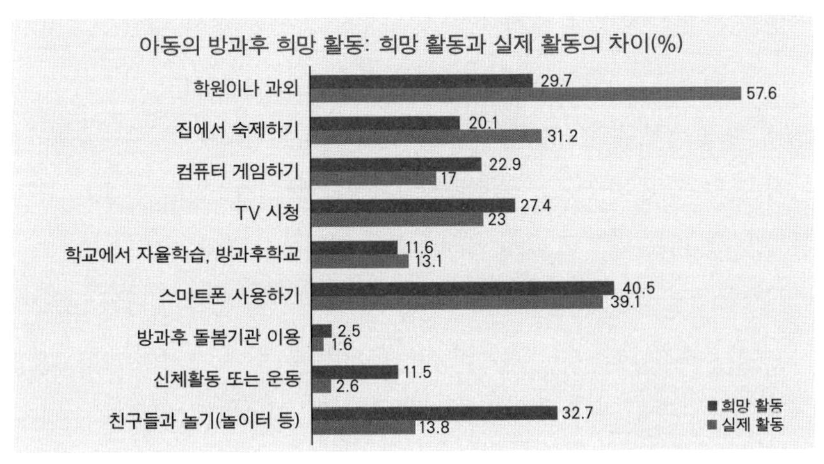

UN과 한국 정부에 이어 한국 교육의 위험 신호를 경고하는 내용은 외국의 한국 관련 뉴스에도 자주 등장하곤 한다. 프랑스 신문 『르몽드』 2013년 12월 4일 자에 의하면, "입시 위주의 과도한 경쟁과 성적 지상주의 등 한국 학생들은 성적은 우수하지만 세상에서 가장 불행한 학생들로, 세상에서 가장 경쟁적이고 고통스러운 교육 시스템이다"라고 한국의 상황을 매우 심각하게 보도하였다.

이를 뒷받침하듯 현재 한국 청소년들의 행복지수는 OECD 국가 중 최하위를 기록하고 있다. 초등학교 입학부터 시작하여 고등학교를 졸업하기까지 12년에 걸쳐 건강에 위협을 줄 정도의 과도한 학업 스트레스와 충분하지 않은 여가시간(여유 있는 방과 후 시간)의 불균형이 심각하기 때문이다. 대학입시 준비를 위한 12년의 긴 레이스를 본인의 의사와 무관하게 사회적으로 강요당하고 있는 것이 현실이기 때문이다. 초·중등교육이 지향하는 본질적 목표인 전인적全人的 성장과 발달은 대학입시에 가려 상급학교 진학을 위한 무한경쟁으로 인해 상실되고 있다. 또한 과도한 학업으로 인한 폐해는 학습 의욕의 저하와 함께 정신적·육체적 건강을 위협하고 있다. 이러한 상황이 장기간에 걸쳐 계속 지속되어 왔으나, 과거 정부나 현 정부에 이르기까지 교육정책 개혁의 두려움과 국가적 혼란 등을 이유로, 국가와 지방자치단체는 청소년의 건강한 성장과 발달에 대해 법으로 규정한 의무조차 이행하지 못하고 있다.

교육문제와 청소년의 문제는 국가의 미래와 직결되어 있다고 생각한다. 교육문제와 더불어 각종 사회정책의 미비로 인해, 국가의 소멸을 걱정하기에 이르는 세계 최저의 출생률과 세계 최고의 자살률을 보이고 있는데, 이는 한마디로 국가비상사태 그 자체인 것이다. 현재 한국은 국제기구가 볼 때나, 학생 스스로 본인의 삶을 얘기할 때나, 정부 스스로 내부를 볼 때도 교육문제와 청소년 문제의 심각성은 서로 일치하고 있다. 이제 한국은 교육문제와 청소년 문제를 일부 영역의 문제로 볼 것이 아니라, 국가를 다시 세우는 문제로 인식해야 할 때이다.

2. 한국의 방과후학교 정책 이대로는 안 된다

1993년 9월 1일 서울에서 초등학교 교사가 되어 26년간 교직에 있었던 경험과, 4년간의 서울시 도봉구청 교육정책특별보좌관(도봉구 혁신교육지원센터장 및 도봉구 마을방과후활동운영센터장 겸임) 및 2년째 서울시 교육자문관으로 일하고 있는 나의 경험을 통해 볼 때 현재 한국의 방과후학교 정책은 혁명적 혁신의 기로에 서 있다고 생각한다. 그 이유는 다음과 같다.

방과후학교란 용어는 정규 교육 이후에도 계속 학교에서 교육을 한다는 뜻인데, 법으로 정해진 정규 교육 시간 이외에 왜 법적 근거가 없는 교육을 또 시키고 있는가? 한국 학생들의 학습 시간은 주당 40~60시간으로 OECD 23개국 평균 33시간보다 7시간 길고, 최대 2배 차이가 나며, 이는 여가시간·신체활동·수면시간의 부족으로 이어져 우울증과 자살률 상승의 원인이 되고 있다.

한국의 학생들은 방과후학교를 좋아하는가?, 정규 수업이 끝났는데도 학교에 계속 남아서 수업을 듣고 있는 것에 만족하는가? 방과후학교가 맞는가? 방과후활동이 맞는가?

정부에서 도입한 방과후학교 정책이 학생들의 희망과 선택에 의해 출발했는가? 학생들의 선택인가, 어른들의 선택인가?

「헌법」[30]과 「교육기본법」[31]이 보장하는 행복추구권과 전인교육으로서의 학교교육이 방과후학교로 실현되고 있는가?

[표 15] 한국교육개발원 2019 교육여론조사(KEDI POLL 2019)[32]

사교육 실태 변화	2019		2018		2017		2001		1999	
	전체	초·중·고 학부모	전체	초·중·고 학부모	전체	초·중·고 학부모	전체	초·중·고 학부모	전체	초·중·고 학부모
매우 줄어들었다	26 (0.7)	3 (0.4	49 (2.5)	16 (3.1)	20 (1.0)	8 (1.7)	9 (0.7)	3 (0.7)	42 (2.8)	19 (3.0)
다소 줄어들었다	202 (5.1)	41 (4.9)	411 (10.6)	67 (13.2)	209 (10.5)	65 (13.7)	145 (11.4)	42 (9.9)	404 (26.8)	171 (27.4)
별다른 변화가 없다	2,076 (51.9)	404 (48.5)	1,154 (57.7)	262 (51.6)	1,276 (63.8)	302 (63.4)	360 (28.4)	122 (28.8)	715 (47.4)	298 (47.8)
다소 심화되었다	1,234 (30.9)	265 (31.8)	398 (19.9)	109 (21.5)	313 (15.7)	62 (13.0)	342 (27.0)	112 (26.5)	242 (16.0)	92 (14.8)
매우 심화되었다	462 (11.6)	120 (14.4)	188 (9.4)	54 (10.6)	185 (9.1)	39 (8.2)	351 (27.7)	137 (32.4)	106 (7.0)	43 (6.9)
잘 모르겠다 (2001 이후 제외)	-	-	-	-	-	-	60 (4.7)	7 (1.7)	-	-
계	4,000 (100.0)	833 (100.0)	2,000 (100.0)	508 (100.0)	2,000 (100.0)	476 (100.0)	1,267 (100.0)	423 (100.0)	1,509 (100.0)	623 (100.0)

단위: 명(%)

---

30. 「대한민국 헌법 제10조」 모든 국민은 인간으로서의 존엄과 가치를 가지며, 행복을 추구할 권리를 가진다. 국가는 개인이 가지는 불가침의 기본적 인권을 확인하고 이를 보장할 의무를 진다.

31. 「대한민국 교육기본법 제9조(학교교육)」 ① 유아교육·초등교육·중등교육 및 고등교육을 하기 위하여 학교를 둔다. ② 학교는 공공성을 가지며, 학생의 교육 외에 학술 및 문화적 전통의 유지·발전과 주민의 평생교육을 위하여 노력하여야 한다. ③ 학교교육은 학생의 창의력 계발 및 인성(人性) 함양을 포함한 전인적(全人的) 교육을 중시하여 이루어져야 한다.

32. 연구보고 RR 2019-27. 한국교육개발원. 국민 4,000명이 설문에 참여.

혹시 방과후학교가 정규 교육을 방해하고 있지는 않은가? 교사는 방과후학교 정책을 좋아하는가?

왜 사교육 경감 대책이 방과후학교여야 하는가? 사교육이 필요 없는 공교육정책은 없는가? 방과후에 사교육을 학교에 들여오는 것이 사교육 경감 대책인가? 방과후학교가 정말 사교육비를 경감시켰나? 한국교육개발원 조사에 의하면 사교육비는 오히려 더 증가하고 있다.

3. 방과후학교에 관련된 각 주체는 어떤 생각을 가질까?

학생 방과 후에 쉬고 싶은데 쉴 수가 없다, 뺑뺑이 그만 돌려라! 재미있는 활동을 할 곳이 없다

학부모 아이들을 맡길 곳이 없다, 방과 후에 공부 좀 했으면, 학원 말고 보낼 곳이 없다

교사 방과 후까지 교사가 책임져야 돼? 방과 후는 지역에서!

교육청 늘 하던 대로~, 지자체가 다 가져갔으면~

지자체 왜 이걸 우리가? 마을에서 책임지는 방법이 뭐지? 돈이 없어요~

교육부 늘 하던 대로, 방과후학교는 교육활동, 교육부에 방과후돌봄정책과가 없어지면 안 되지~

이처럼 방과후학교에 대해 교육 주체들의 생각은 참 다양하다. 방과 후에 쉬고 싶은 학생들, 공부를 더 했으면 좋겠다고 생각하는 학부모들,

방과 후 업무에 시달리는 교사들, 방과후정책의 개선에 엄두를 내기 어려운 교육청, 방과후학교가 학교만의 영역이라고 생각하는 지자체, 방과후학교를 사교육 경감 대책에서 학생들의 건강한 여가 생활로 한 단계 발전시키지 못하는 교육부 등 각자의 입장에서 많은 한계를 보이고 있다. 방과후학교 정책은 이제 대한민국 학생·청소년의 일상적 삶에 주목하는 쪽으로 대대적인 혁신이 필요하다고 생각한다.

4. 방과후학교와 방과후활동의 차이점

[표 16] 방과후학교와 방과후활동 비교

	방과후학교	방과후활동
법적 근거 유무	법적 근거: 없음 - 초·중등교육과정 총론, 교육부 고시 제2015-74호 학교는 학생과 학부모의 요구를 바탕으로 방과후학교 또는 방학 중 프로그램을 개설할 수 있으며, 학생들의 자발적인 참여를 원칙으로 한다.	법적 근거: 있음 - 청소년 기본법 48조의 2(청소년 방과후활동의 지원) 국가 및 지방자치단체는 학교의 정규 교육으로 보호할 수 없는 시간 동안 청소년의 전인적(全人的) 성장·발달을 지원하기 위하여 다양한 교육 및 활동 프로그램 등을 제공하는 종합적인 지원 방안을 마련하여야 한다.
도입 시기	1995년 5·31교육개혁안 방과후 교육활동 도입 → 2004년 교육경감대책	2005년 방과후아카데미 시범 운영 → 2006년 전국 확대
개념	학생과 학부모의 요구와 선택을 반영하여, 수익자 부담 또는 재정 지원으로 이루어지는 정규 수업 이외의 교육 및 돌봄 활동으로, 학교 계획에 따라 일정한 기간 동안 지속적으로 운영하는 학교교육활동	청소년의 전인적 성장·발달을 지원하기 위하여 다양한 교육 및 활동 프로그램 등을 제공하는 종합적인 지원
목표	사교육비 경감, 교육 격차 완화, 지역사회 등 운영 주체 다양화	민주시민으로서 정의·권리·의무·책임을 배우는 전인적 성장·발달 도모
운영 주체	학교, 교육부(교육청)	지방자치단체(기초, 광역), 여성가족부

법적 근거

현재 방과후학교는 「초·중등교육법」 등 어느 법률에도 방과후학교 운영에 관한 규정이 없이 교육부 고시에 근거하고 있다. 전국의 대부분의 초·중·고등학교에서 시행하고 있고 시행된 지 20년이 되어 가지만 법적 근거가 없다. 그 이유는 여러 가지가 있는데, 정규 교육이 아닌 방과후정책에 대한 심도 있는 고민과 초·중·고등학생에 대한 국가의 관심과 정성이 아주 미약하기 때문이 아닐까 생각한다. 방과후학교는 법적 근거가 없지만 방과후활동은 「청소년 기본법」에서 규정하고 있으며, 이는 '청소년 방과후활동의 지원'으로 존재한다.

개념

방과후학교는 학교교육활동으로 규정하고 있고 방과후활동은 청소년의 전인적 성장·발달 지원을 위한 교육 및 활동으로 규정한다. 방과 후에 교육활동을 또 하도록 하는 것이 과연 맞는 것인가를 이제는 깊게 고민해 보아야 할 시점이다.

목표

방과후학교는 사교육비 경감이 목표이고 방과후활동은 민주시민으로서 전인적 성장과 발달을 도모하는 것이 목표이다. 사교육비 경감이 방과후학교의 우선적 목표인 것이 과연 옳은 것인지 깊게 생각해 보아야 할 것이다.

운영 주체

방과후학교는 학교가 운영의 주체이고, 방과후활동은 지방자치단체가 운영의 주체이다. 학교는 정규 교육을 책임지는 것을 법률로 규정하고 있는데, 법적 근거도 없는 방과후학교를 학교가 운영하고 있으니 이것을 어떻게 설명해야 하는지 참으로 난감하다. 방과후활동은 지방자치단체의 책무로 규정하고 있어 전국의 17개 시·도와 226개 시·군·구에서 운영되고 있다. 이 법에 근거하여 전국에 260개소의 청소년방과후아카데미가 운영되고 있는데, 현재는 취약 계층의 청소년들이 대상이어서 일반 청소년으로 확대되어야 하는 과제를 안고 있다.

5. 마을과 함께하는 방과후활동의 필요성과 국내외 사례

"한 아이를 키우기 위해서는 온 마을이 필요하다"라는 아프리카 속담이 바로 마을과 함께하는 방과후활동의 필요성을 대표적으로 설명하고 있다. 국가의 미래가 될 우리의 청소년들이 일상을 살아가는 공간인 학교와 마을은 매일매일이 가슴 벅찬 활동의 터전이어야 한다. 학교는 가고 싶은 학교여야 하고, 마을은 살고 싶은 마을이어야 한다. 즐거운 학교와 정겨운 마을에서 우리의 청소년들이 하고 싶은 활동을 마음껏 할 수 있도록 학교와 마을이 노력해 왔는지 모두 깊게 생각해 보아야 할 것이다. 방과후학교가 청소년들의 건강한 성장을 위해 운영되어 왔는가? 아니면 대학입시에 중점을 두고 사교육 경감을 위해 학교 안에서 교육활동을 계속 강요하고 있는 것은 아닌지 돌아봐야 할 것이다. 마을 또한 마찬가지다. 기초지방자치단체(시·군·구)와 광역자치단체(시·도) 및 중앙정부 모두 청소년의 활동 지원은 정책의 우선순위에서 늘 밀려나 있었다. 1995년부터 지방자치선거가 부활하여 현재까지 민선 7기에 이르는 동안 지방자치단체는 어른 중심의 정책을 펼쳐 왔다고 해도 과언이 아니다. 투표권을 가진 성인을 의식할 수밖에 없는 것이라 인정한다 해도 이제는 10년을 내다보는 혹은 20년을 내다보는 정책이 필요하다.

「청소년 기본법」 42조에 명시된 청소년 방과후활동 지원은 지방자치단체의 책무이다. 지방자치단체란 전국 17개 시·도와 226개 시·군·구를 말하는데 시·군·구는 한마디로 큰 마을이라 할 수 있다. 시·군·구 단위로 청소년의 방과후활동을 지원하는 것은 그 지역의 주민인 청소년의 건강한 성장·발달에 큰 영향을 미친다. 또한 시·군·구의 관官에서만이 아니라 지역 주민과의 협업을 통한 청소년의 방과후활동 지원이 외국의 사례에서 보면 보편화되어 있고, 현재 한국의 마을공동체 만들기나 마을교육공동체운동이 전국에서 혁신교육지구 등의 사업으로 활성화되고 있는 것으로 볼 때 매우 적절하다고 할 수 있다.

「청소년활동진흥법」 11조에는 "청소년문화의집은 전국의 읍·면·동 3,510개에 1개 이상씩 설치·운영하여야 한다"라고 명시되어 있으나, 현재 전국에 289개만 있어 법 이행률이 8.2%인 상황이다. 전국의 17개 시장·도지사와, 226개 시·군·구의 장은 강제 규정인 현행법을 반드시 지켜야 한다. 또한 독일과 유럽 등 대부분의 국가처럼 지자체가 청소년들이 방과 후 시간에 마음껏 활동을 할 수 있도록 인적·물적 인프라를 지속적으로 확충해 나가는 것이 우선시되어야 한다. 현재 한국에도 혁신교육지구(행복교육지구) 운영에 참여하는 기초지자체가 2020년 5월 현재 약 160개이고, 지자체마다 이러한 문제의식을 갖기 시작했다. 하지만 여전히 생색내기에 그치고 있다는 비판에서 자유롭지 못하다. 향후 지속적인 청소년 활동의 지원과 더욱 획기적인 청소년 정책을 실현시켜 나가야 할 것이다. 상황이 이러함에도 불구하고 몇몇 기초지자체에서는 의미 있는 방과후활동 정책을 실시하여 전국적인 주목을 받고 있다.

1) 서울시 도봉구 사례

서울시 도봉구는 2015년부터 서울형혁신교육지구를 적극적으로 운영해 오고 있다. 혁신교육지구에서 학교와 마을이 다양한 교육적 시도 등을 통해 지속가능한 학교-마을 연계 시스템을 만들기 위해서는 학교가 아닌 지자체가 방과후학교를 직접 운영하는 것이 필요하다는 결론을 내렸다. 이를 위해 2016년부터 '도봉구 아동·청소년 방과후활동 활성화

[그림 11] 2020 도봉형방과후활동 운영계획서

도봉형방과후활동 사업 개요

- 기간: 2020. 3~2021. 2(준비 기간 2019.10~2020. 2)
- 참여: 12개교 초등학교(전체 22교 중)
  - 도봉초, 방학초, 숭미초, 신방학초, 신창초, 신화초, 쌍문초, 월천초, 창동초, 창원초
  - 신규 2개교: 가인초, 오봉초
- 내용 및 목적
  - 기존 '도봉형마을방과후활동' 명칭을 '마을과 함께하는 도봉형방과후학교'로 변경
  - '마을과 함께하는 도봉형방과후학교' 참여 학교의 방과후학교 직접 운영
  - 학교 ⇔ 도봉구 수의계약에 의한 공공위탁 방식 적용(2019. 운영 방식 동일)
    *관련 근거: 지방자치단체를 당사자로 하는 계약에 관한 법률 시행령 제25조
  - 비교과(특기적성)인 문·예·체 중심의 프로그램 운영
  - 마을학교 등 지역사회 인적·물적 자원 연계 지원
- 추진 일정

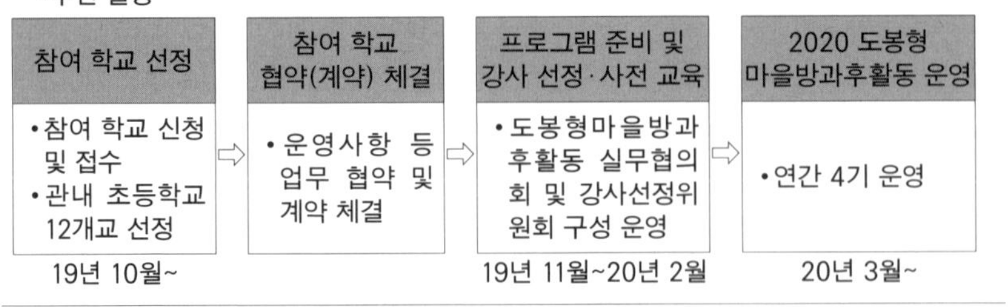

출처: 서울시 도봉구청

방안'에 대한 연구를 진행했고, 이와 함께 서울시교육청이 이 사업에 참여하도록 제안했으며, 도봉구 관내 학교의 신청을 받아 운영하고 있다. 2017년 5개 학교에서 2020년 현재 12개 학교로 확대되고 있다. 도봉구의 방과후학교 직접 운영은 도봉마을방과후활동운영센터(이하 방과후센터)와 도봉구 교육지원과가 협력하여 운영한다. 2017년 2월 1일 자로 개소한 방과후센터는 학교의 방과후 업무를 전적으로 맡아서 운영한다. 주요한 업무는 비교과 방과후[33] 전담 운영, 강좌 개설, 강사 관리, 학생 관리, 방과후강좌 안내 책자 제작, 월별 강사료 지급, 보험 가입, 학교와의 업무 협의, 학부모 만족도 조사 등이다.

2) 서울시 중구 사례

서울시 중구는 국내에서는 처음으로 초등학교의 돌봄교실을 중구청이 직접 운영하고 있다. 중구 또한 서울형혁신교육지구를 운영하고 있는데, 학교와 마을의 연계 협력을 강화하고 마을에서 아이들을 직접 돌보는 모델을 만들기 위해 다양한 시도 끝에 학교의 돌봄교실을 지자체가 직접 운영하게 되었다. 2019년 흥인초등학교를 시작으로 현재 5개 초등학교의 14개 돌봄교실을 직접 운영하고 있고, 돌봄교사 수도 일반학교에 비해 2~3배 많고 돌봄보안관도 별도로 채용하는 등 매우 적극적인 시도를 하고 있어 학부모들의 만족도가 99%에 이르는 등 놀라운 성과를 보여 주고 있다. 문재인 정부의 초등 온종일돌봄정책이 시행 중인데, 중구의 모델은 전국적인 모델로 부상하고 있다. 특히 코로나19 사

---

33. 비교과: 국어·영어·수학·과학 등의 주지 교과가 아닌 특기·적성 분야의 문화·예술·체육·기타 활동 등을 말함. 초등학교의 방과후는 90% 이상이 특기·적성의 비교과 방과후로 이루어짐.

태로 긴급 돌봄이 많은 이슈가 되고 있는데, 지자체가 별도로 직접 운영하고 있기 때문에 안정성이 매우 높고, 특히 교직원들의 열띤 호응을 받고 있다.

[그림 12] 2020 서울시 중구 돌봄교실 운영계획서

중구형 돌봄교실 운영 현황: 중구 관내 5개교

구분	시설명	위치	교실 수	정원	이용률	개소일
중구	흥인초 돌봄교실	청구로6길 11	3	75	100%	19. 3. 4.
	봉래초 돌봄교실	손기정로 73	2	50	100%	19. 9. 2.
	광희초 돌봄교실	다산로 269	2	50	-	20. 3. 2.
	남사초 돌봄교실	퇴계로22길 17	3	75	-	20. 3. 2.
	청구초 돌봄교실	다산로 170	4	100	-	20. 3. 2.
	합계	5개소	14	350		

운영주체: 중구청
- 구청: 돌봄 총괄계획 수립, 돌봄인력 교육훈련, 프로그램 운영 등
- 공단: 돌봄인력 운용, 돌봄시설 조성·관리, 안전관리, 급·간식 운영 등
  - 중구시설관리공단은 「지방공기업법」 및 「서울특별시 중구 시설관리공단 설립 및 운영에 관한 조례」에 따라 중구청에서 전액 출자하여 설립된 기관으로 중구청장의 관리감독을 받는 중구 소속 기관임

출처: 서울시 중구청

3) 국외 사례[34]

몇몇 외국의 방과후정책은 방과후에 대한 개념과 정책이 매우 청소년 친화적이면서도 인간에 대한 존중이 깊게 배어 있다. 역설적이게도 한국의 「교육기본법」에 명시된 전인적인 성장과 발달을 그들이 더 열심히 실천하고 있는 게 아닌가 생각된다. 그들은 방과 후의 시간과 방과후활동

34. 「해외 방과후돌봄정책 사례 분석」(2019. 4. 한국교육개발원).

을 교육의 연장선이 아니라 여가시간의 개념으로 보고 있으며, 방과후활동의 주체와 권리는 학생과 청소년 스스로임을 명확히 하고 있다. 따라서 이를 지원하기 위해 국가와 지방자치단체는 지역의 마을교육공동체와 협력하여 마을 곳곳에 촘촘한 방과후활동 인프라를 갖추어 운영하고 있다. 스웨덴, 독일, 핀란드의 사례를 보면 다음과 같다.

① 스웨덴 방과후활동의 특징

- 스웨덴의 방과후활동은 초등학교 저학년을 위한 학교 내 레저타임센터와 초등학교 고학년 이상을 위한 학교 밖 레저타임센터(한국의 청소년문화의집과 같은 공간)를 지자체가 책임지고 운영한다.
- 스웨덴에서의 방과후활동은 국가와 부모가 공동의 책임과 협력으로 함께 아이를 키운다는 것을 의미한다.
- 스웨덴은 기초지방자치단체인 코뮌을 중심으로 지역 특성에 맞는 일원화된 방과후정책을 추진하고 있다. 코뮌이 방과후정책·사업과 관련된 계획, 실행, 예산 등 거의 모든 것을 주도한다.
- 스웨덴은 방과후 프로그램 및 운영 내실화를 위한 전문 인력 양성 시스템을 탄탄히 구축하고 있다. 스웨덴에서 여가지도교사leisure-time-pedagogues는 고등교육법에 의거하여 전공 180점을 이수하고 장기간 실습을 마쳐야 교사 자격을 취득할 수 있다.
- 교사 자격 취득으로 인해 학교 정규 수업 시 학급 교사와 협업하여 수업을 진행하기도 하고, 방과후 프로그램을 운영할 때도 서로 협력하여 공동으로 활동을 진행할 수 있도록 하고 있다.

② 독일 방과후활동의 특징

- 독일의 방과후활동에 대한 지원은 촘촘한 공적 시스템에 의해 작동된다. 지자체의 청소년청이 중심이 되어 학교, 지역의 아동청소년단체, 종교단체 등과의 유기적인 협력체계 안에서 방과후활동 사업이 진행된다. 정규 교육활동 이후의 아동·청소년 안전망 과제를 학교교육이 아닌 기타의 공적 사안으로 간주하여 학교 밖에서 전담하도록 함으로써 학교들이 기능과 역할의 과부하 문제로부터 벗어날 수 있도록 하고 있다.
- 독일의 방과후활동 정책은 주로 학교 밖이라는 공간적으로 구분된 차원에서 공적 기관을 중심으로 이루어진다. 학교와 지역사회단체와의 유기적인 협력관계 안에서 운영되고, 운영 주체들은 오래된 사회교육학의 전통에 기초한 정규 대학 전공자들로서 자격을 갖춘 준공무원 이상의 안정된 지위에서 전문적인 역량을 발휘하고 있다.
- 독일의 방과후활동은 풍부한 청소년 여가 및 문화시설 제공, 음악 및 미술 등과 같은 문화예술적 체험, 여행과 같은 낯선 자연 및 문화에의 접촉 등을 중심으로 전통적으로 자기형성을 의미하는 Bildung 개념에 뿌리를 둔 교육철학으로부터 기인한다.

③ 핀란드 방과후활동의 특징[35]

- 핀란드 미성년자의 89%가 취미활동을 하고 있으며, 취미활동을 하는 미성년자의 절반 이상이 스포츠 그룹에서 활동한다. 스포츠 그룹에는 하키, 육상, 축구, 승마, 댄스 등이 있다.

---

35. 한국교육개발원 교육정책네트워크 해외 교육 동향 기획 기사(2020. 1. 29).

- 핀란드는 지역사회와 협력하여 학생이 학교 밖에서도 스포츠 등의 다양한 활동을 할 수 있도록 지원한다. 핀란드는 전통적으로 교회나 시민단체 등 지역사회 마을공동체에서 아동의 교육이나 활동을 책임진다. 또한 숲이 국토의 70%를 차지하기 때문에 자연 속에서 트레킹을 하거나 채집활동을 하는 등 스트레스를 건강하게 해소할 선택지가 다양하다.

6. 마을과 함께하는 방과후활동 활성화를 위한 과제

1) 청소년 공간 확충의 절박함

한국의 청소년들은 방과 후에 갈 수 있는 곳이 학원과 PC방밖에 없다고 한다. 정말 그런지 실태를 파악해 보면 청소년들이 갈 수 있는 곳, 청소년들의 전용 시설이 턱없이 부족하다. 그런데 청소년의 다양한 활동을 적극적으로 지원하기 위해 국가는 「청소년 기본법」과 「청소년활동진흥법」을 두고 있다. 특히 「청소년활동진흥법」에 의하면 "청소년문화의 집을 전국의 읍·면·동에 1개소 이상씩 설치·운영하여야 한다"라고 강제규정으로 되어 있다. 이 법이 100% 지켜지고 있다면 그나마 청소년들의 공간이 읍·면·동에 1개씩 있어서 청소년들이 다양한 활동을 할 수 있을 텐데 현실은 그렇지 않다. 10%도 아닌 고작 8.2%인 289개 정도만 전국에 있는 것이다. 아직도 3,221개가 더 만들어져야 하고, 또한 읍·면·동에 1개소 이상이기 때문에 인구가 많은 읍·면·동은 2~3개가 있어야 한다.

독일에는 전국에 청소년 시설이 1만 6,000개 정도가 있다. 한국이라면

[그림 13] 청소년문화시설과 노인여가복지시설 현황 비교

대한민국
청소년문화시설 VS 노인여가복지시설

477 VS **68,013**

(전국 읍·면·동당 0.1개) (전국 읍·면·동당 19.4개)

전국 청소년수련관 185
전국 청소년문화의집 270

전국 노인복지관 385
전국 경로당 66,286
전국 노인교실 1,342

- 전국 읍·면·동 전체 수는 3,510개
- 독일의 청소년 여가시설(유인) 약 16,000개 = 한국의 PC방 수
  (한국 읍·면·동당 4.57개에 해당)

전국의 읍·면·동(3,510개)

시·도별 \ 구분		시·군·구				행정시·자치구가 아닌 구		읍·면·동				출장소			
		계	시	군	구	시	구	계	읍	면	동	계	시·도	시·군·구	읍·면
계(17)		226	75	82	69	2	32	3,510	226	1,184	2,096	79	7	13	59
특별시	서울	25			25			424			242				
광역시	부산	16		1	15			206	3	2	201	1		1	
	대구	8		1	7			139	6	3	130	2			2
	인천	10		2	8			152	1	19	132	5	1	1	3
	광주	5			5			95			95				
	대전	5			5			79			79				
	울산	5		1	4			56	5	7	44				
특별자치시	세종							19	1	9	9				
도	경기	31	28	3			17	564	36	104	424	8	1	5	2
	강원	18	7	11				193	24	95	74	8	2	0	6
	충북	11	3	8			4	153	15	87	51	3	3		
	충남	15	8	7			2	207	25	136	46	4			4
	전북	14	6	8			2	243	15	144	84	1		1	
	전남	22	5	17				297	33	196	68	26		1	25
	경북	23	10	13			2	332	36	202	94	14		1	13
	경남	18	8	10			5	308	21	175	112	7		3	4
특별자치도	제주					2		43	7	5	31				

2019 지방자치단체 행정구역 및 인구현황(행정안전부)

읍·면·동별로 약 5개의 청소년 시설이 있는 것과 같은 수치다. 가히 청소년의 국가, 청소년을 위한 국가라 할 수 있다. 한국은 유엔아동권리협약을 비준한 국가로 아동의 인권 향상을 위해 노력해야 하는 의무가 있다. 청소년들의 여가 생활은 유엔아동권리협약의 핵심 사항으로 매우 중요한 의미를 가진다. 한국의 청소년들이 OECD 국가 중에서 가장 낮은 행복지수를 보이는 것은 이를 반증한다. 하루빨리 「청소년활동진흥법」을 지켜야 할 것이다.

2) 교육부, 여성가족부, 시도교육청, 지자체의 역할

앞에서 지적한 것처럼 방과후학교는 방과후활동으로 전환되어야 한다. 현재 한국의 방과후학교는 정규 교육 이후의 교육활동이라는 성격을 띤 정규 교육의 연장이며, 사교육 경감 대책이 목표인 정책이다. 여기에는 학생들의 여가와 휴식이 보이지 않는다. 방과후학교가 아닌 방과후활동으로, 학업이 아닌 여가의 시간으로 대전환되어야 한다. 마침 「청소년 기본법」에는 청소년 방과후활동의 지원을 명시하고 있다. 여기에는 청소년들의 전인적 성장·발달을 지원하기 위한 국가와 지방자치단체의 의무가 정확히 규정되어 있다. 필자는 「청소년 기본법」에서 제시한 대로 국가와 지방자치단체가 자기의 역할을 정확히 해 주기를 바라고 또 바란다. 「청소년 기본법」에 근거하여 현재 시·군·구별로 '청소년방과후아카데미'[36]를 운영 중인데, 이 법의 중요성에 비해 재정이나 시설의 수가 부족해 전국에서 약 1만 명의 청소년이 참여하고 있다.

---

36. 청소년방과후아카데미는 2005년 46개소 시범 운영을 시작하여 2006년 전국적으로 확대, 현재 청소년수련관, 청소년문화의집 등의 지자체 공공시설에서 260개소가 운영되고 있다.

[표 17] 청소년 기본법의 방과후활동

청소년 기본법 48조의 2(청소년 방과후활동의 지원)
① 국가 및 지방자치단체는 학교의 정규 교육으로 보호할 수 없는 시간 동안 청소년의 전인적(全人的) 성장·발달을 지원하기 위하여 다양한 교육 및 활동 프로그램 등을 제공하는 종합적인 지원 방안을 마련하여야 한다. ② 제1항의 종합적인 지원 방안 마련에 필요한 사항은 대통령령으로 정한다.

[표 18] 청소년 기본법 시행령 제33조의 3~5

- 제33조의 3(청소년 방과후활동 종합지원계획의 수립) ① 법 제48조의 2에 따라 여성가족부장관과 특별시장·광역시장·특별자치시장·도지사·특별자치도지사(이하 "시·도지사"라 한다)는 매년 청소년 방과후활동 종합지원계획(이하 이 장에서 "방과후종합지원계획"이라 한다)을 수립·시행하여야 한다. 〈개정 2018. 6. 5.〉
- 제33조의 4(방과후활동 종합지원사업 실시) ① 여성가족부장관과 시·도지사 및 시장·군수·구청장은 청소년의 방과후활동을 지원하는 청소년 방과후활동 종합지원사업(이하 이 장에서 "방과후사업"이라 한다)을 실시할 수 있다. 이 경우 방과후사업은 장애청소년과 다문화청소년 등 특별한 교육 및 활동이 필요한 청소년을 대상으로 할 수 있다.
- 제33조의 5(청소년 방과후활동 종합지원센터의 설치·운영)

① 여성가족부장관과 시·도지사는 청소년의 방과후활동을 종합적으로 지원하기 위하여 청소년 방과후활동지원센터(이하 이 조에서 "지원센터"라 한다)를 설치·운영할 수 있다.

② 여성가족부장관과 시·도지사는 지원센터를 방과후활동의 운영에 관한 전문성이 있는 법인 또는 단체에 위탁하여 운영할 수 있다.

[표 19] 청소년 방과후활동지원센터

- 청소년 기본법 시행령 제33조의 5(청소년 방과후활동지원센터의 설치·운영)

③ 지원센터는 다음 각 호의 사업을 수행한다.

1. 방과후종합지원계획의 수립·시행
2. 방과후사업의 운영 관리, 컨설팅 및 평가
3. 청소년의 방과후활동 지원을 위한 국내외 자료조사
4. 방과후사업의 업무 종사자를 위한 교육·연수(여성가족부장관이 설치하는 지원센터만 해당한다)
5. 방과후사업의 운영모형 개발(여성가족부장관이 설치하는 지원센터만 해당한다)
6. 그 밖에 청소년의 방과후활동을 종합적으로 지원하기 위하여 필요한 사업

[표 20] 2020 방과후학교 가이드라인의 방과후지원센터
(17개 시도교육청+교육개발원 공동제작)

[방과후학교지원센터]

1. 목적

방과후학교지원센터는 지역사회의 활용 가능한 자원과 단위 학교를 연계하여 단위 학교의 방과후학교 운영을 지원한다.

2. 설치

① 교육(지원)청은 방과후학교의 효율적 운영을 지원하기 위해 다양한 형태의 방과후학교지원센터를 별도 조직으로 설치·운영할 수 있다.

② 방과후학교지원센터의 형태는 교육청 단위, 교육지원청 단위, 지자체 공동, 공익재단 등의 운영이 가능하며, 지방자치단체 공동 운영을 권장한다.

그런데 「청소년 기본법」과 시행령이 꼭 '청소년방과후아카데미' 형식으로만 시행되어야 하는 것은 아니다. 국가와 지자체의 노력 여하에 따라 독일과 같은 다양한 방과후활동을 만들 수 있고, 또한 만들어야 하는 시대가 도래했다고 생각한다. 무엇보다 교육부와 전국의 17개 시도교육청은 시도별 특성에 맞는 지역 방과후활동 모델을 만들도록 노력해야 한다. 예를 들어 초등학교 1~3학년은 학교 안에서 돌봄교실을 확장한 여가센터로 확대 운영하고, 초등학교 4학년 이상은 학교와 지역이 함께 운영하는 다양한 방과후활동에 참여할 수 있도록 폭넓은 인프라를 구축해야 할 것이다. 이를 위해서 시도교육청별로 방과후학교 혁신 TF를 해당 지자체와 함께 공동으로 운영하고 혁신적인 모델을 만들어야 할 것이다. 방과후학교를 학교에서 지역으로 단순 이관하는 것을 넘어서 청소년의 행복한 방과후활동을 새롭게 만드는 혁신적인 방과후활동의 모델을 찾고, 만드는 것이 제일 우선되어야 한다.

3) 마을교육공동체의 역할

스웨덴, 독일, 핀란드의 사례를 보면, 청소년의 다양한 방과후활동의

운영과 지원에는 지지체와 지역의 시민사회단체와 민간기관 등 마을공동체의 역할이 매우 중요하다.

현재 서울을 비롯한 전국 17개 시도의 약 170개 기초지자체에서는 혁신교육지구(행복교육지구) 사업을 진행하고 있다. 혁신교육지구는 교육청·지자체·민간단체 등이 거버넌스(협치)를 구성하여 함께 모색하고 공동으로 사업을 진행하는 방식이다. 학교는 정규 교육에 집중하도록 지원하고 마을에서는 다양한 방과후활동 모델을 만드는 시도를 하고 있다. 마을과 학교가 협력하여 가고 싶은 학교, 살고 싶은 마을을 만들기 위한 전국적인 시도인 것이다.

따라서 이러한 마을 단위 거버넌스(협치)를 기반으로 전국의 226개 기초지자체 단위, 3,510개 읍·면·동 단위의 마을교육공동체가 구성되어 민과 관이 함께 손을 잡고 지역의 청소년들이 다양하고 활발한 방과후 활동을 할 수 있도록 지원해야 한다. 이러한 노력이 계속 발전된다면 유럽의 모델을 넘어 한국만의 고유한 전통과 문화가 담긴 한국형 방과후 모델을 만들 수 있을 것이다.

지역교육력과 학교자치: 교육 거버넌스 관점을 중심으로

김용련(한국외국어대학교 교수)[37]

1. 미래교육 환경 변화

사회·경제·문화적으로 훌륭한 지역사회에 후진적인 학교가 존재하지는 않는다. 마찬가지로 학교는 유난히도 훌륭한데 그 지역사회가 후진적인 경우도 거의 없다. 민주적 시민의식이든 사회·경제적 배경이든 학교와 지역사회의 수준은 대부분 비슷하다. 지역의 교육적 역량이 학교의 수준을 결정하기 때문이다.

지난 십여 년간 우리 교육체제를 지배해 왔던 신자유주의적 관점에 대해 최근 다양한 비판과 새로운 대안이 제기되고 있다. 교육현장에서 자연스럽게 나타나는 이러한 현상들은 학교의 울타리가 낮아지고, 학교의 안과 밖이 어우러지는 학습활동이 보편화되고, 지역의 교육 자원이나 인프라를 통한 배움의 사례들을 포함하고 있다. 학교라는 울타리와 교실이라는 제한적 환경에서는 창의적 체험활동, 민주적 시민교육, 생태

37. 한국외국어대학교 사범대학 교수. 교육정책 및 행정 전공. 전국마을교육공동체포럼 정책위원장. 교육혁신의 실천 그리고 학교와 지역사회가 함께하는 마을교육공동체 확산에 기여하고 있다. 삶과 배움이 일치하는 생태적 교육, 네트워크와 신뢰를 바탕으로 하는 교육생태계, 그리고 이를 통한 생태적 민주주의 실현을 위해 노력하고 있다.

적 공동체 학습, 진로교육, 동아리 활동 등을 실현하기가 쉽지 않다. 이를 위해 지역의 사회·경제적 맥락 속에서 그 지역 사람들과의 상호작용을 통한 생태적 지역교육이 점차 확산되어야 한다.

지난 20여 년간 진행되어 온 교육자치의 흐름도 이와 같은 지역교육 강화라는 추세와 밀접하게 연관되어 있다. 지역화된 교육을 위해 지역의 자치적 역량과 제도의 개선은 교육혁신을 위한 필수적 과정이다. 지금까지 교육자치와 관련된 논쟁들은 주로 '교육감 직선제도'라든지 '교육위원회의 독립적 운영' 혹은 '일반자치와의 관계 설정' 등과 같이 큰 단위의 정치적 혹은 제도적 분야에 집중되어 왔다. 하지만 교육자치의 본질은 교육의 주체들이 교육에 대한 권한을 갖고 그들의 행동과 책임을 공유하는 것이 되어야 한다. 이때 교육 주체들이란 지역사회와 학교를 의미한다. 어찌 보면 교육자치는 우리(교육 주체)의 손으로 교육감을 직접 선출하는 것 이상으로, 교육현장에서 실천에 대한 우리의 결정권을 확대하는 것이 더욱 중요하다. 그리고 이러한 인식과 실천의 변화는 미래교육의 시작점이 되어야 한다.

1) 학교 밖 교육의 공교육화

그동안 우리 사회에서 공교육은 곧 학교라는 등식이 일반화된 논리였다. 학교교육만으로도 충분했던 시절에는 학교에서 열심히 배우면 다른 교육이 필요하지 않았다. 그런데 이제는 아이들의 배움과 성장이 학교에만 국한되지 않는다. 오히려 학교보다는 학교 밖에서 배우는 시간과 기회가 점차 확대되고 있고 이러한 흐름은 앞으로도 지속될 것이다. 최근 마을교육공동체를 통해서 아이들은 학교의 울타리를 넘나들고 지역의 경계를 허물면서 배움을 실천하고 있다. 공교육이 학교교육만을 의미한다면 학교 밖 아이들의 배움과 성장은 사교육으로 치부될 것이고, 학교 밖 교육에 대한 공적 책임과 지원은 외면될 수밖에 없다. 미래교육은 학교의 안팎을 구분하지 않는데 지금의 공교육 체제가 학교교육에 국한되는 현실이 지속된다면 교육의 불일치는 점차 심화될 것이다. 이러한 관점에서 학교 밖 교육의 공교육화는 앞으로 강화될 것이고, 이에 따른 교육행정과 자치제도의 역할이 재고될 필요가 있다.

2) 조직에서 네트워크의 시대로

교실이라는 제한된 환경 속에서 교과서를 통해 획일화된 방법으로 지식을 습득하는 기존의 교육 방식에서 벗어나 지역사회 네트워크 안에서 경험과 실천을 통해 배움을 실현하는 사회생태적 접근은 미래교육의 한 지향점이 될 것이다. 그동안 산업화 시대를 거치면서 사회는 효과적이고 효율적으로 문제를 해결하기 위해서 조직을 만들었다. 국가, 정부, 기업, 그리고 학교와 같은 조직은 목표가 있고 이를 달성하기 위해 일사불란하게 작동하는 메커니즘을 선호해 왔고, 이러한 메커니즘을 운영하는 행위와 체제가 행정의 개념이었다. 효과와 효율이라는 가치는 학교 조직에도 그대로 투영되어 분업과 전문화의 원리가 적용되었고 이는 교과의 구분, 학급과 학년의 나눔, 학교(급) 간의 분절, 학교와 지역의 분리 등으로 나타나게 되었다. 미래교육을 위해 학교를 네트워크 구조로 만든다는 것은 이처럼 분리된 교과를 통합시키고, 학급과 학년의 벽을 낮추고, 학교 간의 협력이 이루어지고, 학교와 지역을 연결하는 것을 의미한다.

미래 사회를 준비하는 많은 기업들은 이미 조직을 유연화시키고, 수평적 구조로 전환하고, 전사적 팀제로 바꾸면서 네트워크 구조를 만들어 가고 있다. 이러한 수직적이고 경직된 조직을 위한 것이 아니라 유연하고 수평적인 네트워크 중심의 플랫폼을 운영하기 위한 행위이자 체제가 되기 위해서 교육제도는 앞으로 통치government의 개념이 아니라 협치governance의 개념을 적극적으로 수용해야 한다.김용련, 2019 학교와 지역사회를 네트워크 구조로 만들기 위해서는 그동안 분절·분리되었던 교과 간의 통합, 학급과 학교 간의 소통, 학교와 지역의 연결을 통해 배움과 삶을 일치시키기 위한 조건과 환경을 조성해야 한다.

3) 탈중심적 연대의 확대

최근에는 마을교육을 위해 일반자치(지역자치단체)와 교육자치(교육청)의 협력적 거버넌스가 나타나고 있고, 학교와 지역사회가 협육協育을 위한 공동체적 노력을 기하고 있으며, 지역교육 자원을 개발하고 이들을 연결시키고자 하는 교육공동체가 등장하고 있다.김용련, 2015 지역과 학교의 협력을 바탕으로 한 혁신적인 교육 실천은 그동안 유지되어 온 신자유주의적 교육체제를 극복할 수 있는 대안이라는 인식이 강화되고 있다.Merrian, Courtenay, & Cerverim, 2006 이러한 흐름은 과거 학생, 학부모, 교사만을 포함하는 교육 주체의 구도를 바꾸어 나가고 있다. 그동안 교육의 변방에 위치했던 일반자치와 지역사회가 이제는 엄연한 교육의 주체로서 교육혁신을 주도하면서 교육 거버넌스를 실현시키는 사례들이 점차 증가하고 있다. 이러한 협치를 위한 행정은 어느 한 주체의 일방적 주도와 견인에 의한 것이 아니라 다자간의 탈중심적 연대를 통해 이루어지고 있다. 실제로, 지난 몇 년간 혁신교육지구사업이나 마을교육공동체를 통해 일반자치와 교육자치 그리고 주민자치가 유기적으로 만나 지역사회를 하나의 학습생태계로 조성하려는 노력들이 결실을 맺고 있다.

2. 지역의 교육력

자연의 생태계 안에서는 모든 구성 요소들이 서로 유기적으로 연결되어 있다. 외부 환경 변화에 적응해 나가는 과정에서 자기조직화를 통해 스스로 성장하는 자생성을 가지게 되고, 구성 요소들 간의 상호작용을 통해 서로 경쟁도 하지만 공동체 전체가 공진화하는 것이 생태계의 속성이다. 이러한 원리로 학교나 지역사회를 기반으로 한 교육생태계의 의미는 삶과 배움이 일치하는 네트워크 구조 속에서 사회적·교육적 변화에 스스로 적응하는 자생적 역량을 가지며, 배움의 결과가 개인의 발전과 함께 모두가 성장하는 공진화의 선순환 구조 혹은 체제를 말한다. 교육생태계 안에서는 언제, 어디서나, 그리고 누구와도 배움이 이루어질 수 있으며, 상호작용을 통해 학습자 스스로 구성하는 주체적 학습과정을 거치고, 배움의 결과는 성숙한 시민의식으로 지역사회에 환원된다. 만약 한 지역이 다른 지역에 비해 확연히 차이 나는 교육적 역량을 가지고 있다면, 이는 건강하고 지속가능한 교육의 선순환 구조를 가지고 있다는 것을 의미한다.

학교를 포함한 지역사회를 하나의 학습생태계로 인식하는 관점에서 보자면 지역의 전반적인 교육력을 향상시키는 것은 매우 중요한 일이다. 아직 우리 사회에서는 지역의 교육력이라는 개념이 익숙하지는 않지만, 일본은 이를 교육개혁의 다양한 영역에서 보편적으로 사용하고 있다.

지역의 교육력은 일본의 교육개혁을 위한 다양한 정책과 실천을 관통하는 하나의 중심적 관점으로서 일반적인 사회교육 혹은 평생교육의 차원에서뿐만 아니라 학교교육의 혁신을 추진하는 과정에서도 적극적으로 반영되고 있다. 지역의 교육력을 바탕으로 한 학교교육의 개혁이라는 측면과, 한편으로는 학교와 지역사회의 연대를 통한 지역의 교육력 향상이라는 측면이 교육개혁의 전반에 걸쳐 나타나고 있는 핵심적 가치이다. 지역의 교육력 향상을 위한 실천은 주민들의 자치적 역량 강화와도 밀접하게 관련되어 있다. 일본 전역에 퍼져 있는 커뮤니티스쿨, 공민관, 교육 NPO, 그리고 지역학습론 등이 이러한 지역교육력 향상을 위한 주민 자치적 기관들이다.

일본에서 지역의 교육력이란 개념은 학교-지역-가정의 역할을 제고하고 책임을 분담하기 위해 지역의 교육적 역량을 회복하고 학교교육, 지역교육, 가정교육의 연계를 확산해야 한다는 교육적 필요와 인식에 기초하고 있다. 이러한 관점에서 지역의 교육력은 '살아가는 힘(삶의 역량)'을 의미하며, 학생뿐만 아니라 지역 주민의 사회·직업(근로)체험, 지역 환경활동, 지역사회 참여활동 등의 교육적 기회를 지역사회가 제공한다는 측면으로 이해되고 있다. 지역에 살고 있는 아동의 인간 형성에 미치는 영향력이 곧 지역의 교육력이다.[정영근, 2012] 또한 지역이 그곳에 살고 있는 아동과 주민들의 인격이나 사회화를 형성하는 힘을 의미하기도 한다.

지역사회는 교육력을 위한 다양한 토대를 가지고 있다. 지역사회에 있는 산, 강, 논이나 밭과 같은 자연환경은 지역 아이들을 위한 놀이터이자 배움터이며, 지역사회에 내재한 제도, 문화, 풍습 등은 지역 주민들의 사회화를 돕는 교육적 기재이다. 지역사회에 살고 있는 주민과 이웃들은 서로가 교사이자 관찰자로서 교육적 역할을 수행할 수 있다. 하지만 현대사회에서는 이러한 지역의 교육력이 점차 쇠퇴하고, 학교가 지역 아동의 교육을 전적으로 책임지는 공식적 기관으로 자리매김하는 현상이 지속적으로 강화되어 왔다. 학교를 중심으로 한 공교육의 강화는 아이들의 배움과 지역의 사회적, 문화적, 교육적 환경이 점차 분리되는 결과를 초래하였다.

이러한 현상에 대해 최근에 일본 주민 스스로 지역의 과제를 인식하고 그 해결책을 강구하고 더 나아가 지역의 가치를 창출해 내는 힘을 회복하고자 하는 움직임이 나타났고, 이것을 지역의 교육적 역량으로 승화시키고 있다.[나가하타 미노루, 2015] 이러한 관점에서 지역의 교육력이란 지역의 교육적 과제를 해결하기 위하여 지역의 새로운 가치를 창출하고 구성원들의 성장과 발달을 실현시키는 힘과 작용을 의미한다고 볼 수 있다.

지역의 교육력을 향상시키기 위한 제도적 노력의 일환으로 2005년 일본 중앙교육심의회는 '가정·지역 교육력 향상에 관한 특별위원회'를 설치하여 운영하고 있다.[정영근, 2012] 이 특별위원회에서 발간한 심의경과보고서에는 지역교육력의 범위, 목적, 역할 등이 제시되어 있다. 먼저 지역교육력에서 지역의 범위는 주민들 간의 커뮤니케이션(소통)의 총체로서 초등학교 구區를 기준으로 하고 있음을 밝히고 있다. 자녀들을 같은 학교에 보내는 공간적인 범주에서 주민들 간의 긴밀한 소통이 이루어지기 때문에 학교구 정도를 지역적 혹은 마을의 범위로 상정하고 있는 것이다. 이러한 관점에서 보자면 일본 학교개혁의 일환인 커뮤니티스쿨 정책과 지역의 교육력 향상은 사실 같은 공간적 범주와 실천적 궤적에서 작동하는 교육 실천이라고 볼 수 있다.

그리고 심의경과보고서에 나타난 지역교육력의 목적은 주민들 간의 다양한 교류 및 상호작용에 의한 '정시 및 인성'의 육성을 지향하고 있다는 점이다. 구성원들 간에 계층을 뛰어넘는 교류를 통해 다양한 체험을 축적하고 이를 통해 지역 구성원들의 정서와 인성의 올바른 육성을 추구하고 있다. 이처럼 아동의 정서적·인성적 발달을 추구하는 바는 커뮤니티스쿨의 목적과도 일치하는 부분이다. 한편으로는 지역의 교육력을 통해 학교교육의 정상화를 도모하고 있고, 또 한편으로는 지역사회와 연계를 바탕으로 한 학교혁신(커뮤니티스쿨)을 통해 지역의 활성화를 도모하고 있는 것이다. 심의경과보고서는 지역교육력이 가지는 역할을 "풍부한 생활체험, 사회체험, 자연체험 등과 관련한 교육적 기회를 지역 아동과 주민에게 제공하는 것"으로 제시하고 있다. 구성원들 간의 상호작용을 통해 공동체적 관계를 형성하고, 지역사회의 규칙과 규범을 습득하고, 지역의 특수성과 가치를 창출하는 것이다. 주민들에게 살아가는 힘을 키우는 것이 목적이고 이를 위해 지역화된 교육 기회를 제공하는 것이 지역의 교육력의 역할인 것이다.

또한 이 보고서는 지역의 교육력 향상을 위해 필요한 세 가지 조건을 공동公同, 공생共生, 공육共育으로 제시하고 있다.

첫째는 지역 전체의 '아동 돌봄'에 대한 인식과 제도의 변화를 말하고 있다. 지역의 아동들을 돌보는 것과 양육 가정을 지원하는 것은 명백한 지역 공동의 책임이라는 점을 인식해야 된다는 것이다.

둘째는 지역의 현안을 해결하기 위하여 지역 자체의 힘(역량)을 길러야 한다는 것이다. 이는 지역의 역량과 지역의 공생을 포함하는 조건이다. 다시 말해서 지역의 교육력은 지역 주민들이 지역적 과제를 해결하기 위한 문제해결 역량을 강화하는 것이며 이를 통해서 결국 주민자치의 이념을 구체적으로 실현하는 공동체적 접근임을 명백히 제시하고 있다.

셋째는 가정과 지역의 효과적인 연계가 이루어져야 지역의 교육력이 증대된다는 것이다. 이는 공육共育에 관한 것으로 지역이 교육의 주체로 바로 서야 한다는 사회적 조건을 제시하고 있다. 이를 종합적으로 말하자면 지역의 교육력은 주민자치라는 지역적 토대를 통해 지역사회에서 이루어지는 공육과 공생을 도모하는 한편, 학교와 지역의 연대를 통해 지역의 주민자치적 역량을 키우는 선순환적 접근이라 할 수 있다.

3. 교육혁신을 위한 지역 교육 거버넌스

지역사회의 교육공동체를 구축하기 위해 다양한 교육 주체들이 참여하는 탈중심적 연대를 만드는 것은 기본적인 전제 조건이다. 이때 탈중심적 연대란 일반자치와 교육자치 그리고 교육 주민자치의 수평적이고 협력적인 관계 설정을 의미한다. 교육 거버넌스는 그동안 우리가 실천해왔던 민·관·학의 협력적 참여를 통한 권한의 분배를 넘어서 교육에 대한 책임을 공유하는 것을 포함하는 민주적 실천이 되어야 한다.

'분권과 협치'라는 거버넌스의 기본적 원리는 학교와 지역이 함께하는 교육공동체를 구축하고 운영하는 중요한 요소이다. 지역화된 교육을 지향하고 지역의 민주적 시민을 키우기 위한 것이 교육자치의 핵심이라면 그동안 중앙 집중적이었던 권한들이 이제는 학교와 지역 그리고 시민 영역으로 분권화되어야 한다.

1) 교육생태계를 위한 거버넌스

새로운 패러다임으로서의 거버넌스 개념은 교육을 위한 통치, 지배구조 형성, 의사결정 구조, 교육 실천 등과 같은 영역으로 확장·적용되고 있다. 교육 거버넌스는 "교육활동이 전개되는 다양한 장면에서 누가 어떤 수단과 방법을 동원하여 어떠한 과정을 거쳐 교육(기관)을 통제하는지에 관한 의사결정을 내리는 과정"으로 정의 내릴 수 있다.[Cooper et al, 2004: 135-160] 그리고 이러한 과정은 교육에 관여하는 중앙 및 지방정부, 단위 학교 등 다양한 조직들 간의 관계 속에서 통치와 권력 작용의 형태로 이루어진다. 교육정책에 관한 의사결정뿐만 아니라 교육 프로그램 및 활동을 생산해 내는 과정, 교과과정 및 교육활동을 실천해 내는 과정, 이를 평가하는 과정 등 모든 교육적 장면에서 행위자 간의 협력적 관계와 참여를 바탕으로 교육 거버넌스가 실현될 수 있다.

교육 거버넌스는 기존의 폐쇄적인 관점의 교육행정 체제에 대한 논의를 정치적 그리고 행정적으로 확장시켰다는 측면에서 의의를 지닌다.[안기성, 1997; 신현석, 2010a] 특히 교육문제의 논의구조를 교육 분야 이외의 영역으로 확산시키고, 교육 관련 행위 주체들의 요구와 주장에 대한 이해와 지평을 넓힌다는 장점을 지닌다.[신현석, 2011] 또한 교육 거버넌스는 다양한 참여자들 간의 관계망 속에서 통치와 권력 작용의 형태로 전개되기 때문에 지역사회의 교육적 자원을 활용하고 학생들의 배움을 지역 속으로 확장시키고자 하는 교육적 흐름을 견인할 수 있는 공동체적 리더십의 실현 방안이라고 볼 수 있다.[서정화, 2007; 주삼환, 2007; 안기성, 1997] 즉, 교육 거버넌스는 구성원들 간의 사회적 관계망 속에서 그들의 교육적 관심과 노력을 실현하기 위해 서로를 통제하고 협력하기 위한 자치적 체계로 이해될 수 있다.

교육의 지방자치화와 거버넌스 체제의 도입이라는 관점에서 보자면, 기존의 정부 주도나 교육청 주관의 정책적 혹은 정치적 접근은 이제 개선되어야 할 교육문화이다. 앞으로는 지역사회와 학교를 기반으로 하는 교육공동체 구축이라는 관점에서 지역의 많은 교육 주체들이 민주적 참여와 자생적 연대를 통해 학교공동체, 지역공동체, 교육자치 공동체를 이끌어 나가야 한다. 이를 위해 정부의 권위적·위계적 통제 체제를 극복하고, 행위 주체들이 권한과 책임을 공유함으로써 상호 조정과 협의를 기반으로 한 일반자치, 교육자치, 그리고 주민자치가 어우러질 수 있는 생태적 교육 거버넌스 체계가 확립되어야 한다. 생태적 교육 거버넌스는 지역 생태계를 기반으로 한 일반자치와 교육자치 그리고 교육 주민자치 간의 자생적 협력을 통한 지역교육 시너지(집단지성)를 창출하는 협치 구조와 과정이다.

이러한 거버넌스에 대한 관점들은 학교자치가 결코 지역사회와 분리될 수 없음을 시사한다. 교육문제의 논의구조를 교육 분야 이외의 영역으로 확장시킨다는 개념이나 지역의 관계망 속에서 권력 작용의 형태로 나타나는 것이 거버넌스라는 측면에서 학교와 지역사회의 연대는 필수적이다. 그리고 이를 위한 지역의 교육적 역량을 배양하는 것은 비단 지역사회의 역할뿐만 아니라 미래를 위한 공교육 제도의 역할이기도 하다.

2) 교육 거버넌스를 위한 주체별 역할

교육공동체를 위한 참여 주체들로 교육청, 광역 및 기초자치단체, 지역사회, 그리고 학교 등을 포함할 수 있으며, 이들 간의 관계 설정이나 역할 및 책임의 배분은 중요하다. 먼저 교육청은 공적인 교육자치 기관이자 교육 전문 기관으로서 해당 지역의 마을교육공동체의 비전과 중장기 계획 수립, 마을교육 공모 사업 주관, 마을교육 프로그램 개발 및 평가와 환류체계 구축 등을 포함한 지역의 교육적 활동을 지원하고 활성화시켜 주는 중추적인 역할을 담당해야 한다. 또한 지역 교육 거버넌스 체제 운영을 위해서 지역교육협의회 구성 및 운영, 지원 센터 운영 및 지원, 조례 및 제도 정비, 마을교육공동체 포럼 및 홍보 활동과 같은 행·재정적 지원을 시청과 함께 도모해야 한다.

일반자치 기관으로 지역자치단체의 주된 역할은 교육청과 함께 마을교육공동체 구축을 위한 행·재정적 지원과 교육 거버넌스 체제 운영에 기여하는 것이다. 지역사회의 교육적 환경을 개선하고 주민 교육활동 역량을 강화하고 이를 활성화시키는 일은 교육청의 전문성보다는 지자체의 행정력으로 이끌어 가는 것이 효과적일 수 있다. 최근에는 지자체가 중심이 되어 지역의 돌봄과 방과후활동을 학교에서 지역사회로 이전하는 사례가 늘고 있다. 지역에 있는 사회적 경제, 협동조합, 지역균형발전, 마을공동체 등과 같은 다양한 영역과 활동을 마을교육과 연계시키기 위해 지역의 교육 인프라를 발굴하고 이를 체계화하는 것이 지자체의 주된 역할이 되어야 한다.

하지만 교육자치와 일반자치의 협력만으로는 지역사회 교육공동체를 위한 생태적이고 협력적인 거버넌스를 완성할 수 없다. 주민들의 자발적·자생적 참여를 바탕으로 한 주민자치가 합류해야 비로소 지역사회를 기초로 한 교육공동체 거버넌스가 실천적으로 운영될 수 있다. 때문에 지역사회가 마을교육에 대한 올바른 인식을 공유하고 이를 실천하기 위한 참여와 협력을 활성화시켜야 한다. 이를 위해 지역의 물적·인적 자원 개발에 적극적으로 참여할 수 있는 발판으로서 지역 주민들의 교육 네트워크를 형성해야 한다. 또한 일반 주민자치활동과 교육 주민자치활동을 연계해 지역사회를 건강한 배움터로 조성하는 것 그리고 생태적 학습공동체를 구축하는 일이 궁극적으로 지역 주민의 삶을 향상시키는 것과 같은 활동임을 인식하고 이를 실천해야 한다.

지역사회 교육공동체 구축을 위한 학교의 실천은 주로 교육과정과 관련이 되어 있다. 사실 학교의 입장에서 보면 마을교육은 또 다른 업무이자 부수적 교육활동이기 때문에 교육과정을 연계시키는 것 외의 다른 영역은 부담이 될 수밖에 없다. 따라서 지역에 마을교육지원센터를 두고 프로그램 개발, 지역 자원 연계, 행정적 지원 등은 센터의 협력으로 학교의 부담을 덜어 주어야 한다. 마을교육을 위해서 학교는 정규 교육과정을 재구성하여 마을과 연계된 교육활동을 전개할 수 있다. 지역의 교육 인프라를 활용하고, 지역의 사회·문화·환경과 관련한 다양한 특징을 교육에 담을 수 있다. 그리고 학교에서의 배움을 지역사회 삶의 현장에서 실천할 수 있는 기회를 확대하고 마을과 함께할 수 있는 교육활동을 운영해야 한다.

4. 학교자치와 지역교육력

미래지향적인 교육혁신은 학교 민주주의와 학교자치로 구체화되고 내실화되어야 한다. 그동안 추진되어 온 '혁신교육'의 민주적, 생태적, 참여적 방향도 사실 학교 민주주의이자 자치였다고 볼 수 있다. 이제 학교자치가 좀 더 현실화되기 위해서는 지역사회의 협력을 수용하고 이들과 함께하는 새로운 협치적 방안들을 모색해야 한다.

1) 학교자치: 민주적 학교 운영

학교자치를 위해서는 구성원들이 학교 운영의 과정에 참여할 수 있는 권한을 보장하고 절차나 제도를 구비하는 것이 중요하다. 이때 학교 운영 영역은 주로 제도적(행정적) 측면인 학교조직 운영과 교육적 측면의 교육과정 운영으로 구분할 수 있다.

먼저, 제도적 측면에서 학교조직 운영의 민주화를 위해서는 학교 구성원들이 그들의 의견을 결집시키고 이를 의사결정 과정에 반영하기 위한 조직화가 자유롭게 이루어져야 한다. 따라서 학교 운영에 민주적으로 참여할 수 있는 제도적 조건을 구비하는 것이 중요하다. 예를 들면, 구성원들의 참여를 보장하기 위해서 교직원회, 학부모회, 학생회 등의 법제화나 제도화가 이루어져야 한다. 현재는 일부 지자체에서 학교자치에 관한 조례나 학부모회 설치·운영에 관한 조례를 구비하고 있으나 이러한 법적인 장치가 좀 더 보편화될 필요가 있다.

한편으로, 학교교육과정의 자치적 운영을 위해서는 학교나 교사가 교육과정 편성과 운영에 대한 보다 확대된 권한을 가져야 한다. 물론 이를 위해서는 국가 수준의 교육과정 운영의 개선이 전제적으로 이루어져야 하겠지만, 시도교육청 차원에서도 교육과정 편성 계획, 운영, 평가 등에 관련한 자율과 권한을 학교 단위나 교사 수준에서 행사할 수 있는 문화적·제도적 여건을 만들어야 한다. 아울러 학교 운영 및 교육 내실화를 위해서는 학교의 특수성에 부합하는 학교자치가 이루어져야 할 것이며, 이를 위해서는 교장 및 교사 공모 방식을 확대하여 학교의 혁신과 변화를 능동적이고 주체적으로 이루어 낼 수 있는 인적 구성이 가능하게 해야 할 것이다. 학교자치는 학내 구성원들의 민주적 참여와 교육 전문성으로 실현될 수 있는 것이다.

교육자치를 위해 중앙행정과 지방행정 단위의 거버넌스 체계가 필요한 것과 마찬가지로 학교자치를 위해서도 낮은 단위의 교육 거버넌스 체계가 확립되어야 한다. 이를 위해 학교 구성원(교장, 교사), 지역사회(주민), 학부모, 학생 등 다양한 교육 주체들의 학교 운영 및 교육 실천을 위한 참여와 협력이 활발해져야 한다. 지금까지 학교운영위원회를 통해 보여 주었던 다양한 교육 주체들의 참여적 역할은 단순히 부수적·보조적 수준에 불과하였다. 하지만 학교 민주주의를 위해서는 앞으로 이들의 참여가 주체적·중심적 역할이 되어야 한다. 학교운영위원회가 명실상부하게 학교자치의 최고 의사결정기구가 되기 위해서는 학교, 학부모, 지역사회뿐만 아니라 학생자치회가 참여할 수 있는 기회가 점차 확대되어야 한다.

2) 민주적 시민교육

학교 민주주의를 실현하기 위하여 민주적 시민교육을 강화하는 것이 중요하다. 앞서 언급한 학교 운영의 민주화나 구성원들의 기본권 보장 등은 절차적 혹은 제도적 영역의 문제였다면, 민주적 시민교육의 강화는 교육 내용과 실천으로 학교자치를 실현시키는 방안이다.

미래교육의 특징과 방향을 규정하는 많은 논의가 있겠지만, 한 가지 명확한 점은 앞으로 교육은 단편적 지식의 전달에서 벗어나 문제해결을 위한 실천적이고 종합적 역량을 함양하는 것이 핵심적 요소가 될 것이라는 점이다. 이러한 미래교육을 실현하기 위해서는 그동안 유지되어 왔던 일방적이고 수동적인 교수·학습활동을 지양하고, 경험적이고 생태적인 살아 있는 배움 활동으로 전환해야 한다. 이러한 살아 있는 교육은 삶과 배움을 일치시키는 학습이고 이를 위해서는 배움 활동이 사회나 자연 혹은 생태라는 맥락과 현실 속에서 이루어지는 경험 중심의 교육이 되어야 한다.

민주적 시민교육도 미래교육이 추구하는 하나의 지향인 만큼 교과서를 바탕으로 탈맥락화된 교실 상황에서 주어지는 학습 방법이 아니라,

실제적 상황이 전개되는 사회와 삶의 맥락 속에서 이루어져야 한다. 이를 위해서는 학교 울타리를 넘나들며 지역과 함께하는 교육 실천이 이루어져야 한다. 지역사회 네트워크 안에서 청소년들은 공동체의 사회, 정치, 경제, 생태적 현안이 무엇이고 이를 극복하기 위해 필요한 민주적 시민의 자질과 역할이 무엇인지 학습해 나가야 한다. 또한 학교 민주주의는 지역공동체가 어떻게 글로벌 공동체와 연결되며 이들의 상생을 위한 고민이 곧 민주적 시민교육임을 깨닫는 기회를 제공해 주어야 한다.

5. 학교자치를 위한 과제

최근 혁신교육지구사업이나 마을교육공동체 실천을 통해서는 다양한 교육 주체들이 민주적 참여와 상생적 협력을 어떻게 실현할 수 있는지를 경험할 수 있었다. 이러한 혁신교육의 실천은 앞으로 우리 교육의 미래가 어떠한 지향점을 추구해야 하는지 그 방향을 제시하고 있다. 같은 맥락에서 미래교육의 주제(키워드)는 교사전문성 자본, 지역의 협력과 상생, 분권을 통한 학교자치, 그리고 협치를 위한 협력적 교육 거버넌스 체제 등으로 표현될 수 있다.

학교 민주주의를 위하여 민주적 참여에 의한 학교자치, 학교 구성원들의 권리 및 권한 보장, 그리고 민주적 시민교육 등이 강화되어야 한다. 사실 학교 민주주의를 통해 미래교육을 구현하든지 미래교육을 통해 학교 민주주의를 실현하든지 이 둘의 관계는 상호 보완적일 수밖에 없다. 다시 말하면, 민주적 학교를 만들기 위해서 학교자치가 실현되어야 하고, 학교자치를 위해서는 중앙 부처나 시도교육청 단위의 권한이 학교와 교육 주체 수준으로 분권되어야 한다. 이를 통해서 높은 단위에서의 자치가 아니라 학교와 지역사회와 같은 낮은 단위에서 협치가 이루어져야 한다. 이처럼 낮은 단위에서의 실천은 교육 민주주의와 자치의 핵심이며 교육 거버넌스의 실체이다.

학교는 지역에 있고 지역은 학교라는 사회적 자본의 토대로 성장한다. 산업사회의 성과주의나 신자유주의의 경쟁 원리는 학교를 사회로부터 고립된 섬으로 만들었다. 이러한 분리와 분절이 수십 년 동안 진행되면서 공교육에 대한 모든 책임이 학교로 쏟아지게 되었고 이제 학교에는 과부하가 걸려 있다. 돌봄, 방과후, 학교폭력위원회, 창의적 체험, 그리고 각종 행정업무 등으로 교사들은 소진되고 있는데 정작 학교교육은 신뢰받지 못하는 현상이 일상화되어 가고 있다. 미래교육을 위한 거시적 담론이나 예측의 문제에 앞서 지금 당장 학교의 과부하를 해결하는 것이 우리의 당면한 과제이다. 그리고 이 과제는 지역사회가 함께 풀어 나가야 한다. 학교의 문이 열리고 지역의 교육적 역량이 강화되어 언제 어디서나 그리고 누구와도 배움이 이루어지는 상생의 교육생태계가 만들어져야 한다.

김용련(2019). 『마을교육공동체: 생태적 의미와 실천』. 살림터.
김용련(2015b). "시흥 마을교육 비전수립 및 정책추진 방안 연구". 한국외국어대학교교육공동체 연구센터.
김용련(2016). "마을공동체 구축을 위한 주민자치 실천 사례 연구: 나가노현 아치무라 주민자치활동을 중심으로". 『일본연구』 (70), 7-28.
서정화(2007). "한국 교육 거버넌스와 권한 배분". 제143차 한국교육행정학회 학술대회 자료집.
신현석(2010). "교육 자율화 정책 거버넌스의 분석 및 혁신 방안". 『한국정책학회보』 제19권 1호.
신현석(2011). "지방교육의 협력적 거버넌스 구축을 위한 쟁점 분석과 설계 방향 탐색". 『교육행정연구』 29(4), 99-124.
안기성(1997). "교육에서의 거버넌스(Governance)의 문제와 그의 장래". 『교육정치학연구』 4(1), 1-20.
양병찬·김용련·이진철·조윤정·전광수·이유진(2019). "혁신교육지구 사례 분석을 통한 마을교육공동체 체제 구축 방안 연구". 교육부.
주삼환(2007). "교육 거버넌스: 중앙정부의 권한과 역할, 한국의 교육 거버넌스와 권한 배분". 제143차 한국교육행정학회 학술대회 자료집, 17-45.
Bookchin, M.(2012). Social Ecology and Communism. May Day Publishing Co.
Cooper, Bruce S., Fusarelli, Lance D., and Randall, E. Vance.(2004). Better Policies, Better Schools: Theories and Applications. Boston, MS: Pearson
Somerville, P. & Haines, N.(2008). Prospects for Local Co-governance. Local Goverment Studies, 34(1), 61-79.

3부

코로나 시대의 마을교육

코로나 이후의 세계관 요청과
마을교육공동체의 이념적 지향
심성보

코로나 국면과 마을교육공동체
김태정

코로나 시대의 교육 거버넌스
채희태

코로나 이후의 세계관 요청과 마을교육공동체의 이념적 지향

심성보(한국교육연구네트워크 이사장, 마을교육공동체포럼 상임대표)[38]

1. 코로나 사태와 마을교육공동체의 위기

코로나 바이러스 감염증 공포는 전 세계를 뒤흔들고 있다. 인류는 일찍이 겪어 보지 못한 거대한 도전에 직면해 있다. 코로나19의 습격으로 인류가 만들어 온 세계 질서는 전례 없는 위기 국면을 마주하고 있다. 코로나19의 출현과 세계적 대유행은 우리 사회의 다양한 위기를 직면케 하는 전환점이 되었다. 코로나 국면에서 한 개인의 행동과 공동체의 안위, 부분과 전체가 생존 차원에서 상호 연결되어 있다는 것을 절실히 느꼈다.

그런데 신자유주의 파고로부터 상실된 공동체를 복원하고자 하는 국면에서, 설상가상으로 코로나 바이러스의 창궐은 학교교육의 위기와 함께 지역사회의 위기를 동시에 불러왔다. 신자유주의적 세계화로 인한 불평등 심화, 코로나19 팬데믹, 지구 온난화 등 커다란 위기에 직면한 민

38. 저자는 현재 한국교육연구네트워크 이사장, 마을교육공동체포럼 상임대표, 한국교육개혁전략포럼 대표, 부산교대 명예교수, 흥사단교육운동본부 상임대표 등의 활동을 하고 있다.

주주의는 확장된 시민성을 요구하고 있다. 코로나 사태가 발생하면서 그 동안 어렵게 일구어 온 마을교육공동체운동을 다시 호출하고 있다.

한편, 코로나19는 분명 세계적 위기이고 재앙이지만 우리에겐 뜻밖의 기회 또는 도전일 수 있다. 코로나 바이러스의 발병은 지역사회의 생태적 환경의 파괴로부터 비롯되었기 때문이다. 우리는 우리 사회가 이제껏 비접촉을 해 왔던 인간 소외의 현장, 즉 서로의 삶을 알지 못했던 타인의 삶에 '접촉'해야 한다. 이것은 우리 사회의 철학과 가치, 그리고 근본원리에 대한 새로운 성찰의 기회를 마련해 주고 있다. 이런 면에서 지역사회를 복원하고자 하는 마을교육공동체운동의 존재 의의는 더욱 부각될 것이다. 우리가 이에 대한 대처를 어떻게 하느냐에 따라 문명사적 대전환의 기회가 될 수도 있을 것이다. 이러한 가운데 지금 우리에게는 마을교육공동체운동의 새로운 가능성과 방향성을 모색하는 이념과 철학이 필요하다.

2. 포스트 코로나 시대의 새로운 세계관 요청

1) 공동체주의 세계관

인간 행동을 연구한 많은 학자들이 인간은 이기적이고 탐욕적이라고 한다. 본인의 이익을 위해서 존재한다고 한다. 이러한 인간에게 이성의 존재는 마치 신의 선물인 듯하다. 인류의 역사를 통해서 인간은 본인만의 이기심 추구가 결국 본인에게 해가 되었음을 깨닫게 되었다. 인간은 이성을 통해 때로는 양보도 하고 타인을 배려하는 것이 결국 모두에게 이익이 된다는 것을 자각하고 직접 체험하였다. 이러한 자각과 체험은 본인만의 이익 추구에 머물렀던 자유주의 또는 개인주의 사고가 이웃의 이익을 배려하고 돌보는 '공동체주의communitarianism' 사고와 만나는 순간이다. 이렇게 '공동체주의'는 결속력이 강한 우애와 연대의 가치 그리고 공동체의 복지를 소중하게 여긴다.

대구·경북 지역을 돕고자 나선 의료봉사진의 헌신은 양보와 배려의 상징이다. 대구 서문시장과 칠성야시장 상인들은 자원봉사 의료진에게 속옷, 양말, 도시락 등을 전달하며 그 헌신에 응답했다. 이뿐만이 아니다. 아산과 진천의 성숙한 시민의식, 광주 '달빛연대'의 손길, 마스크 양보 운동의 전개 등은 위험사회에 맞선 관심과 배려와 연대의 공동체의식이 얼마나 소중한지를 새삼 일깨워 줬다. 국민의 전국적인 성원과 기부 행위는 '공동체주의'의 대표적인 사례이다. 본인이 자신의 이익을 추구하는 것은 본능에 가깝다. 매우 자연스럽게 발생한다. 그러나 타인을 배려하고 양보하기는 쉽지 않은 행위이다. 끊임없는 학습과 훈련이 수반돼야 한다. 지방자치가 바로 이러한 학습과 훈련의 장이다.

『정의란 무엇인가』의 저자이자 공동체주의자로 알려진 하버드대 마이클 샌델 교수는 뉴욕타임스 기고를 통해 신종 코로나바이러스 감염증(코로나19)의 대유행을 계기로 '함께 사는 세상'으로 변화해야 한다고 주장했다. 그는 한국이 신종 코로나바이러스 대응에서 성과를 거둔 이유로 한국 사회의 '공동체 의식'에 주목했다. 샌델 교수는 외교부가 유튜브에 공개한 인터뷰에서 "한국이 성공적인 방역 성과를 거둔 이유 중 하나는 넓은 의미의 공동체 의식과 사회적 결속력에 있었다"라고 말했다. 그는 강력한 공동체 의식, 고동 분담의 정신, 공공선을 추구하는 데 필요한 결속력이 세계 각국의 코로나19 대응과 그 결과에 큰 영향을 미쳤다고 평가했다. 샌델은 "코로나19 위기에서 가장 큰 정의의 문제는 혜택과 부담이 얼마나 잘 공유되는가 하는 것이다. 전 세계적으로 '우리는 함께한다'는 구호를 듣고 있지만, 일부가 지나치게 많은 위험을 감수하는 반면 누군가는 위험을 덜 부담하고 있다"라고 지적했다.

또 최전선에 있는 필수 인력들인 병원의 의사, 간호사뿐만 아니라 배달원, 식료품 점원, 창고 근로자, 경찰, 소방관, 위생 근무자들에게 의존하고 있으면서 정작 그들에 대한 대우는 제대로 하지 않고 있다며, "이제 우리는 좋은 대우를 받지 못하는 근로자들의 경제와 공동선에 대한 기여도를 어떻게 평가해야 할지 고심해야 한다"라고 말했다. 샌델 교수는 "지금 가장 큰 위험을 무릅쓰고 있는 사람들이 가장 낮은 임금을 받고 있다. 이들에게 합당한 대우를 해 더 평등하고 공정한 사회를 이룩해나가야 한다"라고 주장했다. 한국의 코로나19 확진자 이동 경로 공개의 개인정보 침해 우려에 대해서는 "생명이 걸린 일이니까 '공익'을 위해서 그 우려를 일시적으로 접어 둘 수도 있다. 하지만 코로나19 사태가 잦아들면 사생활 보호라는 가치를 다시 요구해야 한다"라고 지적했다. 한국의 방역 대처는 자유주의를 무시하지 않는 균형 잡힌 '공동체주의'의 위상을 잘 보여 주고 있다는 것이다.

그는 또 코로나19가 사회적 특권층의 사회적, 경제적 역할의 의미를 다시금 생각하게 만들었다고 지적했다. 샌델 교수는 코로나19 사태에서 재택근무가 가능한 직군은 비교적 안전하지만, 병원·식료품점·배달업·창고물류업 등 사회 전체가 크게 의존하는 직군이 큰 위험에 노출되고 있다고 지적했다. 그는 미국과 여러 유럽 국가에서는 기부 활동이 줄지어 일어났지만, 한국은 자선과 기부를 넘어선 행동이라며 '착한 임대인', '착한 선결제' 등 한국 시민사회의 운동을 높게 평가했다. 또한 트럭운전사, 창고 근무자, 배달 노동자, 경찰관, 소방관, 배관공, 건물 관리인,

슈퍼마켓 점원, 간호사, 간병 서비스 제공자 등은 코로나19 확산 속에서도 다른 사람들이 삶을 유지할 수 있도록 '헌신'하고 있다. 그러므로 이들에 대해 감사를 표하는 것을 넘어 이제 이들이 자신들의 기여에 걸맞은 대접받을 수 있는 경제와 사회가 될 수 있도록 재설계해야 한다는 것이다.

샌델 교수는 "이런 재조정 과정은 국가가 제공하는 복지에 관대해야 하는지, 엄격해야 하는지를 넘어서 공공선을 위해 헌신하는 민주적 시민에 대해 고민하는 과정이 필요하다. 위기를 겪은 뒤 새롭게 등장하는 경제는 정치에 해악을 미치고 국가적 공동체를 해치는 형태가 될 것인지, 아니면 건강 등의 위험을 감내하며 자신의 역할을 하는 노동자들에게 제대로 된 보상을 하는 경제가 될 것인지 정해야 한다"라고 말했다.

물론 당장은 기술적/의료적 해법을 찾아야 하겠지만, 보다 근본적인 대책은 우리 모두의 '정신적/육체적 면역력'을 증강하는 방향이라야 한다. 우리를 구제하는 것은 사회적 거리두기도 마스크 착용도 손 씻기도 아니니다. 또 장기적인 고립 생활이 면역력의 약화를 초래한다는 것도 기억할 필요가 있다. 이 세상에서 가장 무서운 것은 '공생의 윤리'를 부정하는, 그리하여 우리 모두의 면역력을 체계적으로 파괴하는 '탐욕'이라는 바이러스다. 여러 나라들이 취하고 있는 각자도생의 조치들과 세계 곳곳에 만연하고 있는 이방인에 대한 혐오와 차별을 극복하고 효과적으로 바이러스에 대응하기 위해서는 '공공의 신뢰'를 회복하는 것이 무엇보다 중요하다. 사실 '신뢰'는 국가와 사회, 개인을 막론하고 모든 상호관계의 가장 기본적인 전제 조건이지만, 코로나19로 인해 가장 크게 손상된 기본 가치의 하나이자, '포스트 코로나' 시대가 도래했을 때 우리 사회와 세계를 재건해 나가는 데 가장 필요한 '공공재'이기도 하다. 이런 맥락에서 공공재로서 공공선을 매우 중시하는 공동체주의자들의 사고와 잘 조응하고 있다.

코로나 사태의 대응 방식에서 한국의 정부와 시민사회는 독특한 '민주적 시민성democratic citizenship'을 잘 보여 주었다. 그것은 자유로운 개인인 동시에 공동체에 기여하는 좋은 시민으로 정의되는데, 코로나19로 인해 민주적 시민성과 함께 많은 영역에서 '신뢰'가 높아지고 있음을 보여 주었다. 코로나19로 인한 어려움 속에서도 우리는 개방성, 투명성과 민주성에 기초한 방역 성과로 국제사회가 지켜 나가야 할 가치와 원칙이 무엇인지를 나타냈다. 우리 국민들이 바이러스 감염에 대한 두려움 앞에서도 연대와 포용의 정신을 발휘해 마스크를 나누고, 수많은 자원봉사자들이 대구·경북으로 달려갔던 것처럼, 서로 불신의 장벽을 쌓는 대신 어떠한 위기도 함께 극복할 수 있다는 신뢰의 방벽을 우리 마음속에 단단히 쌓아 올리는 것이야말로 몸과 마음을 병들게 하는 바이러스를 이기는 가장 효과적인 방법이라는 것을 세계에 모범적으로 증명해 보인 것이다.

2) 공화주의 세계관

코로나19가 급속도로 확산되어 재난적 수준에 다다르면서 위기 상황을 극복하기 위한 정부뿐만 아니라 전 사회적 노력이 요청되고 있다. 정치공동체인 공화국의 운명은 위기 상황에 대한 대처 과정에서 쉽게 확인될 수 있다. 시민들이 '네 탓'만을 하며 공동체의 위기를 더욱 심화시키느냐 아니면 동료 시민과 공동 운명체에 대한 연대의식을 발현하여 위기를 훌륭하게 극복하느냐가 '공화국의 운명'을 가를 시금석이다. 공화국은 우리 모두의 것이며 그 구성원이 직접 나서서 감당하지 않으면 유지될 수 없다.

연세대 법학과 김종철 교수는 평소에도 필수적이지만 감염병 재난에 더욱 빛나는 것이 시민적 덕성이고, 재난은 우리의 공동체가 민주공화국임을 확인하게 되는 위기이자 기회라고 주장한다. 민주공화제는 헌정제도나 헌정원리만으로 작동하지 않는다. 민주공화제를 제대로 작동시키기 위한 핵심 요소는 공화제의 자산으로서의 공동체 구성원들의 '시민적 덕성civic virtue'이다. 이 무형적 자산이 없이는 아무리 훌륭한 제도나 원리라도 사상누각에 불과하다는 것이다. 공화주의[39] 정치철학자들은 대표적인 시민적 덕성으로 '정치참여political participation'를 중시한다. 공화주의 정치철학의 다양한 분파들은 시민적 덕성으로서의 정치참여의 본질과 특성 및 중요도에서 차이가 있지만 정치참여를 시민적 덕성으로 본다는 점에서는 크게 다르지 않다. 아리스토텔레스로 대표되는 고대 그리스의 공화주의는 사회적 동물인 인간의 본질 탓에 공적 사안에 대한 '정치참여'가 시민적 덕성의 핵심이다. 인간은 정치적 동물이며 시민은 정치를 통해 인간의 본질을 발현한다. 따라서 정치참여는 권리의 차원이 아니라 의무로 인식되는 시민 본연의 덕성이라고 할 수 있다.

이와 달리 로마나 중세 이탈리아의 공화주의 전통이나 이를 현대적으로 계승한 신로마공화주의파는 정치참여의 중요성을 부인하지 않으나, 이를 인간 본질의 발현이라고 보기보다 개인이 '자율성'을 발현하는 하나의 조건이자 수단으로 본다는 점에서 고대 그리스 공화주의와 차

---

39. 공화제를 뒷받침하는 정치철학인 공화주의(republicanism)가 자유주의와 같은 경쟁관계에 있는 정치철학과 확연히 구별되는 요소가 '시민적 덕성'이다. 덕 혹은 덕성이란 좋은 것, 즉 선(善)을 실현하기 위해 보여 주는 탁월한 능력이나 힘을 뜻한다.

이를 보인다. 그래도 정치참여를 시민적 덕성으로 보고 있다는 점에서는 다르지 않다. 특히 정치과정에서 시민의 숙의deliberation와 권력견제contestation를 가능하게 하는 시민의 정치참여가 공화제 성공의 관건임을 강조한다. 그리고 정치참여는 '시민적 책임성civic responsibility'의 표현이기도 하다. 공적 사안은 누구의 문제도 아닌 우리 모두의 문제이며, 공화국의 안전과 자유를 위협하는 모든 것은 우리 모두의 책임이다.

아리스토텔레스가 강조했듯이 정치참여를 통해 공적 문제를 시민의 문제로 자각하고 그 덕성을 발휘하여 합리적인 선택을 하는 자가 바로 공화국의 진정한 시민인 것이다. '자유주의' 정치철학자들은 정치참여가 자신의 몫을 관철하기 위한 권리이지 시민의 덕성은 아니라고 주장한다는 점에서 공화주의자와 경합적 관계에 있다. 자유주의에서 국가권력은 오로지 시민의 권리를 보장하기 위해 필요악으로 만들어진 피조물이다. 반면 '공화주의'에서 국가권력은 시민이 주체가 되어 정치적으로 선택하고 책임지는 공동생활의 필수조건이다.[40] 이렇게 본다면 우리나라의 방역 정치는 공화주의 국가 운영을 하고 있는 것이다. 태극기 부대가 광화문 집회 금지를 표현의 자유를 침해하고 있다고 주장하고, 이에 반해 정부가 집회의 자유보다 국민의 생명의 자유가 더 중요하다고 주장하는 것은 공화주의 세계관의 전형을 보여 준다.

코로나19 재난은 21세기 대한민국의 새로운 분수령이 될 것이다. 신자유주의의 광풍이 휩쓸고 지나간 자리에 남겨진 공화국의 과제와 미래를 일깨워 주는 중요한 계기가 될 수 있기 때문이다. 무엇보다 시민적

---

40. 자유주의자들(liberals)은 평등한 권리를 강조하고, 시민적 공화주의자들(civic republicans)은 실천으로서 시민성의 이념으로 이끄는 권리와 책임을 동시에 강조한다. 그리고 공동체주의자들(communitarians)은 개별 이익의 추구보다는 공동선의 추구, 자율성보다는 소속감, 개인주의보다는 집단의 연대를 강조한다.

덕성을 확인하는 기회로 삼을 필요가 있다. 우선 주권자인 시민은 방역의 대상이나 방관자에 머무는 신민적 존재가 아니라, 방역의 방향과 방법에 대한 실천적 과제를 제시하고 선택하며 실행하는 국가의 주체임을 보여 준다. 코로나19 대응 과정에서 여러 시행착오가 없었던 것은 아니지만, 대한민국이 '공화국으로서의 면모'를 전 세계에 보여 준 긍정적 징표를 확인할 수 있다.

공화국 정신을 무색하게 할 정략적 접근으로 공포와 혐오를 남발하는 행태가 없지는 않지만, 투명하고 과학적이며 절제와 동료애를 갖춘 대응으로 세계인의 평가를 받고 있다. 투명하고 과학적인 대응은 모든 정보의 공개 원칙을 통해 공적 현안을 시민적 선택의 과정으로 만드는 핵심적 요소다. 몇몇 국가들이 무한경쟁과 각자도생을 기본으로 삼는 천박한 자유주의 국가 모델의 재난 대응은 무분별한 '배제'와 '봉쇄'라는 일차원적 수준에 매몰되는 한계를 보인 것과는 대조적이다. 이는 자유주의 국가 모델이 시민적 덕성의 중요성을 소홀히 하여 너와 나를 따로 보고, 권력과 시민을 분리하고, 시장과 시민사회를 혼동하는 가치체계를 가진 근원적 한계에 기인한다.

우리의 경우 국가와 시민사회의 절제되고 적절한 대응과 균형을 이루면서 코로나 사태를 극복해 나갔다고 할 수 있다. 동료애에 투철한 응원과 격려, 희생과 봉사, 공공 영역과 민간 영역의 협업은 대한민국이 말 그대로 우리 모두의 '공화국임'을 확인시켰다. 투명·과학·절제·동료애에 기초해 감염병 재난에 대처하는 대한민국이야말로 시민적 덕성이 발현되고 발현될 수 있는 기본 조건을 갖추고 있음을 나타낸 것이다. 이번 감염병 재난에 대처하는 공동의 경험을 통해 확인된 투명·과학·절제·동료애가 평소에도 공화국의 시민적 덕성인 '정치참여'를 통해 교육되고 연마되며 공유되어야 할 것임을 깨닫는 것이 중요하다.

시민적 덕성의 진가는 단순히 당면한 재난 사태의 구체적 현실에만 한정된 일이 아니라는 점을 확인하는 것도 중요하다. 평소 감염병 재난의 가능성을 인지하고 방역 관련 법제를 정비하는 한편 이를 합리적으로 운용할 공직자를 선출할 수 있는 정치적 자각이 필요하다. 시민이 직접 정치를 만들어 가지 못하고 정치과정에서 소외될수록 재난 시스템은 비현실적이고 무기력한 허울로 전락하게 된다. 정치참여에서의 탁월함을 의미하는 시민적 덕성은 긴급 상황뿐 아니라 평소 입법과정 및 행정과정을 비롯한 정치과정에서 경험을 통해 형성되고 발현되어야 한다.

공화국은 직업화된 정치인과 공무원에게만 맡겨 두어야 할 천덕꾸러기가 아니라 공화국 시민이 끊임없이 합리적으로 선택해 갈 우리 삶의 터전이다. 공적 사안에 대해 심의하는 공론 과정에 참여하는 한편 권력적 결정에 대해 사익이 아닌 공공의 관점에서, 정략이 아닌 공동선의 관점에서 견제하고 비판하는 자세가 필요하다. 무엇이 공화국을 지탱하는 공적 사안인가에 대한 인식 전환도 요청된다. 예컨대 의료와 보건은 비용절감과 효율성만으로 구성되는 사용재가 아니라 '공공자원'임이 확인되었다. 가난과 질병과 같이 생존을 위협하는 위험은 공화국의 우선적 과제이다. 보건과 의료는 공화국 시민 모두가 스스로의 판단과 결정에 따라 자신의 행복한 삶을 누릴 수 있는 기본 조건을 갖추는 필수 요소이다. 돈의 많고 적음으로 혜택을 더 받고 덜 받아야 할 영역이 아니다. 누가 평소 비용절감과 효율을 내세워 공공의료 시스템을 붕괴시켜 왔는지를 따져 볼 필요가 있다. 민주공화제의 시민이라면 마스크 대란과 의료진·병상 부족을 지적하면서도, 평소 보건의료는 물론 교육, 고용의 공공성을 공격하지 않았는지 성찰해야 한다.

코로나 사태가 앞으로 어떻게 전개될지 현재까지도 불투명하다. 하지만 분명한 것은 공화국의 이상과 시민으로서 갖추어야 할 정치적 자각을 가다듬는 소중한 계기가 되어야 한다는 점이다. 감염병 재난에 대처하는 최일선 의료진의 희생과 또 다른 생존의 위협에 내몰리는 환경 속에서도 동료애로 서로 격려하고 돕는 시민들의 경험이 개인적 고난이 아닌 사회적 재난의 기억으로, 대한민국이라는 공화국을 '남의 것'이 아닌 '우리 모두의 것'으로 이해하는 소중한 경험으로 축적될 것이다. 물론 코로나 국면에서 예비 의료인들의 파업 사태는 국민의 건강보다 자신들의 집단이기적 행위로서 반성해야 할 지점이다.

앞으로 코로나19 사태가 일단락되면 팬데믹과 싸우는 데는 큰 정부가 필요했지만, 정부 개입을 최소화하고 시장에 힘을 실어 주어야 한다는 목소리가 커질 수 있다. 다만 시민이 코로나19에서 본능적으로 느낀 교훈을 잊지 않는다면, 앞으로도 찾아올 감염병과의 대결에서 '유능하고 민주적인 정부'와 '호혜적인 시민에 기초한 공동체' 효능감은 상승작용을 할 것이다.

3) 생태주의 세계관

인류가 이전처럼 화석 에너지에 의존한 성장에의 욕구와 탐욕을 버리지 않는다면 인간에 의한 자연 생태계의 파괴와 이로 인한 신종 바이러스의 창궐은 앞으로도 빈번하게 일어날 일상이 될 가능성이 크다. 환경파괴의 계몽과 자연과의 공존이라는 생태적 실천의 근본적인 처방이 이뤄지지 않는 한, 코로나 시대라는 이 국면의 역사는 계속될 수밖에 없다. 그런 의미에서 코로나19는 어쩌면 이러한 일상적 대재앙의 서막에 불과한지도 모른다. 따라서 자연을 파괴함으로써 무한 욕망을 충족시키려는 삶의 태도에 대한 근본적인 성찰을 요구한다. 환경파괴의 계몽과 자연과의 공존이라는 생태적 실천의 근본적인 처방이 이뤄지지 않는 한, 코로나 시대라는 이 국면의 역사는 계속될 수밖에 없다.

얼마 전 작고한 녹색평론 발행인인 김종철 교수가 지적하듯 이번의 코로나 사태는 어떻든 종료되는 날이 오겠지만, 이와 같은 신종 바이러스들은 앞으로 더욱더 빈번히 창궐할 것이다. 이 사태의 근본적 원인으로 과학자들이 지목하는 현상, 즉 환경파괴와 기후변화의 영향으로 서식지를 잃은 야생동물들이 인간 사회 가까이로 접근해 올 확률은 매우 높고, 그 과정에서 야생동물과 인간의 접촉을 통해서 바이러스들이 인체로 건너오는 현상이 더욱 빈발할 것이기 때문이다. 그렇게 되면 우리는 끊임없이 출현할 신종 병원체들 때문에 하루도 편할 날이 없는, 항구적인 비상 상황에서 살아가지 않을 수 없을 것이다.

게다가 생태계가 광범하게 파손된 상황에서는 바이러스만 인간을 괴롭히는 게 아니다. 무엇보다 기후변화에 의한 가공할 재난들은 이미 현실이 되고 있다. 갈수록 극성스러워지는 홍수, 태풍, 가뭄, 기근, 물 부족은 말할 것도 없고, 생물종의 대량 멸종 사태에 따른 재앙 등등, 생각만 해도 끔찍한 지뢰밭들이 우리 모두의 미래가 될지도 모른다. 아직도 기후위기라고 하면 기껏 에어컨이나 전기 자동차를 떠올리는 도시인들이 적지 않지만, 이제는 자동차의 유리창에 부딪히는 곤충들마저 확연히 줄었다는 것을 몸소 체험하면서 막연하게나마 불안을 느끼지 않는 사람은 드물 것이다.

역병이 창궐할 때마다 백신과 치료제를 찾느라고 허둥댈 것인가. 우리를 구제하는 것은 '사회적 거리두기'도 마스크도 손 씻기도 아니다. 장기적인 고립 생활이 면역력의 약화를 초래한다는 것도 기억할 필요가 있다. 이 세상에서 가장 무서운 것은 공생의 윤리를 부정하는, 그리하여 우리 모두의 면역력을 체계적으로 파괴하는 탐욕이라는 바이러스다. 인류가 소위 문명생활을 시작한 이래, 역병은 인간 사회를 끊임없이 괴롭혀 왔다. 세계의 역사는 어떤 점에서 전염병의 역사라고 해도 좋을지 모른다. 때로는 국지적으로, 때로는 대륙 전체에 걸친 역병의 창궐과 그 후유증으로 세계사의 큰 흐름이 바뀌는 경우도 없지 않았다. 어떻게 보면, 인간의 삶을 뿌리째 흔들어 놓고 세계사의 물줄기를 변화시킨 결정적인 요인은 생산력의 발전이나 계급투쟁 혹은 전쟁이 아니라, 감염력이 강하고 치사율이 높은 전염병이었는지도 모른다.

앞으로 코로나 바이러스와 유사한 역병은 빈발할 것임이 틀림없다. 존스홉킨스 대학교의 보건연구팀에 의하면, 오늘날 신종 바이러스는 연간 200종이 넘게 출현하고, 그 대부분은 잠재적으로 '팬데믹'을 유발할 수 있는 바이러스들이다. 현실이 이런데도 역병이 창궐할 때마다 백신과 치료제를 찾느라고 허둥댈 것인가. 그래서는 안 된다. 우리는 더 이상의 생태계 훼손을 막고, 맑은 대기와 물, 건강한 먹을거리를 위한 토양의 보존과 생태적 농법, 그리고 무엇보다 단순·소박한 삶을 적극 껴안지 않으면 안 된다.

'지속가능성sustainability'은 코로나19로 시작하는 시대의 열쇠말이 될 것이다. '지속가능한 발전을 위한 교육'에 대한 비판적 성찰은 환경교육의 등장으로 나타났다. 환경교육은 종종 시민교육과 분리되어 나타나기도 한다. 환경교육과 시민성교육의 연결을 통해 법적으로 정의된 정치공동체의 구성원일 뿐 아니라, 국경을 넘어 확장하고 인간을 넘어 세계의 내재적 가치를 인정할 수 있는 공동체에 소속되고, 소속감을 느끼고, 참여하는 상태라는 것을 인식시키고 있다. 그래서 환경 훼손과 그 결과에 직접 초점을 두는 '환경교육environmental education'과는 다른 개념을 갖는 '생태교육ecological pedagogy'이 제기되고 있다. 지속가능성 위기는 우리가 독립적으로 해결할 수 없는 복잡하고 다면적인 일련의 역동적인 문제들이다. 이런 의미에서 우리의 지속가능성 위기는 또한 깊은 정치적 위기다. '지속가능한 발전 목표SDGs'가 최근에야 채택되었기 때문에, 변화에 책임이 있는 모든 국가에 초점을 맞추는 것이 이 비판을 해결할 수 있을지는 시간만이 말해 줄 것이다.

코로나로 인해 환경이 이례적으로 깨끗해졌다는 '코로나의 역설'을 계기로 자연환경의 소중함을 깨달아야 한다. 그래서 '공생적 삶'을 제창하는 최재천 교수는 바이러스와 친하게 지내야 한다고 촉구한다. 그렇다면 이제 국가정책은 근본적으로 '국가안보national security' 개념으로부터 '인간안보human security' 개념으로, 나아가 '생태안보ecological security' 개념으로 발전하지 않으면 안 된다. 코로나 시대의 교육철학은 '생태적 시민성ecological citizenship'[41]을 필요로 한다. 분과주의적 환경교육[42]이 아니라 지속가능한 세상을 위한 교육, 그리고 생태민주주의에 입각한 '총체적 민주시민교육'을 필요로 한다. 21세기의 새로운 패러다임으로 '생태적 시민교육'을 요구하는 것이다. 생태적 시민교육은 국가적 애국심이라는 전통적 생각을 고수하려는 사람들의 분노를 자극하지 않으면서 세계적 시민성을 논의하는 생태적 애국심을 중시하고 있다.

---

41. 교육적 인간상으로서 생태적 시민을 요청하고 있다. 생태적 시민성은 생태적 틀로 세상을 이해하려는 새로운 시민성으로서 정의와 배려라는 덕성을 동기로 하고 시공간의 경계를 넘어 다른 존재에 대해 책임 있는 공적 사적 활동을 하려는 자질이다.

42. "우리는 기후변화를 과학적 현상으로 배울 뿐 사회적으로 그게 어떤 의미이고 앞으로 어떻게 나아가야 하는지에 대해선 배우지 않는다… 온실가스 감축계획, 재생에너지로의 전환 같은 정책이 뒷받침되지 않으면 개인적 실천은 의미가 없다"(2019 UN청년기후정상회의 한국 청년대표).

코로나19 팬데믹은 국가와 시장이 결합한 야수적 자본주의가 만들어 낸 복합적 위험성, 특히 기후위기를 더욱 가속화시킬 수 있다. K방역의 세계화를 동력으로 국가는 재난을 더욱 정치화하여 기후위기에 대한 인식 없이 산업체제 개편에 속도를 내면서 정작 중요한 거대 도시화에 대한 재검토, 자연과의 거리두기, 성장과 발전으로부터 거리두기를 통한 자연과의 평화적 공존은 무시되고, 친환경 개발 논리를 강화할 가능성이 높다고 할 수 있다. 이 점이 걱정된다. 코로나 위기의 근원에는 인간과 자연의 단절, 그리고 인간과 인간의 단절이 있기 때문이다.

따라서 보다 근본적으로는 근대 체제 안에서 기후위기 문제의 해결이 불가능함으로 인식하고 근대 체제 자체가 가진 자연에 대한 지배와 파괴를 더욱 근원적으로 질문하고 생태적 전환에 대한 전략을 구체화해야 한다. 기후위기는 민주주의의 위기이고, 민주주의의 위기는 정치공동체의 위기이므로 기후위기를 사회구조적인 문제로 인식하고, 기후변화로 발생하는 사회적 결과물에 대해 정의로운 대응 전략과 체계를 만들어야 한다.

근대의 끝에서야 우리는 생태적 원리에 기반을 둔 삶만이 지속가능하다는 것을 최근 깨닫게 되었다. 농업혁명, 산업혁명에 비견하는 거대한 전환, 즉 근대문명에서 생태문명으로의 전환이 있어야 한다는 것을 말이다. '생태적 전환'은 교육혁명이다. 생태적 전환은 우리가 만든 세상에 대한 반성과 우리가 생각하는 좋은 세상과 좋은 삶에 대한 구체적 상상으로 기획하는 혁명이다. 구체적으로는 자본과 국가를 넘어서는 새로운 삶의 질서를 만들어 내는 일인데, 이것은 교육의 힘을 빌리지 않고서는 가능하지 않다.

최근 '디지털 뉴딜'과 함께 '그린 뉴딜'이 많이 거론되고 있다. 그런데 그린 뉴딜Green Newdeal이 기후위기에 대한 기술적 처방과 일자리 창출이라는 맥락으로만 기획된다면 새로운 방안이 될 수 없다. 따라서 기후위기 인식을 전면화하는 '생태적 전환'으로 가능한 교두보를 열어야 한다.박복선·정용주·윤상혁, 2020 전환이 좋은 세상, 좋은 삶을 구현하는 것임을 잘 이해하고, 지금, 여기서 구체화할 수 있는 역량을 가진 두터운 시민층을 형성하지 않는다면, 전환은 거대한 기만이나 다름없다. 그린 뉴딜이 성공하려면 가짜 뉴스의 생산과 확산을 막고, 커뮤니케이션 능력을 갖춘 전문가 집단을 운영하고, 시민들의 환경 문해력green literacy을 높이기 위한 투자를 확대해야 한다. 모든 시민들이 언제 어디서나 환경학습 과정에 참여할 수 있으려면, 단기적으로는 에코스쿨 조성, 프로그램 보급, 전문 인력의 양성과 고용, 부처 간 협력을 확대해야 하고, 중장기적으로는 우리 사회가 지속 불가능한 산업문명의 끝자리에서 지속가능한 생태문명의 앞자리로 전환될 수 있도록 학교교육과정은 물론 교육철학과 시스템 전체를 기초부터 다시 세워야 한다.

4) 세계시민주의 세계관

전례 없는 규모로 전 세계에 막대한 인명 손실과 경제·사회적 피해를 주고 있는 코로나 팬데믹은 우리의 일상 구석구석을 넘어 국가 간 갈등을 심화하고 범세계적 도전들을 극복하기 위해 반드시 필요한 국제사회의 연대를 위협하고 있다. 혐오와 차별을 치료하는 백신은 교육을 통한 상호 이해 증진에서 찾을 수 있다.

그럼에도 오늘날 미국은 트럼프 대통령이 등장하여 미국 이익을 제일로 삼는 미국 우선주의를 강변해서 '세계시민교육global citizenship education'[43]을 약화시키고 있다. 미국은 이미 유네스코[44]를 탈퇴하였고,

최근에는 코로나19 사태로 세계보건기구WHO까지 탈퇴하였다. 이것은 세계 최강국에 의해 세계시민정신/글로벌 시민성의 실종을 초래시키는 세계질서를 만들어 내고 있다. 어느 나라도 국제적 협력 없이 '각국도생 Nation First'해서는 코로나 위기를 헤쳐 나갈 수 없다. 우리 모두 발등에 떨어진 불만 보지 말고 집 자체가 불타 들어가는 전 지구적 위기 사태를 직시해야 한다.

이러한 차원에서 세계적인 연대와 협력의 정신을 함양하는 '세계시민교육'에 대한 관심이 커지고 있다. 지난 5월 말 유네스코에서 '연대와 포용을 위한 세계시민교육 우호국 그룹'을 주도적으로 출범시켰다. 또한, 우리의 강점인 정보통신기술ICT을 적극 활용한 '케이K-방역 웹 세미나'를 개최해 세계 각국과 함께 경험과 노하우를 공유함으로써 불신과 무지와 싸우고 있고, 소셜 미디어를 중심으로 '트러스트TRUST' 캠페인을 전개하여 편견에 맞서 모두가 함께 바이러스를 이겨 내자는 메시지를 발신하고 있다. 포스트 코로나 시대를 대비하여 신뢰와 평화를 재건해 나가는 공동의 노력이 시급한 지금, 책임 있는 중견국으로서 대한민국의 책임과 역할이 그 어느 때보다도 중요해지고 있다. 세계시민교육은 우리가 살아가는 글로벌한 생활세계에서 필수 불가결한 교육으로서 국민국가 내부의 '시민' 테두리에 갇히는 것이 아니라, 국경을 넘어서 평화와 도덕적 가치를 실현하고 '세계시민'으로서 지구공동체의 협력과 공공선을 추구하는 교육을 지향하고 있다. 세계시민교육은 국민국가의 경계

---

43. 세계시민교육은 시민성의 개념을 '세계'로 확장하여 해석한 것이다. 세계시민교육에서 말하는 시민성은 세계교육(global education)에 '시민성'이 투여된 것이다.

44. 유네스코는 세계시민교육의 핵심적 개념으로 다양성의 존중(평화로운 사회적 관계, 조국의 통합), 연대(환대, 관대, 평등한 사회경제적 개발), 그리고 공유된 인류애(식량안보, 자연환경과의 조화)를 들고 있다(UNESCO, Education on 2030).

를 넘어 다양성, 상호 의존, 지속가능한 개발, 사회정의, 갈등 해결, 평화와 인권의 가치로 나아가는 교육을 중시한다.

위험의 세계화에 적극 대응할 수 있는 국제적 거버넌스를 강화해야 한다. 위험사회의 대응에서는 사전 예방과 사후 대처가 모두 중요하다. 위험이 세계화된 만큼 지구적 차원의 사전 예방 및 사후 대처를 위해 각종 국제기구들과 개별 국가 간 협력을 통한 거버넌스 강화의 중요성은 아무리 강조해도 지나침이 없다. 글로벌 위험사회에 공동으로 맞서는 '세계시민주의cosmopolitanism'의 상상력과 실천은 21세기 미래에서 더 없이 중대한 과제다. 세계시민교육은 세계주의, 국가주의, 국제주의, 초국가주의, 세계시민주의, 탈식민주의, 원주민우선주의 등의 이념에 뿌리를 두고 있다. 세계시민교육은 국가의 경계선을 넘어서는 글로벌 공동체의 시민으로 기르기 위해 평화, 인권, 민주주의 교육을 포함시키고 있다. 생태적 안보는 일국주의를 넘어선 글로벌 평화와 연대의식을 강화하는 세계시민주의와 함께하지 않으면 안 된다.

3. 코로나 국면의 학교 상황과 마을교육공동체

1) 코로나 시대, 학교란 무엇인가?

디지털 교과서 도입, 스마트 교실 운영, 블렌디드 러닝 등 지난 20여 년간 교실 수업 혁신을 위한 정책적 노력이 지속되었지만, 학교현장에서는 체감할 수 있는 큰 변화가 없었는데, 코로나19가 불과 석 달 만에 한국 학교의 수업 양상을 완전히 바꾸어 놓았다. 20세기의 산업혁명 후 공급자 중심의 일방향성 교육은 4차 산업혁명 시대에 대응하기 위해서

'다면multifaceted' 교육으로 전환될 것이라고 예상했지만, 인류를 위협한 바이러스의 영향으로 그 시기가 빨라질 것이다.

대부분의 아이들에게 학교는 없어서는 안 되는 불가피한 존재다. 학교는 지식을 전달하기만 하는 곳이 아니다. 학교는 세상과 소통하는 언어를 배우는 곳이기도 하다. 세상과 소통하는 방식은 하나둘이 아니다. 그 방식도 수업을 통해서만 배우는 것이 아니다. 학교는 공부를 하는 곳 이전에, 아이들이 숨을 쉬고, 뛰어놀고, 친구를 만나고, 밥을 먹는 공간이다. 학교에는 외로운 아이들을 알아봐 주고 부족함을 메워 주는 교사가 있고, 사회생활의 규칙을 배우고 소통하는 법을 배울 수 있는 또래들이 있다. 제도교육이 갖는 한계와 문제점들이 많지만, 그래도 학교가 유일한 버팀목인 아이들이 더 많다.김중미, 2020 아이들의 소리와 몸짓이 없는, 삶의 흔적이 없는 공간은 학교가 아니라 진공의 공간, 기계실이다. 따라서 우리 아이들을 기계로 키워서는 안 된다.

그런데 코로나19로 전 세계가 비상이 걸렸고 학교도 문을 닫는 상황이 벌어졌다. 학교가 문을 닫다니 사상 초유의 일이다. 급기야 2020년 4월 초·중·고 '온라인 개학'이라는 초유의 대안적 정책 조치가 나왔다. 대학 역시 '온라인 수업on-line learning/internet based learning'으로 대체했다. 처음에는 학부모, 교사, 학생 모두 대혼란을 겪었지만 나름대로 빠르게 적응 중이다. 당장 이런 일들이 일어나자 교육의 먼 미래의 일이거나 그저 상상 속의 일들로 여겨졌던 많은 것이 현실이 되었다. 코로나19 사태로 학교형 대면수업이 재택형 온라인 수업으로 대체되면서 교육현장에도 많은 변화가 감지되고 있다. 코로나19로 인한 온라인 수업이 진행되면서 학생들의 안전과 등교 여부 문제를 제외하면, 여기저기서 나오고 있는 교육적 논의는 우리나라 교육 시스템의 온라인 인프라, 학생들의 온라인 교육 적응과 학업성취, 대학 입학 일정, 9월 학기제, 그리고 코로나 이후의 미래교육 과제 등에 대부분 초점이 맞춰져 있다.

한편, 등교 수업에서 불거지는 딜레마의 양상이 양보할 수 없는 우리 사회 핵심 가치의 충돌로 나타나고 있다. 바로 '방역(안전)'과 '학습(배움)'이다. 교육부는 6월을 '등교 수업 지원의 달'로 삼고 그 목표를 이렇게 정했다. "원격수업distant learning과 등교 수업 병행에 따라 발생할 수 있는 돌봄 공백을 최소화하고, 학교가 우리 아이들의 안전과 학습에 더 집중할 수 있도록 한다." 그러나 한 문장 속에 병렬로 배치된 '안전'과 '학습'은 서로를 배반한다. '오프라인 학교에선 온라인 수업이나 학원에서 배울 수 없는 배움이 일어나야 한다'와 '학교에서 코로나19 확진자가 나오면 안 된다'라는 당연하고도 중요한 두 원칙을 모두 충족시키는 것이 지금은 사실상 불가능한 사명에 가깝다. 배움의 수준을 높이려면 방역이 위협받는다. 방역의 수준을 높이려면 다양한 배움 활동이 불가능하다. 극단적인 배움의 추구는 팬데믹 현실에 눈감는 일이고, 극단적인 방역의 추구는 '왜 굳이 학교에 나가야 하나?'라는 질문을 피할 수 없다.

코로나 재난 앞에서 학습, 배움, 돌봄과 방역의 조화를 어떻게 이뤄나갈 것인가? 두 마리 토끼가 될 수 없는 '방역'과 '배움'에 아직 우리 사회는 미련을 버리지 못한다. 5월 20일 조희연 교육감은 "학교 구성원들이 방역과 학업 두 마리 토끼를 모두 잡을 것으로 기대한다"라고 말했다. 희망의 메시지가 주는 이점이 분명히 있다. 하지만 '무엇도 포기할 수 없고 포기해선 안 된다'는 전제가 주는 고통도 만만치 않다. 코로나19로부터 완벽하게 안전하면서도 학생을 성장시키는 배움이 일어나는 학교가 존재할 것처럼 얘기하는 순간, 학교현장에서 나타나는 모든 혼란은 이해관계에 의한 소소한 갈등이나 개선 가능한 시행착오 정도로 축소돼 버릴 수 있다. 완벽한 방역은 불가능하지만, 추구할 수 있는 가치다. 이 추구가 학교에서는 심각한 문제를 일으킨다. 학교에 가면 제대로 배워야 의미가 있는데, 방역을 추구하면서는 다양하고 풍부한 배움 활동을 함께 추구할 수가 없다. 배움은 국·영·수 지식 전달 수업에서도 일어나지만 등하굣길 친구와의 수다, 쉬는 시간 술래잡기, 점심시간 식사지도, 방과 후 운동장 놀이에서도 강렬하게 일어날 수도 있다. 지금은 모두 금지된 활동이다. 수업조차도 이제 한 방향으로 진행할 수밖에 없다. 이제 '시험대형'으로밖에 수업을 진행하지 못하게 됐다. 배움의 핵심 요소인 '피드백'도 비말을 최소화하는 방식으로 제한됐다. 이론 수업과 몇 가지 표현 활동만 살아남고 대부분의 경쟁 활동은 엄두도 못 낸다. 체육시간에 뛸 수 없고, 음악 시간에 노래할 수 없는 학교가 된 것이다.

따라서 코로나19 이후의 교육은 '방역 및 안전'과 '학습 및 발달'의 두 측면을 동시에 고려하지 않으면 안 된다. 원격수업이 대면수업을 대체할 수는 없다. 원격수업은 총체적, 역동적 상호작용이 불가능하다. 비자발적 학습자, 학습 상황에 대한 개입 가능성은 부재하다. 원격수업은 집중력 저하, 학습효과 반감, 격차 확대 등의 문제를 야기하고 있다. 온라인 개학은 제도적으로는 '개학'이지만, 실제 교육적 의미에서는 '휴교의 연장'이라는 하나의 형태로 보아야 한다.천보선, 2020 이러하다면 코로나 사태로 인한 휴교 및 원격수업으로 인한 아이들의 '발달 결손'을 보완하지 않으면 안 된다. 많은 교사들은 오프라인 개학 후 진단평가를 하고 대책을 고민해야 한다.

이와 관련하여 재택 온라인 수업 상황은 교사의 의미를 다시 한 번 생각하게 한다. 학교나 교사에 대해 인식하는 정도나 만족도는 자녀의 학교 단계나 교사의 수업 역량 혹은 수업 방법 등에 따라 다소 상이한 편이다. 코코나19와 유사한 위기 상황에서 학교(교사)가 존재하기 위해서는 언제든 대면수업을 대체할 수 있는 교육 콘텐츠를 개발하고 지속적으로 업그레이드해야 한다. 원격수업은 대면수업을 대체할 수는 없지만, 시공간적 제약을 뛰어넘을 수 있다는 장점이 있다. 따라서 대면수업과 원격수업의 질적 차이와 경계를 분명히 하는 상황에서 대면교육과 원격학습의 결합은 교육 전체를 더 풍부하게 하는 과정이 되어야 한다. 교사도 대면교육과 동일한 수준의 수업을 제공할 수 있는 역량을 갖추지 않으면 안 된다.

온라인 수업은 근본적으로 위기 대응 방편으로 받아들여야 하지 학교교육의 목표를 온전히 달성하는 수단이 아님을 유의할 필요가 있다.[강대중, 2020] 공학적 차원의 온라인 수업은 지식 전수자로 교사의 역할만을 더 강화할 가능성이 있기 때문이다. 학생들이 온라인 수업에서 알게 되는 영역은 많은 한계가 있을 수밖에 없다. 우선 화면이 실생활인 3차원 공간을 대체할 수 없다. 모니터나 스마트폰 약정으로 보는 것은 평면이면서 한정된 눈의 각도를 가지고 한정된 공간을 보게 된다. 이것은 우리가 전달하고자 하는 공간이 아니기 때문에 '인식론적 한계'를 가진다.[박진보, 2020] 그래서 코로나19로 인해 대면교육이 온라인수업으로 대체되는 것은 문제가 있다. 가상현실 공간에 교실을 만들어서 함께 참여하면서 대화를 나누고 인사도 할 수 있으나 함께 춥고, 함께 덥고, 함께 시원한 공간은 아니다. 온라인 교육은 오프라인에서 이루어지는 '만남'이 없기 때문이다.

따라서 온라인 교육은 한계가 명확하기에 그에 걸맞은 밀도나 농도를 논의하고 대안을 찾아야 한다. 코로나 사태를 계기로 한날한시에 거의 모든 학생들이 모여서 치르는 단 한 번의 시험으로 인생 전체를 결정하는 시스템을 전면적으로 재검토해야 한다. 코로나19 이전의 시대로 돌아갈 수 없다면, 입시가 모든 것을 결정하는 대학서열화 체계를 넘어서야 한다. 코로나19 위기 국면에서 국민들의 교육에 대한 관심은 대학입시 문제를 넘어 학교의 기능과 교사의 역할 변화, 민간 기업이 개발한 온라인 플랫폼과 콘텐츠 활용, 지방정부의 적극적인 역할 주문 등 전방위로 넓어졌다는 점도 고려하지 않으면 안 된다.

이것이 코로나19가 강제하고 있는 학교교육 변화에 대한 필연적 요구이다. 교육은 학교 안에서만 이루어지는 것이라는 고정관념도 확실히 해체되고 있다는 점도 고려하지 않으면 안 된다.강대중, 2020 물론 이러한 난관에서도 교육의 위기들을 잘 넘기고 있는 학교들도 있다. 특히 혁신학교와 대안학교에서 대안적 사례를 찾을 수 있다. 이들 학교는 '만남'과 '민주주의' 그리고 '자치'의 가치를 매우 중시한다. 이들 학교는 기존에 작동하던 민주주의 구조 속에서 방역과 학습의 조화를 최대한 꾀해보려고 한다. 서로 떠넘기고 눈치 보면서 원래 하던 대로 혹은 남들 하던 대로 따라 하는 학교가 아니라, 권한과 책임을 나누어 지고서 자발적 참여에 따라 구성원 간 합리적 의사결정을 이끌어 내려고 한다. 전자와 후자의 차이는 '민주주의'의 경험이다. 코로나19 이전부터 민주적 의사결정 과정이 작동하던 학교들은 갑자기 늘어난 업무와 책임, 끊임없이 발생하는 돌발변수에 비교적 유연하게 대처했다. 발생한 문제를 두고 비난 대상을 찾기보다 해결 방법에 집중했다. 어쩔 수 없이 문제가 생겨도 서로가 서로를 탓하지 않을 것이라는 믿음이 있었다.

학교 내 민주주의 운영 상황을 자세히 들여다보면 감염병 위기를 버티는 학교의 기초체력이 있음을 보여 준다. 다른 많은 학교들에서 인력을 구하지 못해 발을 동동 굴렀던 방역, 긴급 돌봄, 원격 학습 도우미도 지역·학부모 공동체의 자원으로 수월하게 메울 수 있었다. 운동장에서 거리를 두고 요가 수업을 진행하고, 축구·제빵 등 동아리 활동들도 무조건 막기보다는 할 수 있는 범위 안에서 가능한 지원을 한다. 함께 결정하고 지탱하는 '민주적 결정구조' 속에서 문제가 생겨도 함께 헤쳐 나갈 거라고 서로가 서로를 믿는다. 현재의 난관을 극복하기 위해 방역과 학습, 안전과 배움의 적정 균형을 찾는 일이 중요하다.

2) 코로나 국면의 마을교육공동체운동

전문가들은 이제 다시는 COVID-19 이전으로 돌아갈 수 없을 거라는 말을 한다. 그만큼 큰 변화의 초입에 우리는 별다른 준비 없이 당황스러운 마음으로 섰다. 혁신교육정책 및 혁신교육 운동의 측면에서도 앞으로의 변화를 예측하고 이를 고려해 전략을 적절히 수정하는 것이 불가피하게 되었다. 우선 당분간은 마을교육공동체운동이 상당 부분 위축될 것은 자명하다. 각 시도교육청 마을교육공동체지원단의 중심 사업들은 위기 단계가 끝나면 바로 운영이 되도록 준비는 하고 있겠지만, 사실상 2020학년도 들어서는 시작도 하지 못하고 있다. 등교도 하지 못하고 사회적 거리두기를 강조하는 상황에서 물리적 접촉을 전제로 하는 사업 진행은 아무래도 무리가 있을 것이다.

그동안 우리나라가 근대 산업화를 거치면서 압축 성장과 눈부신 경제 발전을 이뤄 냈지만, 즉 국가가 발전할수록 서울은 발전하여 '한강의 기적'을 일궜지만, 마을과 지역은 한없이 쪼그라들었다. 개인이 아무리 잘 성장하거나, 국가가 발전해도 마을은 쇠락해 가고, 지역은 갈수록 황폐화되어 기본적인 삶의 조건조차 갖추기 어렵게 되었다. 사실 한국의 놀라운 경제성장은 한편으로 기회와 해방의 가능성을 보였지만, 다른 한편으로는 위기와 식민화의 위험성을 동시에 내포하고 있다고 할 수 있다. 과도한 산업화, 도시화, 근대화로 인해 비롯된 자연 및 지역 착취의 필연적 결과물이라고 할 수 있다. 지금 벌어지고 있는 코로나19도 결과적으로 말하면 근대화와 근대 교육이 낳은 필연적 후과라고 할 수 있다.

우리는 코로나 창궐의 위기 사태에서 '마을local community'의 힘을 발견한다. 위기를 계기로 마을교육공동체의 진정한 의미를 되새기게 한다. 극단적인 비대면을 극복하고 신뢰를 기반으로 한 지역 연대를 바탕으로 다양한 형태의 학습 소모임 등 관계망 복원을 통해 대안을 모색할 수 있을 것이다. 감염의 위험 속에서도 시민들이 일상 속에서 배움을 이어 갈 수 있도록 평생학습은 새로운 상상력과 촘촘한 마을연대망을 필요로 한다. 이제 낡은 가치, 진정한 배움이 없는 '낡은 배움'을 과감하게 버리고, 시민들의 행복한 삶을 위한 지속가능한 가치를 전면적으로 교육의 내용과 방법에 담아야 한다. 기존의 지식과 구조, 관습에 대한 도전적 질문을 던지고, 사람과 공동체의 관계를 중심에 놓고 사고하며, 상생·공존을 위한 비전을 공유하는 것이 중요하다. 우리는 지금 기존의 익숙한 삶의 방식에 대한 총체적 전환을 요구받고 있다.

코로나 이후 학교의 공동체성의 상실은 곧 지역사회의 공동체성의 상실과 맞물려 있다. 다시 말하면 학교의 공동체성을 회복해야 지역사회의 공동체성을 회복할 수 있다는 말이 된다. 학교가 고립된 섬이 아닌 교육생태계를 회복하기 위해서는 마을교육공동체운동과 연계되어 학교 담장 밖으로 교육이 확장되어야 한다. 코로나 사태는 다시금 상실된 '마을과 지역의 소환'을 긴급하게 요청하고 있다. 사실 이미 오래전부터 세계화와 시장경제에 맞설 수 있는 대안으로 '지역화localization'가 화두였다. '로컬택트localtact(지역사회관계망)' 기반 학습생태계가 활성화되어야 한다.김미윤, 2020 코로나19를 극복하기 위해 교류 방식이 '비대면untact'으로 전환되고 있고, 학교교육과 평생교육의 현장에도 기술을 활용한 온라인 교육이 적극적으로 도입되고 있다. 물론 이러닝e-learning의 형식적 한계나 기술 접근과 활용의 불평등과 같은 해결 과제도 함께 등장했다. 그럼에도 시간과 공간의 제약을 뛰어넘는 학습의 새로운 경험은 교수자와 학습자, 학교, 마을, 지역사회 등 모든 교육 주체들에게 강렬한 영향을 주고 있다. 그러나 만남과 접촉이 없는 학습이 어떻게 가능할지는 여전히 의문이다. 교류와 공감이 없는 학습은 완전하지 않다. 그래서 '언택트'가 아니라 '로컬택트'로의 승화가 필요한 시점이다.

위계적 대기업이 수직적으로 주도하는 '글로벌라이제이션globalization'이 아니라 시민이 민주적·수평적으로 주도하는 '글로컬라이제이션glocalization'이 대안이 되어야 한다. 글로벌과 로컬의 균형적 이해와 감수성이 필요하다. 세계인과 하나로 연결되어 다양한 사회·경제·문화적 요구를 충족하며, 인프라를 지역에서 관리하고 통제하는 지역 중심, 사회적 경제 방식의 세계화다. '글로컬라이제이션'은 풀뿌리 지역화를 통한 상향적 민주주의 운동이라고 할 수 있다. 이런 '대안적 세계화'를 위해서는 그 토대인 디지털 인프라를 위한 대규모 사회투자와 재정 지출이 요구된다. 역대 노벨경제학상 수상자 중 세계화에 가장 비판적인 조지프 스티글리츠는 '그린 뉴딜'이 1930년대 대공황만큼이나 약화한 경제를 회복하고, 새로운 사회경제질서를 세우는 해법이 될 수 있다고 평가한다.

세계화와 기술변화가 던지는 도전에 대한 최선의 대답은 바로 지역

공동체 복원과 시민참여에 기초한 '포용적 지역화inclusive localization'이며, 지역에서 다양한 공유자산 확보와 주민의 공동 이용이 중요하다. 시민들 간의 수평적 연결, 지역사회 주체들 간의 협력적 연대를 통해 서로 돕고 함께 해결하는 공동체를 탄탄하게 만듦으로써 지금과 같은 위기 상황을 극복할 수 있는 실제적인 안정망을 구축할 수 있을 것이다. 보수, 진보 어느 한쪽으로 편향되는 것이 아니라 지역 안에서 그들이 어떻게 협업하고 지역사회 공동 비전을 같이 만들어 갈 것인지를 깊이 고민해야 한다. 마을과 지역, 즉 '로컬local'은 대도시보다 기회와 가능성이 더 많은 공간이 될 것이다. 세계화, 신자유주의, 성장이 강조되는 이 시대에 진정한 민주주의, 온전한 경제를 회복하려면 삶의 중심을 '로컬'로 전환해야 한다. 또 로컬 커뮤니티의 대안으로 '전환마을transition village'과 '전환학교transition school'도 제시되고 있다.

시대의 변화에 따라 교육 분야에서도 마을과 지역에 대한 새로운 접근을 해야 한다. 우리 사회가 아이들을 좀 더 잘 키우고, 아이들이 좀 더 행복하게 살아가기를 원한다면 교육, 지역, 삶의 문제를 모두 풀어야 한다. 지금까지와는 결이 전혀 다른 접근을 해야 한다. 학교와 마을, 교사와 학부모, 교육지원청과 지자체 등 이 문제의 당사자들이 자신의 문제 해결에만 급급하지 않고, 상대의 문제에 관심을 가지고 적극적으로 협력해야 한다. 그리하여 교육, 지역, 삶의 문제를 통합적으로 접근하여 대안을 모색하고, 각자의 자리에서 실천하는 것이 필요하다. 나아가 질 좋은 일자리와 따뜻한 경제 시스템 도입 등 아이들이 지역에서 살아갈 수 있는 기본적인 조건을 조금씩이라도 갖춰 나가야 한다. 지역이 달라지면 비로소 지역에서 태어난 아이가 교육 때문에 지역을 떠나지 않고, 지역에서 배울 수 있다. 분명 그 아이는 지역에서 자신이 하고 싶은 일을 하며 모두가 함께 행복하게 살아가는, 선순환의 교육생태계와 지속 가능한 지역을 만드는 데 기여할 것이다. 이런 학교와 마을이 많아지면 많아질수록 지역이 달라질 것이다. 풀뿌리 지역교육은 혁신교육과 마을교육공동체를 연결하고, 더욱 깊어지게 하고, 발전적으로 통합할 수 있다.

문제는 현실이 혁신교육과 마을교육공동체가 지역의 삶과, 지역의 삶을 지원하는 교육에 다다르고 있지 않은 것이다. 지금 전국의 학교와 마을, 지역에서 시도되고 있는 활동은 주로 학교교육의 제한적 변화와 그것의 지원에 그치고 있다. 그것만으로는 오히려 서울의 대학 편입 대열에 참여함으로써 지역의 위기를 초래하는 등 아이들의 삶을 바꾸기에는 아무래도 역부족인 것이 현실이다. 어쩌면 의도하지는 않았지만, 결과적으로는 현재의 체제를 유지하는 데에 일조하고 있다고 할 수 있다. 이제 혁신교육을 포함하여 우리나라 교육의 전반적인 패러다임 전환을 모색해야 한다. 특히 학생들의 삶의 지역화를 고민하고, 지역의 삶을 지원하는 교육을 시도해야 한다. 그리고 마을과 지역에서의 삶에 대한 전망과 비전을 새롭게 설정해야 한다. 그것이 가능하도록 학교교육과정과 수업, 마을교육의 재검토와 변화가 필요하다. 그러려면 학교와 마을의 전면적인 협업과 연대가 절실하다.

이렇게 볼 때 최근 벌어지고 있는 우리나라의 혁신교육과 마을교육공동체운동은 '공교육개혁의 르네상스'나 다름없다. 이제 '마을교육공동체'로부터 학교와 마을이 힘을 합쳐 아이를 키우는 '마을학교공동체', 지역의 양대 행정기관인 지자체와 교육지원청이 전면적인 지원을 하는 '지역교육공동체', 그리고 지역 전체가 아이를 지역의 시민으로 키움으로써 지역의 교육력과 정주 여건을 높이는 '풀뿌리 지역교육'으로 전환해야 한다. '마을학교공동체'가 모이면 '지역교육공동체'가 될 수 있을 것이다. 왜냐하면 마을과 학교가 주체이고, 그것이 마을과 학교의 본연의 역할이며, 마을과 학교가 서로 힘을 합쳐야 하고, 마을과 학교가 활동 공간이며, 마을과 학교가 공동체이기 때문이다. 그래야 비로소 학교 또는 교사가 마을교육공동체의 주체로 인식될 수 있고, 그들이 마을교육공동체 활동에 더욱 적극적으로 참여할 수 있다. 그렇게 되면 학교자치와 마을자치 그리고 주민자치의 시대가 열릴 것이다.

마을학교공동체운동의 실천이 쌓이고 또 쌓이면 한국 사회의 거대한 마을학교공동체운동 이론이 탄생될 것이며, 나아가 세계사적 의미를 갖게 될 것이다. 제4의 교육개혁의 물결을 강조하는 앤디 하그리브스는 학교교육의 개혁을 위해 '지역사회의 조직화'를 역설하고 있다. 코로나 사태는 교육 패러다임을 '국가 중심 교육'에서 '지역 중심 교육'으로 전환하고, '국민을 키우는 교육'에서 '지역의 시민을 키우는 교육'으로 목표를 새롭게 설정할 것을 요구하고 있다. 이제 교육의 주도권이 국가에서 지역으로 이관되어야 한다. 모든 학교에 적용되는 획일적인 국가 중심 교육으로부터 지역의 다양성과 특수성이 인정되고 존중되는 지역 중심 교육으로 전환해야 한다는 것이다. 풀뿌리에 토대를 둔 상향적 민주주의 운동이 필요하다. 국가주의로부터 지역주의로, 그리고 국민교육으로부터 시민교육으로의 패러다임의 전환을 요청한다. 이제 '국민을 키우는 교육'에서 '지역의 시민을 키우는 교육'으로 학교교육의 목표와 방향을 전환하는 것에서 출발해야 한다. 적어도 교육에 있어서는 우리나라에 '국가의 국민'은 있되, '지역의 시민'은 없다고 할 수도 있다.

그렇다고 국가가 져야 할 공공성, 안정성, 평등성을 포기해야 한다고 주장하는 것은 아니다. 국가의 순기능을 유지하면서 지역과 마을의 특성과 여건에 맞는 지역 중심 교육을 실시해야 한다는 말이다. 지역사회 운동은 국가의 교육체제 변화로 나아가야 할 것이다. 국가가 지역에 바탕을 두지 않으면 국가주의와 제국주의의 위험성을 초래하고, 그리고 국민교육이 시민교육에 바탕을 두지 않으면 파시즘 교육의 위험성의 도래를 경고하는 신호라고 할 수 있다. 학교에서 '국민'을 키우는 교육만이 일관되게 유지되는 한, 국가주의 악순환은 멈출 수 없을 것이다. 또 개별 국가의 번영을 무시한 세계주의는 제국주의의 덫에 걸리고 말 것이다. 그리고 지역에 매몰된 지방주의는 민족과 국가의 통합을 저해할 것이다.

그래서 최근에는 'glonacal'(global+national+local) 주장이 제기되고 있다. 'glonacal'은 세계화(세계교육)와 민족화(민족교육) 그리고 지역화(지역교육)의 조합이다. 이 모두를 아우르는 '통섭적holistic' 교육을 해야 한다. '마을교육공동체교육'은 이러한 위상을 갖는 지역사회교육community education이어야 한다. 이러한 마을교육공동체운동의 발전을 위해 가장 필요한 것은 두말할 것 없이 '마을교육공동체'이다. 실체가 없는 목표를 추구하는 운동은 허망하기 마련이다. '마을교육공동체'가 있으려면 '마을'이 있어야 한다. 여기서의 '마을'은 물론 물리적 위치가 아예 무시될 수는 없겠지만 거주지와 정주지의 개념이라기보다는 '공동체'로 발전할 수 있는 씨앗을 품고 있는 집단이어야 할 것이다.

조금만 달리 생각해 보면 이번 사태는 과도한 근대화로부터 비롯된 학교교육의 팽창이 '공동체성의 상실'을 가져왔기에, 사람들이 그것의 회복이 얼마나 중요한지를 새삼스레 깨달을 수 있는 계기가 되었다고 해석할 수 있다. 우리가 만들어야 할 것은 지방자치 단위의 행정구역이 아니라 함께 살고 연대하는, 그래서 '교육생태계'에 함께 어우러지는 공동체이기 때문이다. 이 점을 고려하면 마을을 배우고 지역을 배우는 관점에서 벗어나 공동의 의제나 관심사 등을 함께 추구하고 함께 공부하는 시민들의 학습-토론 공동체를 활성화해야 한다. 우리의 마을교육공동체를 만들 기반은 이곳이 되지 않을까 싶다. 그리고 이러한 네트워크의 구축은 지금의 상황에서도 어느 정도는 추진이 가능하다. 함께 넘어서야 할 큰 장벽이 있고, 함께 위로해야 할 이웃이 있고, 모두의 관심사가 대체로 비슷하게 쏠리고 있기 때문이다. 코로나19의 팬데믹은 개인의 잘못으로 인해 사회문제로 부각되었다는 시각에서 벗어나 개인의 방역은 개인을 위한 것만이 아닌 공동체의 방역을 위한 것이라는 점에서도 중요하다는 사실을 인식하고 교육하는 것이 중요하다.

4. 결론

코로나19라는 팬데믹을 겪으면서 전 세계가 K방역에 관심을 보이고 있다. 선거를 통해 대표를 뽑는 것에 머물지 않고, 민주주의 운영의 주체인 시민의 역량이 그 어느 때보다 중요한 시대가 되었다. 코로나19를 극복하기 위해서는 정부의 방역 시스템뿐 아니라 시민의 자발적인 실천이 중요하다는 게 확인되고 있기 때문이다. 개인의 권리 보호를 우선 가치로 여기는 서구식 민주적 시민성의 한계가 미국과 유럽에서 드러나면서, K방역 과정에서 발휘되고 있는 대한민국 시민의 역량이 민주주의 발전을 위한 대안으로 주목받고 있다. 비록 한때는 특정 국가에 대한 혐오와 배제가 판치기도 했지만, 세계의 어떤 나라든 국제협력 없이 각자도생/각국도생해서는 이 위기를 헤쳐 나가지 못할 것이라는 공감대가 형성되고 있다.

아마도 앞으로 오게 될 협력하는 세계화의 시대에 마을교육공동체운동에서 강조하는 연대 내지 네트워크의 가치는 더욱 빛을 발하게 될 것이라 믿는다. 이제 제도뿐 아니라 일상생활에서까지 시대에 어울리는 새롭고 확장된 민주적 시민성을 체화해야 민주주의와 인류의 생존이 보장될 수밖에 없는 세상이 도래했기 때문이다. 공동체 구성원으로서의 책무와 정체성, 공동체를 위한 헌신을 기반으로 한 코로나19 극복 과정에서 우리는 '시민의식의 함양'이 필요함을 절실하게 깨달았다.

이제 코로나19 이후의 학교교육을 진지하게 성찰하고, 대안을 마련해야 한다. 그렇지 않으면 '학교 무용론'으로 부메랑이 되어 돌아올 수 있다. 이반 일리치가 주장한 대로 중세의 교회가 죽었듯이 근대의 학교가 죽어서는 안 될 것이다. 그것은 문명의 종말을 의미하는 것이기 때문이다. 학교란 무엇이며, 그 안에서 어떤 교육을 행해야 하는가? 새로운 시대가 오면 교실이 아예 사라질까? 기술이 학교와 교사를 완전히 대체할 수 있을까? 지금 학교란 무엇이고, 어떤 교육을 해야 할까? 입으로는 교육의 본질에 대해 말하지만, 솔직히 지금의 학교는 '직업 양성소'나 다름없다. 초등학교는 좀 다르겠지만 학생들이나 학부모, 혹은 교사들에게 학교를 다니는 이유나 보내는 이유를 물으면 대부분 대학을 가기 위해, 궁극적으로는 직장을 얻기 위해서라고 말한다. 그래서 명문대 진학을 위해 표준적인 성적을 성취해 내는 것이 목표다.

많은 사람들이 이제는 코로나19 시대 이전의 삶으로 되돌아가기는 불가능할 것이라고 말한다. 코로나19로 훼손되고 멍든 우리의 삶이 단시일 내로 이전과 같은 상태로 복원하기는 어려울 것이다. 무엇보다 코로나19의 근본적인 원인이 제대로 밝혀지지 않았다는 점, 언제 종식될지가 여전히 불투명하다는 점, 그리고 치료약 개발이 제대로 이루어질 수 있을지에 대한 불확실성은 우리가 이전의 삶으로 되돌아가기 어려울 것이라는 불안감을 더욱 증폭시키고 있다.

따라서 기후위기든 신종 바이러스의 출현이든 앞으로 우리가 맞닥뜨려야 할 비상 상황은 지금보다 훨씬 더 가혹하고 가공할 만한 것이라는 점은 분명하다. 우리 교육이 코로나 시대 이전의 세계로 단순히 귀환할 수 없는 것은 장기 비상 상황에 처한 사회의 흐름과 맥을 같이하기 때문이다. 세상 어느 곳도 안전하지 못한 상황에서 학교만 예외일 수는 없다. 오히려 우리 사회에서 안전에 가장 민감한 공간인 학교가 안전을 충분히 보장받을 수 없는 상황이라면, 그것은 보통 문제가 아니다. 코로나19 사태로 학교는 장기적이고 상시적인 재난 상황에 대비하지 않으면 안 되는 막중한 과제를 떠안았다. '장기 비상시대'[45]의 교육을 필요로 한다.[정형철, 2020] 근대 산업사회의 산물로서 근대 교육이 걸어온 길은 이제 '장기 비상시대'로 접어들면서 그 끝이 보이고 있다. 어쩌면 우리도 모르는 사이에 이미 운명을 다했는지도 모른다. 희망이 없다거나 새로운 길이 보이지 않는다는 얘기가 아니다. 하지만 이 비상한 상황에서 지금 우리가 처한 교육 현실을 미봉하려 들거나 누악의 현실을 잠시 포장하려는 시도는 별반 소용없는 일이라는 것을 말하고 싶을 뿐이다.

우리가 경계하지 않으면 안 되는 점은 코로나19 시대 이후 고도의 디지털 기술을 기반으로 하는 '사람 없는 교육'을 더 강도 높게 추구하려는 경향이다.[정형철, 2020] 코로나19가 우리에게 던진 근원적인 문제에 대한 성찰과 인식 없이 현상적이고 기술주의적인 접근을 통해 단순히 눈앞의

---

45. 제임스 하워드 쿤슬러(2011), 『장기 비상시대』, 이한중 옮김, 갈라파고스.

문제만을 해결하려는 경향이 벌써부터 이곳저곳에서 나타나고 있다. 기술이 사람을 대체하는 '스크린' 교육으로 모든 교육을 제도화할 때 우리는 더 큰 재앙에 봉착할 것이라는 점을 명심해야 한다.[정형철, 2020] 우리 교육이 여전히 우리 아이들을 사회의 성장을 위한 자원이나 도구로 보는 관점을 탈피하지 못한 채 거대한 학력 카르텔의 동업자로 군림한다면, 숱한 희생을 치른 코로나19로부터 아무것도 배우지 못하는 잘못을 범하는 것이다. 역병으로 인한 '거리두기'의 필요성을 교육적 필요성으로 오인해서는 안 된다. 현행 비대면 원격교육에서 드러나는 문제점을 기술력이나 인프라의 부족으로 오판해서는 안 된다.

그러기에 코로나19 재난 위기에 대한 교육적 대책은 자립적 역량, 비판적 성찰력, 자기주도 학습력을 키우며, 건강한 정신력을 기르고, 끈끈하고 친밀한 관계를 다져 가는 것이다. 방역의 주체로서 개개인은 민주시민의식의 함양, 자율적인 방역의 적극적인 참여, 창의적인 생활방역이 중요하다. 코로나 사태를 겪으면서 우리는 교육이 상반되어 보이는 두 가지 힘을 동시에 길러 주어야 한다는 사실을 깨닫게 되었다. 하나는 이웃, 자연, 미래 세대와 더불어 살아가는 힘이고, 다른 하나는 어떤 상황에서도 자립적으로 삶을 꾸려 갈 수 있는 힘이다. 이 힘들은 결코 적대적이지 않다. 불확실성과 불안감이 높아지자 미국인들은 가장 먼저 총을 구입하고 다음으로 사재기를 했다면, 한국인들은 자기 몫의 마스크를 양보하고 모자라면 직접 만들어서 보냈다.

그럼에도 가장 걱정스러운 것은 우리에게 정상적인 사회생활이 일절 중단된 이 상황을 우리가 언제까지 견딜 수 있을까 하는 점이다. 아마도 오래가지는 않을 거라는 믿음으로 지금은 버티고 있겠지만, 사태가 장기화되면 어떻게 될까. 심각한 경기침체로 인한 시련 이외에도, 장기간의 고립에 따른 우울증이나 스트레스 등 정신적 고통의 광범한 확산이라는 또 다른 큰 재난을 우리는 겪어야 할지 모른다. 허구의 세계화, 포퓰리즘의 부상, 고용 뉴딜과 기본소득의 요청, 비접촉 사회와 문화의 도래, 자연과 문명에 대한 진지한 성찰 등이 줄을 이었다. 이 과정에서 서서히 코로나 '이전'과 '이후'가 다른 세계임을 자각하기 시작했다.

코로나19로 인해 전 세계적으로 감춰져 있었던 정치, 경제, 사회적 문제가 표면에 떠오르고 있다. 코로나19는 한 번에 끝나지도 않을 것이다. 여러 번의 파도가 있을 수 있다. 지금 새로운 출발점에 서 있다고 할 수 있다. 새롭게 발견되고 확대·심화되는 구조적 문제를 어떻게 처리하는가가 그 사회의 진정한 능력을 가늠하는 잣대가 될 것이다. 그런 면에서 대응력, 회복력에 대한 관심을 늦추지 말아야 한다. 코로나19가 인류 역사의 변곡점을 찍는다면 아직 그 지점에 도달하지 않은 것은 분명하다. 하지만 새롭고 더 나은 미래를 향한 계획조차 시작되지 않았다는 것이 현재 지배적인 분위기다. 현시점에선 일상으로 되돌아가는 데 모든 역량이 맞춰 있다. 인류는 치명적 바이러스의 위험을 과거보다 더 진지하게 여기고, 이 각성은 수많은 결과를 가져올 것이다.

최근의 코로나 전개 국면을 보면, 한국 사회가 K방역을 넘어 코로나19 이후의 새로운 문명을 향한 전환적 모델을 보여 주는 데까지 나아갈 수 있음을 알 수 있다. 자연을 파괴함으로써 무한 욕망을 충족시키려는 삶의 태도에 대한 근본적인 성찰과 지금 우리 인류가 마주하고 있다는 점을 주목해야 한다. 이에 따라 학교교육 또한 거대한 변화가 일어날 것으로 보인다. 인류는 코로나19를 극복할 것이다. 시간의 문제일 뿐, 코로나19가 전 세계를 마비시킨 2020년을 회상할 때가 머지않아 올 것이다. 그때 한국 교육은 코로나19 이전으로 다시 돌아가 있을 것인가, 아니면

'교육2020'이라고 부를 수 있는 거대한 전환을 경험하고 새로운 교육을 향해 한 단계 더 나아가고 있을 것인가? 일본 제국주의의 식민지배와 한국전쟁의 폐허를 딛고 근대화와 민주화를 이룩한 대한민국의 성공 신화는 교육 덕분이라는 말을 부정하는 사람은 거의 없을 것이다.

그런데 현재의 교육으로 밝은 미래를 열어 갈 수 있다고 확신하는 사람 또한 거의 없다. 코로나 사태가 한국 교육의 오래된 문제들을 다시 상기시키고 있다. 코로나가 학교의 문제점과 한계, 그리고 필요성과 의미를 드러내고 있다. 전대미문의 위기 상황을 맞아 수차례에 걸친 학교의 개학 연기와 온라인 비대면수업의 전면 도입, 대학입시 일정의 연기, 긴급 돌봄 시행 등 표면적으로 나타난 대응책의 이면에는 그 이전부터 제기되어 온 한국 교육의 오래된 과제가 웅크리고 있었다. 코로나19로 인한 교육현장의 혼란 상황은 말 그대로 한 번도 경험해 보지 못했기에 겪는 시행착오로 볼 수 있지만 실상은 아주 익숙한 것들이었다.

코로나19는 우리 삶에서 교육이란 무엇인가, 한국 사회에서 학교의 의미는 무엇인가, 교사는 어떤 일을 감당해야 하는가, 교육이 어떻게 사회적 연대를 증진시킬 것인가라는 어려운 질문들을 통해 우리가 지향해야 할 교육의 본질을 상기시키고 있다. 코로나 사태로 인해 학교의 존재 이유와 교사의 역할에 대한 질문을 역설적으로 던지게 되었다. 이렇게 학교의 존재 의미를 다시 찾아내야 하는 시간이 도래하고 있다. 바람직한 수업의 모습은 어떠해야 하는지 성찰할 계기가 되었다. 코로나 사태는 학교와 교사가 무엇을 해야 하는지를 묻고 있다. 근대 교육의 연장선에 있는 '원격수업'은 공동체를 상실하게 한 근대 교육에 대한 근본적 물음을 던지고 있다. 코로나 사태가 그동안 누적되었던 학교교육의 '민낯'을 드러냈기에 새로운 변화를 만들 수 있는 절호의 기회를 맞이했다고 할 수 있다. 코로나 사태의 장기화는 좀처럼 변화되지 않은 교육체제의 전환을 요구하고 있다. 새로운 시대에 학교가 무엇을 해야 하는지, 교사는 어떤 역할을 해야 하는지 뒤돌아보면서 교육의 미래를 내다보는 전기를 맞이한 것이다. 교육 변화, 특히 교육개혁의 관점에서 보면 코로나19 대유행은 위협이 아니라 기회이기도 하다. 우리는 지금 문명의 대전환을 가능하게 하는 순간을 맞이하고 있다. 우리가 어떻게 이 기회를 살려 나갈 것인가? 정답은 없다. 그것은 우리 모두의 과제로서 우리의 선택에 달려 있을 것이다.

참고 문헌

강대중(2020). "교육 2020, 백일몽에서 백년대계로". 『코로나 19, 한국 교육의 잠을 깨우다』. 지식공작소.

김미윤(2020). "코로나 19 이후 평생교육, 위기에서 배우는 법". 『코로나 19, 한국 교육의 잠을 깨우다』. 지식공작소.

김중미(2020). "코로나19가 바꾼 것들: 재난 이후 우리가 만들어 가야 할 사회". 『오늘의 교육』 5·6, 56권.

박복선·정용주·윤상혁(2020). "포스트 코로나 시대의 교육과 교육의 생태적 전환". 『오늘의 교육』 5·6, 56권.

박진보(2020. 5. 29). "코로나19 상황에서 온라인 수업의 한계와 문제점: 코로나19 이후 교육". 『코로나19와 발달위기』. 진보교육연구소 주최, 교육위기 대응을 위한 긴급 교육토론회.

손지희(2020. 5. 29), "코로나19 이후 한국 교육 시스템". 『코로나 19와 발달위기』. 진보교육연구소 주최, 교육위기 대응을 위한 긴급 교육토론회.

심성보(2018). 『한국 교육의 현실과 전망: 세계교육의 담론과 운동 그리고 민주시민교육』. 살림터.

이현애(2020). "코로나19가 호출한 노동과 몸, 그리고 교육". 『오늘의 교육』 5·6, 56권.

정형철(2020). "코로나 시대, 아이들은 왜 학교에 가야 하는가". 『오늘의 교육』 5·6, 56권.

한국교육연구네트워크 편(2019). 『학교 민주시민교육의 세계적 동향과 과제』. 살림터.

한국교육연구네트워크 편(2019). 『마을교육공동체운동: 세계적 동향과 전망』. 살림터.

코로나 국면과 마을교육공동체

김태정(인천광역시교육청 마을교육지원단 전문관)[46]

1. 중대한 도전

어떤 이는 코로나로 전 세계가 몸살을 앓고 있다고 합니다. 그런데 몸살이라는 표현은 적절치 않은 것 같습니다. 코로나 자체가 인간 개체에게 몸살 이상의 위협을 가할 수 있듯이, 전체 인류에게도 중대한 도전이 되고 있기 때문입니다. 왜 코로나는 인류에게 중대한 도전이 되는 것일까요?

우선, 코로나 감염으로 사람들이 죽고 있기 때문입니다. 그리고 이 죽음의 위협은 결코 평등하지 않습니다. 잘 알려진 것처럼 코로나의 사망률은 이전 사스나 메르스에 비하면 낮으나 그 확산성이 너무나 높기에 많은 사람들이 죽음을 맞이하고 있습니다. 이 글을 쓰는 6월 14일 기준

---

46. 교육은 만인의 보편적 권리라는 관점을 가지고 40대 이후 줄곧 교육개혁에 매달리고 있다. 2012년 『대한민국 교육혁명』이라는 책의 공저자로 참여하였으며, 대학서열체제와 입시 경쟁 교육의 해소를 줄기차게 주장하고 있다. 2010년 이후 교육감 선거에 줄곧 참여하였으며, 2014년부터 3년간 구청 교육정책보좌관으로 혁신교육지구사업을 총괄하기도 했다. 최근에는 인천교육청 정책보좌관을 거쳐 마을교육지원단 전문관으로 활동하고 있으며, 2019년에는 『민주시민교육 학교와 만나다』라는 책을 펴냈고, 『혁신교육지구와 마을교육공동체는 어떻게 만들어지는가?』라는 책을 쓰기도 하였다.

으로 환자 수는 7,696,361명이고 이 중 사망자는 428,593명으로 집계되었습니다.[47]

모든 생명체는 위험을 회피하고자 합니다. 어떤 이는 죽음은 누구에게나 동등하며, 질병의 위협도 그러하다고 합니다. 그러나 현실은 그렇지 않습니다. 미국 질병통제예방센터CDC에 따르면 흑인 코로나19 누적 환자는 백인의 4.5배에 달한다고 합니다. 사망률은 백인의 2.6배로 6월 초를 기준으로 코로나19로 인해 사망한 미국 흑인은 2만 2,000명, 인구비례로만 따지면 1만 3,000명이 더 목숨을 잃은 것입니다.[48]

한국의 경우라고 예외가 아닙니다. 초기에는 종교단체의 집회 등을 통한 감염 경로가 문제였다고 하지만 콜센터 직원의 경우나 최근 물류유통업체 직원의 감염에서도 확인되었듯이 비정규직 노동자들, 몸이 아파도 쉬지 못하고 일을 해야 먹고살 수 있는 사람들이 코로나와 같은 전염병에 더 취약할 수밖에 없습니다.

건강 불평등은 어제오늘의 일은 아닙니다. 한국인의 여명餘命의 경우 사회적으로 불평등합니다. 학력에 따라 사회경제적 위치에 따라 격차가 존재합니다. 대졸 이상자들이 평균적으로 여명이 깁니다. 15세 이하 소아 사망률도 부모의 학력이나 재정 수준에 따라 차이가 나서 가난한 집 아이들이 부잣집 아이들보다 사망률이 더 높았습니다.[49]

그나마 한국은 공공의료 체계가 일정하게 존재합니다. 북유럽의 선진적인 복지 수준에는 한참 미치지 못합니다만 신자유주의의 본산 중 하

47. 중앙방역대책본부 코로나바이러스감염증 사이트 참조.
48. 「플로이드도 양성이었다… 코로나가 폭발시킨 '흑인의 분노'」, 『중앙일보』 2020. 6. 9.
49. 손미아(2019), 「시민과 건강: 사회적 불평등과 건강 불평등의 해결 전략」, 『민주시민교육 학교와 만나다』, 창의교육.

나인 미국보다는 나은 것이 분명합니다. 공공의료 체계가 매우 취약한 미국의 경우 빈부 격차에 따라 의료혜택이 너무나 차이가 나기 때문입니다. 그럼에도 코로나와 같은 전염병이 중하위 계층에게 더 노출되기 쉽고 위협적일 수 있음은 분명한 사실입니다. 따라서 우리는 코로나 백신과 치료제를 개발하려는 노력만큼 불평등의 문제를 해결하기 위해 노력해야 합니다. 왜냐하면 불평등은 건강(의료) 영역은 물론이고 교육에서도 마찬가지이기 때문입니다.

두 번째는 경제위기가 더욱 심화될 수 있으며, 이는 자본주의 시스템을 근본적으로 위협할 수 있습니다. 코로나는 경제활동에 직접적으로 타격을 주고 있습니다. 감염의 위험은 사람들로 하여금 접촉을 회피하게 합니다. 당연히 생산 활동과 소비 활동이 줄어듭니다. 이윤율을 보장받지 못한 기업은 노동자들을 해고합니다. 실업자가 늘어나고 소비는 더 위축됩니다. 그 결과 기업들도 파산의 위험에 처하게 됩니다.

통계청에 따르면 6월 14일 기준으로 지난 5월 구직기간 3개월 미만인 이른바 '신규실업자'는 1년 전보다 10만 7,000명 늘어난 73만 5,000명으로 집계되었다고 합니다. 신규실업자는 5월 기준 1999년 6월 통계 집계가 시작된 이후 가장 많은 수준이라고 합니다. 실업자가 증가한다는 것은 매우 치명적입니다. 때문에 재난기금의 형식으로 정부는 돈을 풀고 있습니다. 그런데 이는 대한민국 정부만 취하는 대응은 아닙니다. 그 이유는 무엇일까요? 그것은 경제위기가 발생하면 가계 수준, 기업 수준은 물론이고 금융기관도 현금을 확보하려고 들고 이는 신용경색으로 이어지기 때문입니다.

그런데 양적완화로 이번 경제위기를 모면하는 것이 그리 쉽지 않을 수도 있습니다. 왜냐하면 이번 코로나로 촉발된 경제위기는 이전 금융위기와는 달리 실물경제의 위기와 금융위기가 결합되어 나타나기 때문입니다. 또 하나 특징은 위기가 선진자본주의 국가와 후발자본주의 국가 어느 한 곳에서 출발한 것이 아니라 전 세계적으로 동시다발적으로 나타난다는 것입니다. 지금 각국의 정부들은 유례없는 돈 풀기, 즉 양적완화에 나섰습니다. 정부는 금리를 인하하고, 은행이 가지고 있는 국채를 사들여서 금융위기를 막고자 하고 있습니다. 동시에 재난지원금을 주고, 소상공인, 자영업자들에게 대출을 해 주면서 대규모 연쇄 파산을 피하려 하고 있습니다. 그것도 모자라 이제는 기업들의 파산을 막고자 안간힘을 쓰고 있는데 2008년도에도 하지 않았던 기업채 매입까지 하고 있습니다.[50]

이는 고전적 자본주의 모델은 물론이고 신자유주의적 모델에도 맞지 않는 행태입니다. 이는 그만큼 현재의 위기가 심각하다는 것을 의미하며, 국가의 강력한 개입을 통해 시장 중심의 경제 시스템에 변화를 가져올 수밖에 없음을 시사합니다. 물론 국가의 개입은 이전에도 있었습니다. 대공황 시기의 뉴딜 정책이 대표적인 사례입니다. 그런데 이번 코로나 팬데믹과 중첩된 경제위기는 뉴딜 정책과 같은 일국적 수준의 대응으로는 위기를 봉합하기 어려울 것입니다. 그야말로 새로운 경제 시스템, 새로운 사회 시스템을 요구하는 위기의 성격을 내포하고 있습니다.

세 번째는 교육받을 기회의 균등성을 위협하고 있습니다. 지난 몇 달간 학교는 말 그대로 셧다운 상태였습니다. 이는 한국만이 그런 것이 아니라 전 세계적으로도 학생들은 학교에 가지 못하였습니다. 그 이유는 근대의 학교 시스템이 갖는 한계 때문입니다. 대규모 인원을 수용하는

---

50. 「코로나19 사태와 세계경제」, 『진보교육』 76호(2020. 5).

밀집식 교실 공간은 전염병에 매우 취약합니다. 그런데 왜 학교는 사각형의 밀집식 교실구조, 그리고 똑같은 책상에서 똑같은 교육과정을 가르치는 방식을 가지게 되었을까요?

근대 학교는 자본이 요구하는 노동인력의 양성을 위해 탄생되었습니다. 사실 교육은 개개인의 특징을 존중하는 개별화된 교육을 지향합니다. 근대 초기까지만 해도 이런 경향은 유지되었습니다. 미국의 경우에도 1800년대 초반까지는 그랬습니다. 그러던 것이 테일러가 1911년 『과학적 관리법』이라는 책을 내면서 상황이 바뀌었습니다. 자본의 효율성, 즉 생산성을 높이려면 노동자는 자기가 맡은 과업만 정확히 하면 된다는 것이 테일러의 생각이었습니다. 테일러의 주장은 기업가들에게 매우 매력적인 것으로 들렸던 모양입니다. 1912년 록펠러가 후원하는 자칭 일반교육위원회라는 조직은 교육의 목적은 '평균의 학생을 위한 표준교육'을 제공하는 것이라 주장하였습니다. 그들은 놀랍게도 이런 주장을 하였습니다.

> 우리는 이런 사람들이나 이들의 아이들을 철학자나 학자나 과학자로 만들고 싶은 생각이 없다. 이들 가운데서 작가, 연설가, 시인 또는 문인을 키우지 않을 것이다. 뛰어난 예술가, 화가, 음악가의 배아를 찾지 않을 것이다. 변호사, 의사, 전도사, 정치인의 배아도 찾지 않을 것이다.[51]

근대의 학교가 미래 사회가 요구하는 역량을 기르는 데 수없이 지적

---

51. 존 카우치·제이슨 타운(2018), 『교실 없는 시대가 온다: Rewiring Education』, 김영선 옮김, 어크로스.

되어 왔습니다. 그 결과 최근에는 학교 공간 혁신 사업을 추진하기 시작하였고, 죽은 지식을 주입하는 교육이 아니라 앎과 삶이 일치될 수 있는 교육을 해야 한다는 목소리가 높아지면서, 학교만이 아니라 학교 밖에서도 다양한 배움이 일어날 수 있도록 하는 혁신교육지구와 마을교육공동체운동이 확산되고 있습니다. 코로나 국면은 역설적이게도 바로 이런 흐름이 옳았음을 증명하게 될 것입니다.

현재의 학교교육 시스템을 그대로 유지하는 한 원격수업을 확대하고 원격과 대면 방식으로 결합하는 블렌디드 러닝을 도입한다고 해도 그 한계는 너무나 명확합니다.

신경과학자, 임상심리학자, 사회심리학자, 컴퓨터공학자, 교육심리학자들은 이구동성으로 원격수업, 즉 화상을 통한 소통은 인간의 두뇌와 심리상태에 치명적 결과를 초래할 수 있다고 경고하고 있습니다. 인간은 말뿐만 아니라 표정과 몸짓 등 비언어적 방식을 같이 동원하여 소통하는데, 원격수업은 이 미세한 표정 변화와 몸짓을 읽어 내는 데 한계가 있다는 것입니다. 그 결과 다른 사람의 마음을 읽어 내는 공감을 방해하고, 이것이 반복되면 결과적으로 공감 능력의 발달을 저해할 수 있다고 주장합니다.[52]

이들의 주장은 매우 타당성이 있습니다. 왜냐하면 인간은 관계적인 존재이기 때문입니다. 타자와의 끊임없는 소통과 공감을 통해 인간은 종을 보존하고 문명을 일으키고 유지, 발전시켜 왔습니다. 교육을 통해 인류는 지식을 전수하고 가공하면서 사회를 지속시켜 왔습니다. 한편,

52. 「"원격수업은 왜 끔찍한가"… 전문가들의 이유 있는 경고」, 『오마이뉴스』 2020. 6. 18.

알튀세르가 주장한 것처럼 교육은 자본주의를 재생산하는 주요한 기제인 것입니다. 그런데 지금 그 재생산의 위기에 직면하였습니다.

만일 코로나가 장기화되거나 혹은 코로나와 같은 전염병이 계속 발생하여 이전과 같은 대면식 교육을 대신하여 비대면 원격수업의 비중이 커진다면 어떤 현상이 나타날까요? 가장 큰 문제는 교육 기회의 균등성이 위협받고 교육 불평등이 심화될 것이며, 이는 특히 사회적으로 취약계층의 아동·청소년의 인지적 감성적 발달의 지연을 초래할 것이라는 점입니다.

학교를 가지 못하는 상황이 장기화되거나 학교에서의 대면수업이 간헐적으로 이루어지거나 온라인 원격수업의 비중이 커지게 되면 부모(혹은 그에 준하는 보호자)의 안정적인 관리 지원이 가능한 가정의 아이들과 그렇지 못한 아이들 간의 차이는 커질 수밖에 없습니다. 실제로 학교 등교가 늦어지면서 가장 큰 어려움으로 등장한 것은 학생들이 자율성을 가지고 원격수업에 임할 때 가정환경에 따라 편차가 컸다는 점입니다. 때문에 학부모들의 상당수는 이 지점에 대해 우려를 표하고 대안 마련을 요구하고 있습니다. 이는 최근 인천에서 실시한 설문조사에서도 확인되고 있습니다.

인천광역시교육청은 6월 3일부터 3일간 학생 1,268명(32.5%), 학부모 884명(22.7%), 교원 1,748명(44.8%) 등 총 3,900명이 참여한 설문조사를 실시했습니다. 코로나19 이후 미래의 교육에서 가장 강조돼야 할 것으로 교직원과 학부모는 '유연한 교육 시스템 구축(36.2%)'을 꼽았으며 학생들은 코로나19 상황에서 '생활, 학업 등 자기관리(23.8%)'와 '건강과 안전(17.7%)'이 어려웠다고 응답을 했습니다. 한편, 코로나19로 인한 어려움 해소를 위해 필요한 도움을 묻는 질문에 교사는 '신속하고 명확한 인내(31.4%)', 학부모는 '개인 맞춤형 학습 지원(33.9%)'이라고 가장 많이 답변했습니다. 또 서술형 키워드로 분석한 '향후 인천교육의 변화 방향'에서 학생은 '학생 의견을 적극적으로 반영해 달라는 요구'를 가장 많이 선택했고, 교원과 학부모는 '시스템 개발(구축)에 대한 요구'와 '교육 격차 해소'를 각각 중요하게 거론하였습니다.

이 설문 결과가 의미하는 바는 분명합니다. 학교의 기능은 단지 지식을 전달하는 것이나 상급학교 진학 혹은 취업을 위한 수단으로 제한되지 않습니다. 학교교육을 통해 우리는 과학적 개념 형성을 하게 되며, 나아가서 다양한 관계 맺음을 통해서 인간으로 성장하고 발달해 나갑니다. 그런데 학교에 갈 수 없는 상황 혹은 대면적인 관계 맺음에 제약이 오면서 그 성장과 발달에서 온전히 아이들에게만 집중할 수 있는 계층과 그렇지 않는 계층 간에 차이가 나타나는 것입니다.

위에서 언급된 설문조사에서 '생활과 학업 등에서의 자기관리'라는 것은 자기통제와 조절능력을 의미하는데, 이는 각 개체의 의지만이 아니라 사회적 관계, 즉 적절한 교수·학습을 통한 훈련과 습관을 통해서 형성됩니다. 온라인 원격수업이 갖는 명백한 한계도 문제이지만, 이 한계가 분명한 수업조차도 제대로 활용할 수 있는 학생들은 대체로 그런 훈련과 습관을 형성할 수 있는 조건, 즉 부모가 집중적인 양육을 할 수 있는 계층일 가능성이 매우 높습니다. 결국 생활과 학업 등에서의 자기관리 능력의 차이는 부모의 계급적 지위의 차이와 매우 밀접한 연관성을 갖는다는 것입니다.

그렇다면 코로나로 인한 아동·청소년의 인지 발달, 감성 발달의 위기, 사회적 격차가 교육 격차로 이어지는 교육 불평등의 심화를 해결하기 위해서 우리는 어떤 노력을 해야 할까요? 사실 이 문제는 대한민국의 교육체제의 근본적인 변화, 대학서열체제와 입시 경쟁 교육의 해소, 교육기관의 공공성 확대, 대학까지 무상교육의 확대, 교육과정의 전면적인 재구성, 교육자치의 확대, 교원의 양성 및 임용제도의 개선 등과 같은 총체적인 교육개혁을 수반해야 할 것입니다. 그럼에도 출발의 지점은 분명히 존재합니다. 현장에서 그 출발의 지점을 찾을 수 있습니다.

우리는 위 설문, 즉 코로나19로 인한 어려움을 해소하기 위해 필요한 도움을 묻는 질문에 학부모의 답변 중 가장 많은 것이 '개인 맞춤형 학습 지원'이라는 점에 주목해야 합니다. 교육은 획일화를 지향하지 않습니다. 오히려 획일화는 지양되어야 하며, 교육은 인간 개개인의 개성을 존중하고 각자의 장점이 충분히 발휘되어 전인적인 발달을 이루고자 합니다. 코로나 국면은 바로 이 점을 다시 상기시키고 있습니다. 표준화된 시험, 획일화된 교육과정으로 학생들을 줄 세우고 서열화하면서 개성을 말살시키는 것이 아니라, 학생 개개인의 배움의 속도, 관심 그리고 잠재력을 충분히 고려하여 학습자의 능동성을 최대한 고취시켜 미래 사회의 주역으로 성장하고 발달하게 하는 것이 우리의 과제일 것입니다. 코로나로 시작된 위기는 우리에게 기회가 될 수 있습니다. 그 시작은 근대교육의 한계를 넘어 교육의 본원적 목적에 충실할 때 올바른 첫걸음을 뗄 수 있을 것입니다. 그리고 이는 미래 사회가 요구하는 핵심역량 즉 비판적 사고, 창의력, 소통, 공감, 인성, 시민성 등을 기르는 것과도 맞물려 있습니다. 여기서 다시 마을교육공동체의 중요성이 제기됩니다.

2. 코로나 국면과 마을교육공동체

1) 관 주도의 혁신교육지구사업이나 마을교육공동체의 한계가 그대로 드러났습니다

코로나 국면은 모든 대면적인 교육적 활동에 제약이 되었습니다. 학교는 물론이고 관청과 관청 소속 혹은 관청의 영향하에 있는 교육기관들은 말 그대로 셧다운을 단행하였습니다. 모든 강좌가 연기되었습니다. 강좌만 연기된 것이 아닙니다. 혁신교육지구의 3대 사업이 차질을 빚고 있습니다.

민·관·학 거버넌스는 혁신교육지구와 마을교육공동체의 운영원리입니다. 거버넌스는 시민참여를 기본으로 합니다. 거버넌스는 협의를 통해 작동됩니다. 그런데 협의의 자리가 사라집니다. 대면이 어렵다면 비대면 방식을 활용하면서, 회의에 참여하는 구성원들의 숫자를 줄여서 여러 번 하는 방식으로도 어느 정도는 민·관·학이 협의를 할 수 있을 것입니다. 그러나 그런 노력을 하는 경우보다는 하지 않는 경우가 더 많은 것 같습니다. 방역을 철저히 하고 참여 인원을 최소화해서라도 정기적인 협의를 할 수 있습니다. 그러나 현실은 어떤가요? 혁신교육지구와 마을교육공동체에 참여해 온 시민들은 이런 의구심을 보냅니다. 혹시 "코로나를 핑계로 공무원들이 그동안 골치 아팠던 거버넌스를 이참에 회피하고 있는 것은 아닌가?"라고 말입니다. 저는 절대로 그렇지 않을 것이라고 믿습니다. 시민들이 낸 세금으로 먹고 살아가는 공무원들이 그런 못된 생각을 한다는 것은 상상조차 할 수 없는 일이니까요. 하지만 오해를 받지 않으려면 지금이라도 코로나 국면임에도 민·관·학이 소통하고 협의하기 위한 방안을 강구하기 위해 전력투구를 해야 합니다. 그 방안도 관 혼자서 찾는 것이 아니라 민·관·학이 함께 모색해야 합니다. 몇십 년 전만 해도 사람들은 종이로 된 편지를 주고받으면서 생각을 나누고 의견을 모았습니다. 그러나 지금은 이전보다는 상상도 할 수 없는 기술적 수단을 가지고 있습니다. 중요한 것은 재주가 아니라 태도입니다. 민·관·학 거버넌스가 혁신교육지구와 마을교육공동체의 운영원리라면 아무리 어려워도 어떤 식으로도 거버넌스가 셧다운 돼서는 결코 안 됩니다.

마을 연계 교육과정은 또 어떠한가요? 마을 연계 교육과정은 마을의 인적 역량과 물적 자원을 연계하여 학교교육과정을 재구성하는 것입니다. 이를 통해 아동·청소년이 마을에 관해서 배우고, 마을을 통해서 성장하고, 마을을 위한 주민(시민)으로 살아가는 힘을 기르는 것입니다. 그런데 마을교육과정은 마을의 인적 역량과 물적 자원을 단지 활용하거나 소비하는 것이 아닙니다. 마을 사람들과 협의하면서 교육과정을 재구성하는 과정은 그 자체로 학교 단위 거버넌스입니다. 그런데 지금 현실은 어떤가요? 코로나로 교육보다는 방역이 우선시되면서 그 어떤 외부와의 접촉도 차단해야 한다는 강박 때문인지, 학교와 협력을 통해 수업에 참여하거나, 마을 연계 방과후활동 등에 참여했던 상당수의 마을교사 혹은 마을교육활동가들은 학교 밖에서 기약 없는 대기상태에 놓여 있습니다. 물론 학생의 안전과 건강보다 중요한 것은 없습니다. 전염병이 확산되는 시기에는 셧다운을 해서라도 그 확산을 차단하는 것이 우선되어야 합니다. 그런데 여기서도 아쉬운 것은 대면적인 방식이 아니더라도 학교가 마을의 인적 역량과 물적 자원과 연계하여 교육과정을 운영하는 방안이 과연 전혀 없는가 하는 점입니다. 예로 들면 지역교육청과 학교가 마을교육활동가들의 도움을 얻어 동영상 프로그램을 제작하여 마을 연계 교육과정을 운영하고자 노력하는 사례가 존재합니다. 조금만 더 노력을 하면 방안이 아예 없는 것은 아닐 것입니다.

마을학교도 마찬가지입니다. 마을학교는 '마을에서 배움과 돌봄이 이루어지도록 마을교육공동체 구성원들이 함께 만들어 가는 학생 친화적이고, 민주적공동체로서의 학교 밖 학교'를 말합니다. 이 마을학교야말로 학교가 정규 교육과정에 집중하고 지역사회와 지자체가 방과후와 돌봄을 책임진다고 할 때 주요한 거점이 될 수 있습니다. 마을학교는 공간, 사람, 콘텐츠를 구성 요소로 합니다. 그런데 이 마을학교의 형성과정, 지정과 운영과정이 관 주도로 된 지역은 코로나 국면과 함께 바로 활동이 멈추어 버렸다는 느낌을 지울 수 없습니다. 심지어 마을학교를 지정하고도 코로나를 이유로 사업 예산 집행을 최근까지도 보류한 경우도 있습니다. 반면 시민들의 자발성과 조직(비영리단체, 협동조합 등)이 있는 지역의 경우 관이 코로나를 이유로 머뭇거리고 있는 동안에도 다양한 방식으로 지역에서 방과후활동과 돌봄활동을 전개하는 사례들이 확인되고 있습니다.

방역과 교육을 같이 해야 한다는 원칙은 마을교육공동체에서도 마찬가지로 적용되어야 합니다. 한국의 방역이 다른 나라에 비해서 잘되고 있다고 평가받는 이유는 관청의 노력만이 아니라 시민들이 자발적으로 방역에 동참했기 때문입니다. 마찬가지입니다. 학교만이 아니라 마을에서도 배움이 함께 이루어져야 합니다. 그런데 냉정하게 돌아보면, 방역을 우선시한다면서 충분히 시도할 수 있는 노력들을 방기하고 있었던 것은 아닐까요?

앞서 살펴본 것처럼 전염병은 가난한 사람들에게 더 위협적입니다. 또한 코로나로 인해 공적 교육체계가 위협을 받을 때 교육 불평등은 더욱 심화됩니다. 때문에 의료와 교육은 공적 영역으로 공공성을 더욱 강화해야 함이 너무도 타당한 진리임이 다시 확인되었습니다.

공공성이 곧 관료적 지배와 통제를 의미하거나 이를 옹호하는 것으로 왜곡되어서는 안 될 것입니다. 선출된 권력과 선출되지 않은 권력을 시민적으로 통제하지 못한다면 그 권력은 권력 자신을 위해서 작동합니다. 특히, 선출되지 않은 권력 즉 관료는 더더욱 그러합니다. 관료는 관료 자신을 위해서 조직을 키우고 예산을 늘립니다. 명분은 공공을 위한 것이라고 하지만 실제는 조직을 키워서 승진의 가능성을 높이고, 예산을 늘려서 권한을 더 많이 가지려 합니다. 새로운 일이 민에 의해 제안되든 선출직의 공약(시민들의 요구이자 시민과의 약속)에 의해 주어지든 관료들은 사람을 더 달라고 하고 예산을 더 달라고 합니다. 그래서 그들이 하던 일의 양과 난이도를 자신들의 편의라는 관점에서 조정하고자 합니다. 그 결과 공무원들의 숫자는 늘어나지만 공공 서비스의 질은 결코 나아지지 않습니다. 이런 문제가 이번 코로나 위기에서도 반복되고 있습니다.

방역 하나만을 놓고 보면 관료주의가 힘을 발휘한 것처럼 보이지만, 다시 강조하지만 이번 방역은 관료주의의 성공이라기보다는 시민들의 자발성이 관건이었습니다. 전염병은 시민적 참여 없이 관료주의로 통제할 수 있는 것이 아니기 때문입니다.

반면 관료주의가 방역을 이유로 모든 것을 통제 일변도로 나오면서 수면 아래 있던 문제들이 터져 나오기 시작했습니다. 바로 교육 불평등입니다. 원격수업을 시노하기 어려운 가정의 아이들, 맞벌이 등으로 돌봄이 시급한 사회계층의 아이들이 직격탄을 맞았습니다. 지난 몇 달간 끔직한 일들이 뉴스로 도배되었습니다. 계모에 의해 가방 안에서 죽임을 당한 아이, 돌봐 줄 사람이 없어 몇 달간 배고픔을 참지 못해 자살을 시도한 중학생, 부모의 학대를 피해 거리로 나온 아이 등. 이젠 선진국 반열에 올랐다는 주장과는 달리 우리 사회의 사각지대는 너무나 많았습니다.

사회과학적인 관점에서 보자면 관청은 억압적 국가장치의 성격을 띱니다. 학교도 이데올로기적 국가장치의 성격을 갖습니다. 관청이 상황을 통제하는 데는 강점이 있을지 모르지만, 냉정히 말하면 시민적 동의와 참여 없이 전염병에 대응하는 것은 분명한 한계가 있습니다. 이런 점에서 관료적 통제 시스템만으로 현재의 위기를 극복할 수 없습니다. 지금이야말로 공동체적 관계와 실천이 강조될 때입니다. 관료주의가 갖는 경직성을 시민적 자발성에 기초한 민·관·학의 공동체적 관계와 실천으로 극복해야 합니다.

2) 혁신교육지구와 마을교육공동체를 재구성해야 합니다

첫째, 사업이 아니라 운동으로 전환되어야 합니다.

마을교육공동체가 사업이 되어 버리면, 사업을 하는 주체와 사업의 대상이 나뉩니다. 민간은 동등한 참여자가 아니라 예산을 지원받는 대상이 됩니다. 방역이 관의 통제만으로 성공할 수 없고 시민의 자발적 참여에 기초하지 않으면 안 되듯이, 마을교육공동체 또한 관의 지원과 민의 참여가 균형을 이루어야 합니다. 관이 통제하는 사업이 아니라 민의 참여를 기반으로 하는 사회운동, 문화운동이 되어야 합니다. 관이 중심이 되거나 관이 통제하는 사업으로 고착화되면 이번 코로나 국면에서처럼 국가장치 속성상의 경직성과, 관료주의, 행정편의주의에 포획될 수 있습니다. 그런데 만일 마을교육공동체 사회운동, 문화운동이라면 경직성이 아닌 유연성을 가질 수 있고, 관료주의가 아닌 자발성과 민주성에 기초하여, 행정편의주의가 아니라 공공성에 근간을 둔 실험과 도전으로 극복될 수 있을 것입니다. 사실 코로나 국면에서 나온 방역 관련 주요한 조치들(예를 들어 드라이브 스루)은 현장의 의견과 자발성에서 나온 것이었습니다. 이에 착안한다면 관이 통제하는 사업이 아니라 관이 지원은 하되, 시민들이 만들어 가는 일종의 사회운동, 문화운동으로 그 성격이 더욱 과감히 전환될 필요가 있습니다.

둘째, 지역사회의 공간을 재구성해야 합니다.

코로나 국면에서 가장 절실했던 것은 안정적인 돌봄이었습니다. 비대면 온라인 수업을 도와줄 부모 혹은 그에 준하는 조력자가 없는 아동·청소년들, 나아가 돌봄 자체가 절실한 아동·청소년들이 가장 큰 피해자가 되었습니다. 그런데 대규모 집합 동원이 이루어지는 학교 공간은 전염병에 매우 취약합니다. 이럴 때 주거지 가까운 곳에 아동·청소년들을 위한 쉼의 공간이 많았다면 어떻게 되었을까요? 이런 공간이 많았다면 대규모 집합형이 아니라 소규모 분산형으로 방과후와 돌봄이 어느 정도는 가능하지 않았을까요? 그래서 가장 절실한 계층의 아동·청소년들이 방치되는 상황은 해소할 수 있지 않을까요? 혁신교육지구사업을 통해 지향하고자 하는 것 중 하나는 학교가 정규 교육과정에 집중하고 지방자치단체가 지역사회(마을)과 함께 아동·청소년들의 방과후와 돌봄을 책임지자는 것이었습니다. 이를 위해서는 지역사회의 공간을 재구성해야 합니다. 「청소년활동진흥법」대로 읍·면·동마다 청소년문화의집이 있고, 「평생교육법」대로 읍·면·동마다 평생교육센터가 있다면, 학교에만 방과후활동과 돌봄을 의존해야 하는 상황을 어느 정도는 해소할 수 있지 않을까요? 현행법대로 아동·청소년과 마을을 위한 교육문화 공간을 만들기 위해서는 상당한 정도의 예산이 수반될 것입니다. 그런데 지금부터 시작하지 않으면 더 요원해질 수 있습니다.

공간의 배치는 사실 권력적 관계의 산물입니다. 민주주의는 권력의 독점을 통제하고 구성원 간의 평등한 관계를 지향합니다. 그렇다면 공간의 문제에도 민주주의의 원리가 작동되어야 합니다. 소수의 이익을 위한 공간 구성이 아니라 사회적 약자를 배려한 공간 구성, 보편적 다수를 위한 공간 구성이라는 원칙을 가지고 지역사회의 공간을 다시 돌아봐야 합니다. 권력자와 자본가들의 이익을 위해 공간이 구획되고 조성되는 것이 아니라 공공의 이익을 위해 세금이 투입되어야 하고 재구성되어야 합니다.

코로나 국면에서 우리는 주변을 다시 돌아봐야 합니다. 마을에 아이들이 뛰놀고, 쉬고, 배움을 일구어 나갈 공간이 과연 얼마나 있는지 말입니다. 마을의 인적 역량과 물적 자원을 활용, 소비하는 것이 마을교육공동체가 되어서는 안 됩니다. 마을에서 배움이 일어나고 돌봄이 이루어지기 위해서는 이를 위한 공간을 만들어야 합니다. 이를 위해서는 다양한 국가 수준의 사업들이 유기적으로 결합되어야 합니다. 광역 단위 수준에서도 기초 단위 수준에서도 기존의 분절된 사업들이 결합되어야 합니다. 예를 들어 도시재생사업이 마을교육공동체와 결합될 수 있으며, 여성가족부나 보건복지부의 사업들이 마을교육공동체와 결합되어 공간을 창출하거나 기존 공간을 재구성할 수 있습니다.

더 이상 대규모 밀집형 공간을 상수로 두어서는 안 될 것입니다. 미래 역량을 기르기 위해서도 대규모 밀집형·전달형 교육보다는 학교 공간도 소규모 분산형·참여형 교육이 가능한 공간으로 바뀌어야 합니다. 마찬가지로 마을교육공동체를 위한 공간도 마을 곳곳에 만들어져야 하며,

이는 기존의 지역사회 공간을 재구성하는 것으로 가능할 것입니다.

셋째, 마을의 교육력을 높이는 것에 과감한 지원을 해야 합니다.

앞에서 저는 마을 연계 교육과정은 마을을 활용, 소비하는 것이어서는 안 된다고 했습니다. 그러면 코로나 국면에서 우리는 무엇을 해야 할까요? 학교와 마을이 협력을 강화하고 마을의 교육력을 높여야 합니다. 마을을 활용, 소비하여 형식적으로 마을 연계 교육과정을 운영해서는 안 됩니다. 학교는 마을로부터 배우고, 마을도 학교를 통해 배울 수 있어야 합니다. 교사들은 마을 주민들과 만나면서 배우고, 마을 주민(학부모)들은 교사들과 만나면서 학교를 이해하고 마을이 학교를 품어 나갈 수 있습니다.

학교는 마을의 거점이 될 수 있습니다. 학교는 평생교육기관으로도 기능할 수 있습니다. 학교가 평생교육기관이 된다는 것은 공간을 마을에 내준다는 것으로만 이해해서는 안 됩니다. 학교와 마을의 연계를 통해 마을의 주민들은 성장합니다. 마을교육공동체의 우수 사례들을 보면 학교 공간이든 학교 밖의 마을교육문화 공간이든 그 공간을 매개로 마을 주민들이 배우고 성장하며, 다시 그 배움을 나누어 우리 아동·청소년들의 성장과 발달을 지원하는 마을교육활동가가 되고 있음을 목도하게 됩니다.

그동안 혁신교육지구와 마을교육공동체에서는 마을 사람들을 인적 자원이라고 부르기도 했습니다. 저는 이에 반대합니다. 어떻게 사람이 자원이 되나요? 그야말로 시장주의적 발상이 아닐 수 없습니다. 그래서 저는 목적의식적으로 인적 역량이라는 표현을 써야 한다고 생각합니다. 바로 이 역량의 성장이 마을의 교육력의 신장으로 이어집니다. 마을 사람들의 역량이 커져야 마을의 교육력이 높아지고 그만큼 우리 아동·청소년들에게 도움이 될 것입니다.

결국 마을의 교육력을 높이기 위해서는 마을교육공동체에 참여하는 마을 주민들의 역량이 높아질 수 있도록 아낌없는 지원을 해야 합니다. 코로나로 대면이 어려우니 "코로나가 끝날 때까지는 가만히 있자"라는 식으로는 결코 마을의 교육력이 높아지지 않습니다. 오히려 코로나 국면을 활용하여 일방적인 전달식 교육 연수를 대신하여, 온라인과 오프라인을 병행하면서도 소규모 분산형·참여형 교육을 강화하여 마을교육활동가들의 역량을 증진하기 위한 지원 사업들을 배치할 필요가 있습니다. 예를 들어 교사와 마을교육활동가들이 협력하여 소규모로 팀을 구성하여 마을교육 프로그램을 개발한다든가, 마을교육 아카이빙을 통해 마을교육의 인적 역량을 찾아내고 물적 자원을 찾는 답사활동을 한다든가, 프로젝트식 참여형 프로그램 개발을 지원한다든가, 마을교육공동체를 학습하는 소규모 모임들이 만들어지도록 돕는다든지 하는 다양한 모색을 적극적으로 해야 합니다. 이런 노력이 지금부터 진행되어야 코로나가 진정된 이후 마을교육공동체가 더 활성화될 것이며, 일부 비관적인 견해처럼 코로나가 일상이 되는 상황이 되더라도 새로운 대안을 찾아갈 수 있을 것입니다.

또한 놓치지 말아야 할 것은 마을교육공동체에 참여하는 사람들의 처우개선 논의가 본격적으로 시작되어야 합니다. 지금과 같은 '자원봉사+α' 수준의 수고비로 마을교육활동가들의 지속적인 활동을 담보하기는 어렵습니다. 마구 예산을 풀자는 것이 아닙니다. 코로나 위기로 뉴딜 논의가 본격화되고 있습니다. 그런데 조금만 생각해 보면 그 뉴딜이 과거와 같은 대규모 토목공사가 될 수 없을 것입니다. 일상의 시공간인 마을에서 우리 아동·청소년들이 안전하고 건강하게 쉬고, 배움이 일어날 수 있는 공간을 재구성하는 데 국가가 투자하고, 동시에 마을에서 활동하는 분들을 안정적으로 지원하여 지속가능성을 담보한다면 이는 교육 뉴딜이 될 것입니다. 한계가 분명한 원격수업에만 돈을 쏟아붓기보다는, 학교 공간을 미래교육에 맞게 바꾸는 공간 혁신, 마을에서 배움이 일어나는 공간의 재구성과 함께, 마을교육공동체에 참여하는 시민들의 지속적인 활동이 가능하도록 지원을 할 수 있어야 합니다.

넷째, 마을정부, 마을교육자치를 시작해야 합니다.

수십만 단위의 자치구를 우리는 마을이라고 부르지 않습니다. 그래서 최근에는 읍·면·동 단위의 민·관·학 거버넌스에 주목합니다. 사람들이 민주적으로 의사결정을 하여 자신들의 삶에 직접적으로 연관된 문제를 해결할 수 있는 인구구성 단위는 어느 정도 사이즈가 적당할까요? 직접 민주주의를 실현했던 그리스의 도시국가들의 인구는 성인 남성 2만 명 정도였다고 합니다. 그리스 민주주의는 노예와 여성, 아동들을 배제한 불완전한 것임을 감안한다면 아마 그 도시국가들은 10만 명 안팎의 인구를 가졌을 것입니다. 경기도의 한 기초지자체는 인구 5만 명당 하나의 규모 있는 교육문화복합 공간을 만들고자 노력하고 있습니다. 기초지자체는 엄밀히 말하면 작은 지방정부입니다.

코로나로 인해 분명해진 사실 중 하나는 대규모 도시보다 지방 소도시가 더 안전할 수 있다는 것입니다. 대도시의 삶이 코로나와 같은 전염병에 오히려 취약하다는 것입니다. 여기서 우리는 발상을 바꿀 수 있습니다. 지금이야말로 지방자치, 교육자치를 더욱 확대해야 할 때가 아닐까요?

마을교육공동체는 주민자치와 교육자치의 결합의 산물이기도 합니다. 혁신교육지구사업을 보면 극명히 드러납니다. 시·군·구 기초자치단체와 교육지원청의 협업에 시민들의 참여로 거버넌스가 작동합니다. 이제 중요한 것은 더 많은 권한을 시민들에게 이양하는 것입니다. 이를 위해서는 좀 더 작은 단위에서 교육자치와 주민자치가 결합될 수 있어야 합니다. 마을 주민들이 자신들의 삶과 직결된 문제들에 관심을 가지고 발언하고 참여하고 결정할 수 있어야 합니다. 주민자치위원회가 주민자치회로 진화하고 주민총회를 통해 중요한 문제들을 함께 논의하여 결정하듯이, 이제는 마을교육자치회와 같이 읍·면·동 단위의 거버넌스를 통해서 우리 아동·청소년들의 성장과 발달을 위해 시민들이 무엇을 할 것인지 관청은 무엇을 지원할 것인지 논의하고 집행할 수 있는 구조들에 대한 논의가 확장되고 실험들이 이루어져야 합니다. 마을정부는 꿈이 아닙니다. 읍·면·동 주민자치회가 그 맹아입니다. 마을교육자치회를 본격화해야 합니다. 이미 시작된 지역들도 존재합니다.

국가권력의 전일적 통제로는 작금의 위기를 극복할 수 없습니다. 관료주의는 그 한계가 너무나 명확합니다. 관청의 행정력은 시민들의 참여를 활성화하여 시민들이 지역공동체의 지속가능한 미래를 만드는 주체가 될 수 있도록 돕는 역할을 해야 합니다. 마을정부, 마을교육자치회를 지금부터 공론화하고 시작해야 합니다.

코로나 시대의 교육 거버넌스 : 서울형혁신교육지구 2.0을 위한 제언

채희태(사회혁신연구소 연구위원)

정확히 중앙재해대책본부가 "사회적 거리두기"를 "생활 속 거리두기"로 전환하려는 바로 그 시점에 발생한 이태원 클럽발 코로나 확산으로 인해 '코로나 선진국' 대한민국이 다시 멘붕에 빠졌다. 확진자 수가 안정적으로 10명 밑으로 떨어지면서 다양한 분야에서 post-코로나에 대한 논의가 스멀스멀 올라오고 있던 터라 이태원 클럽발 코로나 확산은 이미 보편적으로 확산되고 있는 코로나의 공포에 깊이를 더해 주고 있다.

물론 코로나가 완전히 끝난 이후에야 post-코로나에 관해 이야기할 수 있다고 주장하는 것은 아니다. 인간은 절망 속에서도 희망을 꿈꿀 수 있는 유일한 지구 생명체이고, 지금의 문명은 인류가 단지 꿈을 잘 꾼 결과라고 해도 과언이 아니기 때문이다. 하지만 지금처럼 peri-코로나[53] 상태가 지속된다면 post-코로나에 대한 다양한 상상도 힘을 잃을 가능성이 적지 않다. post-코로나에 대한 상상은 말 그대로 현재 상황을 벗어나고 난 후 반복될 것으로 예상되는 팬데믹에 어떻게 대처해야

53. pre-, peri-, post-는 주로 의학 분야에서 사용하는 용어로 증상에 대한 처방 이전, 치료를 위한 처방의 과정, 처방 이후를 구분할 때 사용하는 접두어다. 지금 인류의 경제, 문화 전반을 흔들어 대고 있는 코로나도 본질적으로는 바이러스에 의한 질병이므로 이러한 접두어의 사용이 매우 적절해 보인다.

할지에 대한 논의일 뿐, 현재의 peri-코로나를 벗어나기 위한 논의는 아니기 때문이다.

안타깝게도 post-코로나에 대한 다양한 논의는 그저 주장으로 그칠 가능성이 매우 높아 보인다. 대부분의 post-코로나에 대한 논의가 자신이 처한 신념이나 입장의 관성을 크게 벗어나지 못하고 있기 때문이다. 만약 동성애가 코로나 항체 생성에 효과적이라고 한다면 그것을 받아들일 수 있는 한국의 목사들이 얼마나 될까? 코로나를 통제하기 위해 과거의 전체주의 국가로 회귀해야 한다면 개인의 자발성에 기초한 민주주의에 익숙해진 선진국 시민들은 과연 동의할 수 있을까?[54] 하여 post-코로나를 언급함에 있어서 혹시라도 코로나를 기회 삼아 평소 자신의 신념과 진영에 힘을 실으려 하는 것은 아닌지, 자기가 디디고 있는 축발을 떼어야 앞으로 나아갈 수 있는데 각자 서로에게 상대방부터 먼저 발을 떼라고 요구하고 있은 것은 아닌지 한번쯤 의심해 볼 필요가 있다.

코로나가 공포스러운 가장 큰 이유는 한마디로 통제의 영역 밖에 있는 불확실성 때문이다. 미국의 압도적인 사망원인 1위는 총기 사고다. 하지만 미국은 총기보다 테러를 규제하기 위해 더 많은 예산을 쏟아붓는다.[55] 한국인의 생명을 가장 크게 위협하고 있는 것은 코로나일까, 아니면 압도적인 세계 1위를 차지하고 있는 자살률일까?[56] 근대 인류는 필연에 대한 지나친 자신감으로 인해 결과에 더 큰 영향을 미치는 우연의

---

54. 「"삶을 금지하지 말라" 독일 봉쇄조치에 1천 명 항의시위」, 『한겨레』(http://www.hani.co.kr/arti/international/europe/942015.html).

55. 9·11 테러에 의한 사망자는 대략 3,000명이지만, 미국에서 총기 사고로 인한 사망자는 1년에 평균 3만 명에 이른다.

56. 2019년 통계청의 발표에 따르면 대한민국은 2018년 1일 평균 37.5명이 스스로 목숨을 끊었다. 참고로 2020년 6월 14일 현재 코로나로 인한 누적 사망자 수는 277명이다.

영역을 단지 눈에 보이는 수치로 계량화할 수 없다는 이유로 늘 무시해 왔다. 사실 post-코로나에 대한 논의나 주장에서 더 중요한 것은 '근대적 정의'가 아니라 미래에 대한 '합의 가능성'일지 모른다.

복잡하게 구조화된 산업사회 속에서 분업화된 전문성에 입각한 주장은 오히려 사회적 합의를 방해한다. 대부분의 주장에는 합의에 필요한 보편적 상식보다 각자의 전문성이 더 크게 자리 잡고 있기 때문이다. 교육 거버넌스의 목적은 다양한 구성원들이 참여하여 교육에 대한 합의를 이끌어 내는 것이다. 그리고 합의를 위해 필요한 것은 주장보다는 객관적인 시대 진단이다. 하여 필자는 거버넌스를 이야기하기 전에 시대 진단을 위한 세 가지 접근 방법을 먼저 제안하고자 한다.

1. 시대 진단을 위한 세 가지 접근 방법

현대의학이 과학혁명을 바탕으로 비약적으로 발전하게 된 배경에는 현미경의 발명이 있었다. 인류는 현미경을 통해 질병의 원인이 신의 저주가 아니라 미생물 때문이라는 것을 알게 되었고, 이것이 현대 의(료과)학의 토대가 된 진단의학의 시작이다.[57] 의사는 환자가 가진 질병에 대한 '진단'을 바탕으로 어떻게 치료할지 판단하는 '처방'을 한다. 단순한 소화불량을 위암으로 진단한다면 정상적인 치료 행위는 불가능할 것이다. 질병을 치료하기 위해선 이렇게 객관적이고 과학적인 진단을 선행해야 한다. 현대의학의 관심은 이제 진단과 처방의 단계를 넘어 질병의 원

57. 이현지·오승환·장철훈(2017), 「진단검사의학의 기원과 역사」, 『Lab Med Online』 Vol. 7, No. 2: 53-58.

인을 제거하는 예방의학으로 진화하고 있다.

인간의 사회적 관계를 들여다보는 사회과학은 자연과학보다 훨씬 더 변화무쌍하다. 자연을 구성하고 있는 객체는 주로 상수화되어 있는 경우가 대부분이지만, 사회를 구성하고 있는 객체인 인간은 쉽게 상수화시킬 수 없기 때문이다. 1999년 호주의 뉴 사우스 웨일스 대학교 연구원으로 재직 중인 리처드 테일러Richard Taylor 박사가 잭슨 폴록Paul Jackson Pollock의 그림에서 프랙탈의 규칙을 밝혀낸 것처럼 자연의 규칙은 아무리 복잡해 보이더라도 증명 가능한 영역에 존재한다. 하지만 내가 현재 쥐고 있는 손을 계속 쥐고 있을지, 아니면 펼지는 연구를 통해 증명할 수 있는 영역이 아니다.

우리는 자연의 문제보다 훨씬 더 복잡한 사회문제를 해결(처방)하는 과정에서 문제의 원인을 객관적으로 진단하기는커녕, 주관적 신념으로 미래를 확신(예방?)하는 주장을 통해 오히려 변수를 증폭시켜 왔다. 사회문제를 처방하기 위해선, 개인적 경험이나 주관적 신념에 기초한 확신을 거두고, 객관적인 시대 진단을 위한 노력을 선행해야 한다.

그렇다면 사회문제를 어떻게 진단해야 할까? 필자는 시대 진단을 위한 세 가지 방법을 제안한다. 첫 번째는 사회문제가 발생하게 된 원인인 '수직적 인과관계'를 살피는 것이다. 아니 땐 굴뚝에 연기가 날 리 없다. 현실을 고통스럽게 만들고 있는 사회문제는 반드시 그 원인이 과거에 숨어 있다. 두 번째는 '수평적 이해관계'를 들여다보는 것이다. 사회체계이론을 정립한 니클라스 루만은 "모든 체계는 사회의 필요성에 의해 출발하지만, 종국에는 자신의 확대, 재생산에만 몰입한다"라고 지적한 바 있다.[58] 당면한 사회문제를 제대로 들여다보기 위해선 각자 자신의 확대, 재생산에만 몰입하고 있는 사회적 체계들이 공유하고 있는 수평적 시간

속에서 어떤 이해관계를 가지고 있는지 객관적으로 살펴야 한다. 마지막으로 사회문제를 바라볼 때 주관과 객관을 통합하여 인식해야 한다. 가끔 필자의 의도와는 무관하게 필자를 인식하는 사람들이 있다. 아니, 필자 이외의 모든 사람들은 필자가 생각하는 나와 다르게 필자를 인식한다. 그게 당연하다. 그래서 가끔은 억울하기도 하고, 더 가끔은 고맙기도 하다. 그 인식이 나한테 이익이 된다고 해서 맞고, 해가 된다고 틀린 것이 아니다. 사회적 관계 속에서 살아가고 있는 필자는 필자가 주장하는 나와, 다른 사람이 인식하는 내가 통합된 존재이기 때문이다.

[그림 14] 시대 진단을 위한 세 가지 접근 방법

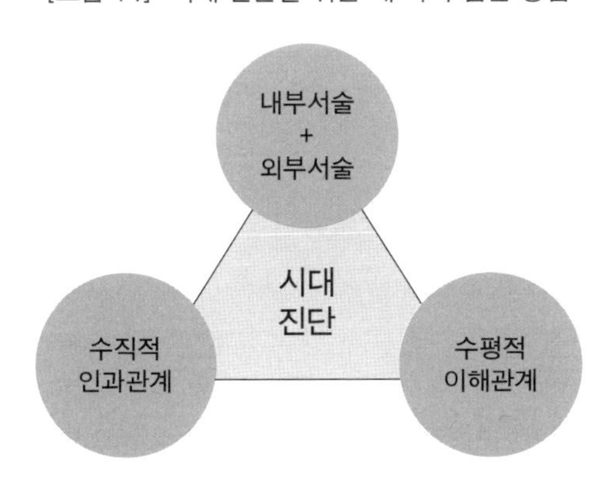

필자는 각계각층의 전문가나 관료, 그리고 정치인들이 의도적으로 이 사회를 벼랑 끝으로 끌고 가고 있다고 생각하지는 않는다. 오히려 그들은 각자의 입장에서 자신들에게 주어진 사회적 책임을 다하기 위해 최선을 다하고 있다. 그러나 교육, 행정, 정치 체계의 밖에 존재하는 대부분의 사람들은 모두 교육, 행정, 정치 등이 이 사회를 불행하게 만들고

---

58. 이철(2015), 「끊임없이 확장하는 소통의 의미장… 루만의 '교육소통'이란?」, 『교수신문』.

있다고 아우성이다. 그렇기 때문에 사회문제를 해결하기 위해서는 입장을 떠나 이 시대를 객관화하여 보기 위한 노력이 필요하다. 그것이 바로 시대 진단이다. 그리고 거버넌스는 시대 진단을 바탕으로 제안된 가장 효과적인 처방전이라고 할 수 있다.

2. 먼저, 거버넌스에 대해 알아보자

> 20세기의 중반까지 안정적으로 유지되던 행정국가는 1980년대를 전후해 심각한 균열의 징후를 표출하게 된다. 즉 새로운 정치, 경제, 행정, 사회적 환경으로 인하여 전통적인 국민국가 중심의 통치 방식이 그 한계를 노정하고 있는 상황에서 과거와는 다른 방식의 국내·국제정치적 운영체제가 필요하다는 인식에 기초하고 있다. 대부분의 국가에서 정부의 비효율성과 낮은 생산성이 사회적 문제로 대두되면서 새로운 패러다임에 대한 수요가 증가하게 되었다. 이를 반영하는 거버넌스의 주요한 대두 배경으로는 정부재정의 위기, 신우파의 약진, 세계화와 지방화 및 정보화 추세의 심화, 정부실패의 확산, 정책결정의 부분화와 전문화 경향, 전통적 책임성의 약화 등을 지적할 수 있다.
>
> _Pierre & Peters, 2000: 61-64; 라미경, 2009: 92에서 재인용

거버넌스는 모순을 안고 성장하고 있는 자본주의의 경제 문제를 해결하기 위해 시작되었다. 보이지 않는 손에 의존했던 초기 자본주의는 1929년부터 시작된 세계대공황에서 벗어나기 위해 영국의 경제학자인

존 메이너드 케인스의 이론에 따라 국가가 시장에 개입하는 수정 자본주의를 받아들였다. 그리고 '프랭클린 루스벨트'는 1932년 대통령 후보 수락 연설에서 '공정한 기회와 질서를 위해 국가가 부의 분배에 개입'해야 한다고 주장하며 미국의 32번째 대통령에 당선되었다. 루스벨트 대통령이 추진한 뉴딜New Deal 정책은 시어도어 루스벨트 대통령의 스퀘어딜Square deal(공평한 분배 정책)과 우드로 윌슨 대통령의 뉴 프리덤New Freedom(새로운 자유 정책)의 합성어이다(글로벌세계대백과사전/미국의 공황 대책).[59] 많은 사람들이 뉴딜을 일자리 정책으로만 알고 있는데, 사실은 일자리를 통한 '분배 정책'으로 보는 것이 타당하다. 1932년 루스벨트 행정부는 고소득층에 대한 세율을 25%에서 63%로 세 배 가까이 인상했고, 부동산 보유세와 법인세도 덩달아 올렸다.윤효원, 2020/5/22

거시적으로 보면 농업혁명 이후 인류의 가장 큰 목표는 생산력의 확대였다. 인류는 자본주의를 통해 생산력의 급속한 성장을 이루어 냈지만, 경쟁의 심화와 분배의 실패로 마르크스가 예견했던 인간성 말살의 과정을 겪고 있는 중이다. 근대 산업화의 과정에서 제기되었던 사회주의는 충분한 생산력의 성장 이전에 성급하게 분배를 주장한 측면이 없지 않다. 2차 세계대전 이후 제3세계로 확산되며 자본주의를 위협하던 사회주의 실험은 1991년 12월 25일 소비에트연방이 해체되면서 사실상 힘을 잃었다. 중국의 마오쩌둥은 대약진운동을 통해 사회주의를 토대로 생산력 확대를 시도하였으나 결국 실패하였고, 덩샤오핑은 사회주의 체제를 유지한 채 자본주의의 자유시장경제를 도입하는 이른바 개혁개방 정책을 통해 중국 경제성장의 토대를 마련하였다.

---

59. 위키백과, "뉴딜"에 대한 설명 중(https://ko.wikipedia.org/wiki/%EB%89%B4%EB%94%9C). 2020/4/6 검색.

자본주의 경세 체세를 유지하기 위해서는 자본의 파이가 지속적으로 확대되어야 한다. 자본가는 초기 자본주의의 관성에 따라 과잉생산을 통해 파이를 키우려고 하고, 노동자는 수정 자본주의의 과정에서 제도적으로 보장된 노동자의 권리를 앞세워 커진 파이만큼의 임금인상을 요구한다. 하지만 국가가 시장에 개입하는 수정자본주의 체제하에서 파이의 확대는 제한적일 수밖에 없다. 그래서 동서냉전의 끝물에 사회주의 진영의 약화를 틈타 제기된 자본주의의 흐름이 바로 신자유주의이다. 신자유주의 체제에서 자본주의는 과거 제국주의가 식민지 지배를 위해 세계로 향하는 항로를 개척한 것과 다르지 않은 방식으로 금융이라고 하는 새로운 시스템을 앞세워 자본의 파이를 세계로 확장하고 있다.

신자유주의의 긍정성을 주장하는 사람들은 자본의 파이가 확대되었음을 내세우지만, 신자유주의의 부정성을 지적하는 사람들은 양극화로 인한 분배의 실패를 이야기한다. 이러한 자본주의 경제의 흐름 속에서 앞에서 인용한 Pierre & Peters의 주장처럼 정부재정의 위기, 신우파의 약진, 세계화와 지방화 및 정보화 추세의 심화, 정부실패의 확산, 정책결정의 부분화와 전문화 경향, 전통적 책임성 약화 등의 문제가 발생하였고, 거버넌스는 이러한 다양한 문제들을 해결하기 위해 경제 영역을 넘어 국가의 경제 정책을 결정하는 정치 영역, 정치에 종속되어 정책을 집행하는 행정 영역, 인적 재생산의 역할을 담당하고 있는 교육 영역, 보편적 인권의 영역으로 자리를 잡아 가고 있는 복지 영역 등으로 확장되어 왔다.

대한민국의 거버넌스는 1961년 박정희의 쿠데타로 인해 중단되었던 지방자치제도가 1995년 재개되면서 조금씩 행정에 도입되어 양적 성장을 거듭하다가, 2011년 「지방재정법」 개정을 통해 주민참여예산제도 실시가 의무화되면서 질적인 변화를 맞이하였다. 서울시는 2011년 박원순 시장이 보궐선거를 통해 당선된 후 시민사회와 함께 협치를 표방한 강력한 거버넌스를 추진해 왔으며, 민선 5, 6기 대부분의 자치단체장들도 다양한 분야에서 거버넌스 실험을 해 왔다. 또한 일반행정과 분리되어 있는 교육행정 분야에서도 소위 진보 교육감들을 중심으로 혁신교육지구[60]와 함께 교육을 주제로 한 거버넌스를 의욕적으로 추진하고 있다.

민선 7기로 접어들고 있는 거버넌스는 지난 10년 동안 민과 관의 협력을 통해 다양한 지역에서 다양한 성과를 만들어 냈다. 하지만, 수면 위로 드러난 성과 이면에 거버넌스가 기대를 충족시키지 못하고 있다는 시민의 패배감과, 거버넌스로 인해 누적되어 가고 있는 행정의 피로감이 서서히 침잠되고 있는 것 또한 사실이다. 필자는 2019년 「교육 거버넌스를 둘러싼 갈등 사례 연구」에서 거버넌스를 "① 특정한 주제와 관련하여, ② 이해관계를 가진 민·관의 다양한 주체들이 모여, ③ 수평적으로 협력하는 문제해결 방식"이라고 정의한 바 있다.채희태, 2019: 17 이어서 시대 문제를 해결하기 위해 처방된 거버넌스를 방해하고 있는 다양한 요소들에 대해 계속 살펴보겠다.

3. 거버넌스를 방해하는 요소들

일반적으로 민·관 거버넌스를 하는 과정에서 민과 관은 서로에게 답

60. 민선 7기 들어 혁신교육지구는 226개 기초자치단체 중 167개 지역으로 확산되어 추진하고 있는데, 지역에 따라 '행복교육지구(충남)', '다행복교육지구(부산)' 등 명칭이 다양하다. 이는 '혁신'이라는 용어에 대한 반감 때문인 것으로 추측된다.

답함과 답답함을 넘어선 불만을 표출한다. 민은 관을 영혼이 없는 조직이라고 비판하고, 관은 민의 책임지지 않으려는 행위를 비판한다. 아직 우리는 거버넌스에 진입조차 못했는지 모른다. 거버넌스로 진입하기 위해서 반드시 거쳐야 할 단계가 바로 상대방의 부정성 이면에 숨어 있는 긍정성을 찾아 이해하는 것이다.[채희태, 2019: 32] 민과 관이 상대방에게 갖고 있는 주관적 인식과 오해를 덜어 내고, 거버넌스의 수평적 협력 대상으로 나아가기 위해 거버넌스를 방해하고 있는 민과 관의 요소들을 살펴보겠다.

1) 이견에 대한 태도

이견은 언제나 사실이 아닌, 사실을 바라보는 관점으로 인해 분화한다. 이를테면 컵에 물이 반 정도 담겨 있다는 사실 하나를 가지고 다음과 같이 대략 세 가지의 관점 분화가 일어날 수 있다. 첫 번째는 단순하게 물이 아직 반이나 남았다고 이야기하거나, 또는 반밖에 남지 않았다고 이야기하는 '취향의 관점'이다. 취향은 이익이라는 가치가 결합하기 전의 단계다. 취향에 가치가 묻어 있을 수는 있지만, 굳이 취향에 가치를 결합시킬 필요는 없다. 자장면이 좋은지, 짬뽕이 좋은지는 철저하게 취향의 문제이다. 첫 번째의 취향에 자신이나 자신이 속한 진영의 이익이 걸려 있다면 취향은 두 번째, '가치의 관점'으로 이동한다. 평소 습관적으로 물을 많이 마시지 않거나, 갈증을 느끼지 않는 사람의 입장에선 컵에 반 정도 담겨 있는 물이 충분하다고 인식할 수 있다. 반면 평소 물을 많이 마시거나, 당장 갈증을 느끼는 사람의 입장에선 컵에 반 정도 담겨 있는 물의 양이 적다고 느낄 것이다.

이 예를 현실에 한번 대입해 보자. 현실은 멈춰 있는 것 같지만 언제나 시간이라는 상수와 그 시간 위에서 살고 있는 인간이라는 변수가 상호작용하면서 변화한다. 그리고 현실의 변화 과정에서 제도와 문화는 다양한 경험들을 양적으로 축적해 나아간다. 변화의 과정에 있는 현실의 제도와 문화가 자신의 이익을 침해하거나, 또는 기대에 미치지 못할 경우 사람들은 '더 이상 참을 수 없다'며 제도와 문화의 질적인 변화를 요구한다. 하지만, 현실에 크게 불만이 없거나 그렇게 인지하고 있는 대부분의 사람들은 '아직은 때가 아니다'라며 질적인 변화를 거부한다. 객관적으로 존재하는 현실에 대한 이러한 태도에 단단한 신념이 더해지면 각각 진보주의와 보수주의가 된다. 진보주의와 보수주의는 프랑스 혁명이라는 구체적인 사건과 만나 부르주아의 입장을 대변해 기존의 질서를 무너뜨리려는 공화파(자코뱅파)는 좌파로, 귀족의 기득권을 지키기 위해 기존의 질서를 유지하려는 왕당파(지롱드파)는 우파로 불리기 시작했다. 현실의 변화와 유지에 대한 확신 사이에 더 많이 존재하고 있는 중도는 그때그때 자신의 물리적, 심리적 이익에 따라 진보의 편에 서기도, 보수의 편에 서기도 한다.

진보주의와 보수주의라가 확증편향에 빠져 투쟁을 거듭하는 사이, 현실은 시간이라는 상수와 인간이라는 변수의 상호작용을 통해 객관적으로 변화해 왔다. 과학이 더 발달하면 어떻게 될지 알 수 없지만, 아직 시간은 인간이 조작할 수 없는 상수의 영역이다. 거버넌스가 다루어야 할 것은 상수가 아닌 변수의 영역이다. 그러려면 절대 변하지 않는 가치라고 여겨 왔던 진보와 보수의 신념을 먼저 변수로 만드는 것이 거버넌스의 전제가 되어야 한다. 진보주의든 보수주의든 모두 신이 아닌 부족한 인간의 신념일 뿐이다. 『바른 마음』의 저자로 잘 알려진 조너선 하이트는 에릭 리우와 닉 하나우어가 쓴 『민주주의의 정원』 추천사에서 "국가 통제주의자(좌파)들은 유기적 시스템이 가지고 있는 상호 연관성을 이해하지 못하며, 자유시장주의자(우파)들은 우리가 살고 있는 이 사회가 돌봐야 할 존재임을 알지 못한다"라고 지적했다.[61] 필자는 근대라는 시간 속에 존재해 온 좌파와 우파의 신념 중 어느 하나가 절대적으로 옳거나 그르다고 볼 수는 없고, 그렇게 보아서도 안 된다는 입장이다. 오히려 각각의 긍정성과 부정성을 살펴 현실의 문제를 해결하기 위해 적극 융합해야 한다. 그러기 위해서는 주관적으로 작동해 온 다양한 신념의 객관적 쓸모에 주목해야 한다.

마지막으로 사실을 바라보는 세 번째 관점은 컵에 담겨 있는 물이 정말 반인지, 아닌지를 정확하게 따져 보아야 한다고 주장하는 '기계적 관점'이다. 기계적 관점은 과학 기술의 발달, 스마트폰의 보급으로 인한 정보 빅뱅을 배경으로 급속히 부상하고 있는 관점이다. 기계적 관점은 가짜 뉴스가 마치 전염병처럼 창궐하는 시대에 사실 그 자체에 집중해야 한다는 설득력으로 포장하고 있지만, 자칫 인간이 오랜 역사 속에서 축적해 온 다양한 취향과 가치를 모두 무력화시킬 수 있다는 문제점을 가지고 있다. 사실을 바라보는 기계적 관점에 대한 내용은 주제를 벗어나는 내용이므로 다루지 않겠다.

2) 혁신에 대한 오해와 진실

좌와 우가 경제적 성장을 위한 이견이 아닌, 서로 배척하고 나아가 반드시 소멸시켜야 할 정치적 대상으로 여겨 왔던 대한민국은 '혁신'이라는 단어에 대한 인식도 양극화된 상태로 존재해 왔다. 혁신이라는 단어

61. 괄호 안 (좌파)와 (우파)는 필자 표기.

는 언젠가부터 진영을 가르는 표식이 되었고, 그래서 누군가는 그 말에 이끌리기도 하지만, 또 다른 누군가는 경기를 일으키며 경계하기도 한다. 이러한 두 경향성은 애초에 혁신이라는 단어가 가지고 있었던 '랑그'와는 무관하게 개개인이 가지고 있는 주관적 '파롤'이 이념과 결합한 결과라고 할 수 있다.[62] 민족국가를 기반으로 형성된 근대에는 '랑그'의 힘이 강했겠지만, 개인이 집단을 압도하고 있는 현재는 사람의 수만큼 다양한 '파롤'이 더 강력한 힘을 발휘한다. 이에 나는 '혁신'이라는 랑그에 대한 합의를 먼저 시도해 보겠다.

인류는 아주 오래전부터 동물의 가죽을 이용해 왔다. 주지하다시피 피皮와 혁革은 모두 동물의 가죽을 뜻하는 한자어이다. 이미 '피'라는 한자어가 있는데 왜 중국 사람들은 굳이 '혁'이라는 한자어를 또 만들어 사용했을까? 마치 매일 보는 눈雪을 구별하기 위해 백 개가 넘는 단어를 사용하는 에스키모처럼 같은 가죽이라도 구분이 필요했기 때문이었을 것이다. 문자文字의 어원으로 잘 알려져 있는 허신[63]의 설문해자設文解字[64]에서는 피와 혁을 다음과 같이 구분해 놓았다.

피(皮) 짐승의 가죽을 벗긴 것

혁(革) 짐승의 가죽에서 털을 제거한 것

---

62. 랑그(Langue)와 파롤(Parole)은 구조주의 언어학의 시초인 소쉬르가 처음 사용한 낱말들로, 언어활동(불어: langage)에서 사회적이고 체계적 측면을 랑그라고 하였고, 개인적이고 구체적인 발화의 실행과 관련된 측면을 파롤이라고 불렀다. 랑그와 파롤은 서로 상반되지만 서로 상호 보완적으로 작용한다. 다시 말하자면 파롤은 같은 내용의 언어가 사람마다 달라지는 것을 뜻하는 것으로 실제 발화 행위이며, 이러한 다양한 파롤을 가능하게 하는 것이 랑그이다(위키백과).

63. 허신(許愼)은 후한 중기의 학자로, 중국 최고(最古)의 자전 『설문해자』의 저자이다.

64. 한자가 처음 만들어질 때의 뜻과 모양 그리고 독음(讀音)에 대해 종합적으로 해설한 중국 최초의 자전(字典).

동물에서 벗겨 낸 자연 그대로의 가죽에 인간의 수고로운 노동이 더해져 털을 제거한 것이 바로 혁革이다. 혁신이라는 말은 근거도 없이 막연한 공포감을 조성하기 위해 시작된 누군가의 주장처럼 사람의 가죽을 벗겨 새롭게 만드는 것이 아니다. 혁신에 대한 이러한 오해는 아마도 혁이라는 단어가 애초에 시작된 의미와 무관하게 한때, 혁명革命이라는 강력한 단어를 만들어 냈기 때문이라고 생각한다. 그리하여 현실에서는 혁신이라는 '랑그'와 무관하게 혁명을 좋아하는 사람은 혁신도 좋아하며, 혁명에 거부감이 있는 사람은 혁신도 거부하는 '파롤'이 되었다.

혁신은 언젠가부터 사회의 보편적 성장과 무관하게 존재해 온 다양한 사회적 체계가 다시금 사회적 쓸모를 갖도록 하는 것이다. 이는 인간을 사회의 일부가 아닌 사회 환경의 일부라고 주장한 니클라스 루만의 말처럼 이 사회를 구성하고 있는 모든 사회적 체계들이 자신의 확대재생산에만 몰입하게 되면서 '혁'이 아닌 날것 그대로의 '피'가 되었기 때문이다. 혁신은 진보의 전유물도 아니고, 보수가 공격해야 할 대상도 아니다. 혁신은 특정한 가치를 주장하는 것이 아니라 진보와 보수가 자신도 모르게 길들여진 각자의 익숙함에서 벗어나는 것이다.

3) 거버넌스를 방해하는 관의 3요소

먼저 거버넌스를 방해하는 관의 3요소를 살펴보자. 민은 거버넌스 파트너인 관의 칸막이, 순환보직, 그리고 지나친 경직성을 비판한다. 과연 민의 지적대로 칸막이, 순환보직, 경직성에 부정적인 면만 있을까?

거버넌스를 방해하는 관의 첫 번째 요소인 칸막이는 법을 집행하는 공무원들이 지켜야 하는 책임과 권한의 선이다. 그 선을 넘는 것은 공무원에게 월권에 해당한다. 근현대사를 거치는 사이 공무원의 월권은 시민사회의 견제의 대상이었고, 공무원 또한 "맹목적으로 자기(재)생산에 몰두"이철, 2015/12/23한 결과 어느 정도 칸막이 안에서 자신을 보신할 수 있게 된 측면도 없지 않다. 그렇게 칸막이는 행정의 비효율성을 상징하는 단어가 되었다. 하지만, 칸막이는 결정된 정책을 추진하는 데는 매우 효과적으로 작동한다. 칸막이가 불편해서 칸막이를 없앤다면 우리는 또 다른 문제에 직면하게 될 것이다. 칸막이를 극복하는 방법은 여러 개의 칸막이 위에 거버넌스 방식의 민·관 컨트롤타워를 구축하는 것이다. 정책의 논의와 결정은 칸막이 위에서 하고, 그렇게 결정된 정책이 칸막이 안에서 추진된다면 칸막이는 거버넌스의 방해 요소가 아니라 가장 강력한 동력이 될 것이다.

두 번째, 미루어 짐작하건대 순환보직은 과거 한곳에 오래 고여 있으면서 부패했던 행정을 극복하기 위한 대안으로 행정 밖에서 먼저 제안했을 가능성이 높다. 그렇게 시작되었을지도 모르는 순환보직이 이제는 행정의 지속성과 전문성을 약화시켜 거버넌스를 방해하고 있다. 순환보직제도는 공무원들의 입장에서 격무 부서의 탈출구이자 승진의 조건이 되기도 한다. 현재 많은 행정기관에서 순환보직으로 인해 발생하고 있는 업무 지속성과 전문성 문제를 개방형 인사를 채용해 극복하고 있다. 2015년 서울형혁신교육지구 공모에 참여한 서울시의 자치구청 중 구로, 관악, 도봉, 동작, 양천 등에서는 교육을 전담하는 교육정책보좌관을 외부에서 채용해 그 효과를 톡톡히 보았다. 또 금천과 영등포에서는 교육에 전문성이 있는 공무원을 교육 전문관에 배치하여 보다 긴 기간 동안 업무에 집중하도록 하고 있다.

마지막으로 관은 지나친 경직성으로 인해 사업의 목표와 기대효과가 불일치하는 경우가 많다. 관이 사업 계획을 세우고 예산을 편성하고 나면 그 계획에 문제가 있다고 하더라도 끝까지 밀고 나가는 경우가 많다. 정해진 법을 집행해야 하는 관은 계획을 수립하기 위해 수없이 많은 법적 근거를 검토한다. 관에게 있어 사업 계획은 그 사업의 기대효과보다는 법적으로 문제가 없어야 한다. 만약 그렇게 수립된 계획이 잘못되었다면 그 계획을 수정하는 데는 계획을 수립할 때보다 더 많은 법적 검토뿐만 아니라, 이전에 세운 계획을 부정할 명분이 필요하다. 관의 경직성은 태생적 한계인 동시에 관만이 가지고 있는 장점이기도 하다. 만약 관이 편의에 따라 사업 계획을 수정하고 예산을 편성한다면 더 큰 문제가 발생할 수도 있다. 관을 비판하는 데 몰입한 나머지 잊고 있었다면 상기하자. 거버넌스는 국가 정책의 실패로부터 비롯되었다. 행정이 가지고 있는 이러한 요소들은 비판의 대상이 아니라, 거버넌스를 통해 보완해야 할 요소들이다.

4) 거버넌스를 방해하는 민의 3요소

다음으로 거버넌스를 방해하는 민의 3요소를 살펴보자. 논의의 각을 세우기 위해 여기에서는 포괄적인 민이 아닌 주로 거버넌스에 목적의식을 가지고 참여하는 시민단체를 그 대상으로 하겠다. 한국 사회에서 시민단체는 주로 정치적으로 관을 견제하고 비판하면서 성장해 왔다. 이러한 시민단체의 장점은 관이 주목하지 않는 미래 가치를 위해 노력해 왔다는 것이다. 비록 경제적 성장에는 미치지 못하지만 한국 사회가 이룩한 민주화의 성취는 가치를 중심으로 끊임없이 저항하고 투쟁해 왔던 깨어 있는 시민단체의 덕분이라고 해도 과언이 아니다. 하지만 관의 입장에서 보면 늘 자신을 비판하고 견제해 온 민 또한 달갑기만 한 상대는 아닐 것이다. 그래서 관은 민의 가치 지향성, 진영논리, 유연성을 비판한다.

거버넌스를 방해하는 민의 첫 번째 요소는 가치 지향성이다. 자신이 옳다고 생각하는 가치를 지키며 성장해 온 민에게 '가치'는 공무원이 생각하는 '승진'만큼 중요하다. 가치 지향의 결과는 권력의 쟁취가 아니라 가치의 확대이어야 한다. 하지만 간혹 민의 지나친 가치 지향성은 그 빠른 목적 달성을 위해 권력 지향성을 띠기도 한다. 또한 민의 지나친 가치 지향성은 때때로 상대방의 가치를 인정하지 않으려는 편향된 결과로도 이어진다. 거버넌스는 참여하는 주체가 가지고 있는 가치의 상대성을 인정할 때 가능하다. 거버넌스의 작동원리는 '수평적으로 협력하는 문제해결 방식'이기 때문이다.

두 번째, 민의 가치에 대한 지나친 집착은 간혹 민을 자기 진영에게만 관대하고 자기 밖의 진영에게는 철저한 '진영논리'의 함정에 빠뜨리기도 한다. 진영논리가 민에게만 있는 특별한 문제는 아니지만, 간혹 민은 진영논리로 인해 '무엇'이나 '어떻게'보다 '누구'에 집착하는 경향이 있다. 대표적인 진영논리의 예로 필자는 2017년 말 교육부가 추진하려고 했던 '교육국제화특구' 무산 사례를 들고자 한다. 전교조를 비롯한 교육시민단체는 '교육국제화특구'는 이명박 정권에서 추진했던 교육 적폐라며 반대했다. 서울시교육청 조희연 교육감은 "독소조항을 빼고 추진하겠다"라고 밝혔지만,최대현, 2017/11/16 결국 무산되었다. 교육시민단체의 '교육국제화특구' 반대 명분에 '누구'와 '무엇'은 있었지만, '어떻게'는 빠져 있었다.

세 번째, 민은 경직된 관과 달리 유연한 특징을 가지고 있다. 유연함은 창조적 결과를 만들어 내는 데 매우 필요한 능력이다. 경직된 과정의 결과는 예측 가능하지만, 경직성을 벗어난 유연한 과정의 결과는 예측이 불가능하다. 그래서 민의 유연함은 때때로 예측하지 않은 창조적 결과로 이어지기도 한다. 하지만 결과를 예측해야 하는 관의 입장에서 이러한 민의 유연함은 불안한 모험으로 보일 수 있다.

지금까지 열거한 민과 관의 거버넌스 방해 요소는 모두 긍정적 측면과 부정적 측면을 가지고 있으며, 부정적인 측면은 민과 관이 가지고 있는 긍정적 측면으로 보완 가능하다. 민이나 관이나 모두 거버넌스를 하고자 한다면 먼저 자신의 모습을 객관적으로 바라볼 필요가 있다. 나아가 상대방이 가지고 있는 부정적 모습 이면에 있는 긍정적 쓸모를 찾아낼 수 있어야 한다. 사실 서로가 불편해하고 있는 민과 관의 부정적 모습에 대한 결과의 책임은 당사자의 몫일지 모르지만, 적어도 그 원인에 대한 구조적 책임은 우리 모두에게 있기 때문이다.

5) 민과 관을 고통으로 내몰고 있는 거버넌스

누가 거버넌스를 원할까? 거버넌스는 누구에게 편익을 주고 있을까? 은평구청은 2017년 스트레스가 심한 공무원의 마음건강을 치유할 수 있도록 강북삼성병원에 마음건강 컨설팅을 의뢰했다. 강북삼성병원은 컨설팅을 수행하는 과정에서 공무원들의 마음 건강 상태를 진단한 보고서를 제출했다. 진단 결과 직급별로는 8급이, 9급과 7급보다 스트레스 상태가 더 높았고, 직렬별로는 예상과 다르게 행정 분야에서 근무하고 있는 공무원들이 복지직, 시설직보다 스트레스 지수가 높게 나타났다. 마지막으로 부서별로는 과거와 큰 변동이 있었는데, 일반적으로 민원으로 인해 가장 스트레스를 많이 받아 소위 격무 부서로 불리던 건설교통국이나 도시환경국은 예상과 달리 스트레스가 낮게 조사되었고, 거버넌스를 추진하고 있는 협치문화국이 전통적 격무 부서인 주민복지국보다 마음건강 상태가 더 낮다는 결과가 나왔다.

그렇다면 거버넌스에 참여하고 있는 민의 만족도는 어떨까? 정확히 계량해 보지는 않았으나 민도 자신에게 익숙하지 않은 관과 만나 일을 도모하는 것이 쉽지는 않을 것이다. 얼마 전 모 구청의 요청으로 구정연구단 연구원 채용 심사를 갔던 적이 있다. 연구자는 모든 응시자에게 같이 일하는 공무원과 의견이 안 맞으면 어떻게 하겠느냐고 물었다. 모두가 한결같이 다양한 방법으로 그 공무원을 설득하겠다고 답했다. 그 누구도 자신이 틀릴 수 있음을 전제하는 사람은 없었다. 공무원은 반드시 틀렸고, 틀릴 수밖에 없고, 틀려야 한다는 확신, 그리고 그에 비해 자신은 반드시 옳다는 오만을 가진 듯했다. 인간인 내가 감히 전지전능한 신을 심사하러 간 것일까? 돌이켜 보면 필자 또한 다르지 않았던 것 같다. 관에 비해 상대적으로 도덕적으로나 능력 면에서 하자가 없다고 여기고 있는 민이, 하자투성이인 관을 마음대로 쥐락펴락해야 하는데, 그래서 거버넌스라는 테이블에 마주 앉았는데, 현실적으로 그게 쉽지 않으니

[그림 15] 은평구청 직원 마음건강 컨설팅 결과 보고서 중

마음건강현상 영역별 악화 수준

0~5% 6~10% 11~15% 16~20% 21% 이상

	직급별			직렬별			부서별				
	7급	8급	9급	행정	복지	시설	협치	주복	환경	교통	동주민
번아웃											
우울											
불안											
음주											
수면											

2017/9/14

직급별: 8급 〉 9급 〉 7급
직렬별: 행정 〉 복지 〉 시설
부서별: 협치문화국 〉 주민복지국 〉 동주민센터 〉 도시환경국 〉 건설교통국

얼마나 속이 터지셨는가!

민과 관이 협력하는 거버넌스가 범람의 지경에 이르렀지만, 그 거버넌스에 참여하고 있는 민도 관도 만족스럽지 않다면, 거버넌스는 도대체 누구를 위해 하고 있는 것일까? 성장의 과정에서 갈등은 당연한 것이니 민과 관 모두 이 고통스러운 상황을 단지 견뎌야 할까? 필자는 거버넌스가 각 주체가 고통스러워하는 문제를 해결할 수 있는 솔루션이 되어야 한다고 주장한다. 참여 당사자가 고통스럽게 여기고 있는 문제들을 해결할 수 없다면 거버넌스가 아니라 거버넌스의 할아버지라고 하더라도 마냥 받아들여서는 안 된다는 입장이다.

현실은 고통스럽다. 인류는 과학기술의 발달로 마침내 기아와 질병으로부터 벗어나고 있지만, 그렇다고 과거보다 더 행복하다고 느끼는 사람이 많아진 것 같지는 않다. 우리는 아프리카에서 아디다스 축구공을 만들고 있는 어린 노동자를 동정한다. 그 아이가 일 년 동안 열심히 월급을 모아도 자신이 만드는 축구공을 살 수 없다는 사실에 분개한다. 하지만 그 아이는 우리가 생각하는 것만큼 그렇게 불행하지 않을지도 모른다. 그 아이의 행복과 불행을 왜 지구 반대편에서 살고 있는 우리가 판단하는가! 그 아이는 자신이 만들고 있는 아디다스 축구공을 갖고 싶어하지 않을지도 모른다. 주변에 아무도 그 비싼 공을 차고 노는 아이들이 없기 때문이다. 오히려 아이는 자신이 번 돈으로 동생에게 과자를 사 주며, 그리고 일자리를 잃은 부모를 봉양하며 더없는 행복감을 느낄지 모른다. 이 지구상에서 삶에 대한 만족도는 우리가 그렇게 목을 매고 있는 GDP와 반드시 연동되지는 않는다. 행복은 절대적 지표가 아니라 상대적 지표이기 때문이다.

상대적으로 기대가 높지 않다면 현실에 대한 불만도 높지 않을 수 있다. 2019년 개봉되어 아카데미 음악상과 남우주연상을 수상한 영화 〈조커〉는 배트맨의 빌런, 조커의 탄생을 그린 영화다. 시도 때도 없이 웃음이 터지는 조커가 악당이 되는 과정을 단순화하면 한마디로 “기대의 배신”이다. 처음에는 단순히 코미디언이 되는 게 꿈이었던 아서는 시장 출마를 앞둔 토마스 웨인에게 보내는 어머니의 편지를 통해 자신이 고담시 최대의 갑부 토마스 웨인의 아들이라는 사실을 알게 된다. 비참하게 살아가고 있는 자신의 현실과 갑부의 아들이라는 기대 사이의 간극이 증폭되는 순간이다. 하지만 그 기대는 보기 좋게 무너진다. 현실은 단지 기대가 무너지는 것에서 그치지 않고 아서를 감당할 수 없는 밑바닥까지 끌어내린다. 자신의 아이가 아니라는 토마스 웨인의 이야기를 듣고 병원 기록을 확인해 본 결과, 어머니는 과대망상증 환자일 뿐만 아니라 친모도 아니었으며, 자신이 앓고 있는 ‘해피한’ 정신병도 과거 어머니의 학대에 의한 것임을 알게 된다. 비참한 현실과 소박한 기대 속에서 살아온 아서에서 고담시 최대 갑부의 아들이라는 기대와, 자신을 정신병자로 만든 어머니를 지극정성으로 모셨던 현실 사이의 간극은 지극히 평범한 정신병자 ‘아서’를 희대의 악당 ‘조커’로 폭주하게 만든다.

어느 때나 계급을 나누는 기준이 있었다. 중세 이전엔 그 기준이 혈통이었고, 자본주의 시대엔 자본의 유무가 계급의 기준이 되었다. 그리고 언제부터인가 무한히 확장되고 있는 정보에 얼마나 근접해 있는지가 계급을 나누는 기준이 되고 있다. 계급사회인 동시에 관료사회였던 조선시대, 최만리를 비롯한 사대부들이 세종대왕의 한글반포에 반대했던 이유는 쉬운 한글을 통해 자신들이 독점하고 있는 정보를 어리석은 백성들과 공유하는 것에 대한 공포감을 느꼈기 때문이다.

> 네 놈도 모르는 것이냐? 개팔이와 연두가 단 이틀 만에 글자를 익혔을 때, 네 놈은 어찌 그리 놀랐느냐? 아이들에게 한자를 가르칠 때, 어찌하여 천자문을 먼저 떼게 하고, 그다음으로 소학과 명심보감까지 떼게 한 후 작문을 가르치느냐? 소양이 없는 자가 글을 써선 안 되기 때문이야. 글자는 무기니까. 소양을 갖추지 못한 자들이 함부로 글을 쓰게 되면 어찌 되겠느냐? 글로 사람을 죽일 수도, 살릴 수도 있게 되는 것이야. 글자란 그만큼 무서운 것이다. 헌데, 이도가 만든 이 글자는 소양이 없는 자라도 단 이틀이면 배울 수 있다. 그래, 네 놈은 개팔이와 연두를 보며 본능적으로 그 공포를 느꼈던 것이다. 이도는 그런 어마어마한 것을 세상에 내놓으려는 것이야. 헌데, 이 사대부라는 놈들은 어찌 그것을 모른단 말이냐!
>
> _드라마 〈뿌리 깊은 나무〉 중 정기준의 대사

드라마 〈뿌리 깊은 나무〉에 나오는 정기준의 대사에서 우리가 간과하면 안 되는 두 가지가 있다. 하나는 위에서도 언급했듯 글자, 나아가 정보가 가지고 있는 가치이다. 다른 하나는 쉬워도 너무 쉬운 한글로 인해 파생된 역설적 결과이다. 정기준의 말대로 한글은 특별한 지적 능력을 가지지 않아도 누구나 쉽게 익힐 수 있다. 문제는 그렇기 때문에 읽는 행위와 이해하는 행위를 분리하지 못할 뿐만 아니라, 다른 사람도 자신과 같은 의미로 이해하고 있다고 착각을 한다는 것이다. 예를 들어 보자. 거버넌스라는 말은 민도 관도, 진보도 보수도, 유치원에 다니는 아이도 나이가 들어 거동이 불편하신 어르신도 읽고 쓸 수 있다. 그렇다면 우리는 모두 거버넌스라는 단어를 같은 의미로 이해하고 있을까? 모두 쉽게 읽을 수 있다는 기대와, 다르게 이해하고 있다는 간극이 우리가 하고 있는 거버넌스를 궁지로 몰아가고 있다.

> 사회적 고통은 행동과 그 결과가 일치하지 않을 때, 다른 사람과의 격차가 커질 때 발생한다. 행한 바가 실제 사정과 일치하지 않으면 세상은 공정하지 못한 것이다. 재화와 행운이 부당하게 분배되면 세상은 더 이상 정의롭지 못한 것이다. 말하자면, 기대에 현실이 미치지 못하여 그 '간극'이 커질 때 문제가 생긴다. 간극에서 비롯한 불공정, 불만족, 부정의, 불평등은 고통을 참아 내기 힘들게 만든다.
>
> _전상진, 2014: 20

우리 시대엔 다양한 격차, 즉 간극이 존재한다. 그냥 존재하고 있는 것이 아니라 정보가 팽창하는 속도에 비례해 광속으로 커지고 있다. 우리가 경제적으로 느끼는 고통의 원인은 그 물질적 풍요가 부족하기 때문이 아니다. 경제문제가 우리 사회를 고통으로 내몰고 있는 가장 큰 이유는 빈과 부의 양극화가 갈수록 커지기 때문이다. 정치문제는 권력을 대의하고 있는 정치인과 직접 참여를 하려고 하는 시민의 간극이 문제다. 교육의 문제는 근대 교육의 주목적이 성장이 아닌 선발이 되면서 교육에 대한 (선발)기대와 교육이 만들어 낸 (선발)결과에 대한 간극이 날이 갈수록 커지고 있기 때문에 발생한다. 필자는 거버넌스가 지향해야 하는 궁극의 목표는 각자 자신의 확대, 재생산에만 몰입하고 있는 다양한 사회 체계들로 인해 발생하고 있는 입장의 간극, 그리고 신념의 간극을 해소하는 것이어야 한다고 생각한다. 그리고 거버넌스에서 가장 문제가 되는 대표적인 간극은 바로 거버넌스 테이블에 마주 앉아 있는 민과 관이 서로를 바라보고 있는 인식의 차이다.

4. 코로나 시대의 교육 거버넌스

코로나19가 촉매가 되었을 뿐, 4차 산업혁명 등으로 인해 이미 새로운 질서가 필요하다는 인식은 '뉴노멀New Normal(새로운 생활표준)'이라는 이름으로 경제 분야를 중심으로 빠르게 확산되고 있었다. 그렇다면 앞으로 닥쳐올 미래는 과거와 어떻게 다를까? 불확실한 미래를 누가 감히 예측할 수 있겠는가? 뉴노멀 시대를 예측할 수 있는 방법 중 하나는 우리가 당연하다고 생각하고 있는 현실의 질서를 의심하는 것이다. 니체가 중세의 질서에서 벗어나기 위해 『차라투스트라는 이렇게 말했다』에서 신의 존재를 의심한 것처럼….

우리가 살고 있는 현실을 대표하는 질서는 한마디로 '신자유주의'이다. 신자유주의의 가장 큰 특징은 자본의 세계화globalization of capital라고 할 수 있다. 우리는 언젠가부터 세계를 동경하며 우리가 태어난 고향을 등졌고, 추억이 묻어 있는 골목을 지웠다. 세계화의 균열은 영국이 유럽연합에서 탈퇴하는 '브렉시트'를 투표를 통해 결정하고, '미국 우선주의'를 내세운 트럼프가 미국의 대통령으로 당선된 것으로 이미 시작되었다고 볼 수 있다. 그리고 우리는 〈응답하라 1988〉를 보며 아무런 의심 없이 부르짖었던 세계화가 지워 버린 것이 무엇인지를 비로소 깨닫게 되었다.

두 번째로 신자유주의는 자본의 세계화를 통해 소비가 주도하는 경제성장정책을 펼쳐 왔다. 소비가 주도하는 성장이란 자본이 과잉 생산한 상품을 소비하기 위해 소비자에게 과잉, 중복 소비를 유도하는 것이다. 공동체가 활성화되면 공동으로 필요한 물건을 구매하기 때문에 과잉 소비에 방해가 된다. 또한 유행을 통해 멀쩡한 물건도 쓸모없게 만들어 새로운 물건을 구매할 수밖에 없도록 중복 소비를 부추긴다. 물건을 구매하는 소비 주체는 소비자인데, 소비주도 성장에서의 소비는 생산자인 자본이 주도한다. 핀란드 등 유럽의 복지국가에서 시도한 바 있는 기본소득이나 문재인 대통령의 경제정책인 '소득주도 성장'은 바로 이러한 소비주도 성장에서 벗어나기 위한 경제 실험이라고 할 수 있다.

세 번째, 신자유주의는 자본주의의 모순을 해결하기 위해 경제의 파이를 지속적으로 확대해 왔다. 소위 경제성장률GDP이라는 수치를 통해 늘어난 파이를 비교하며 끊임없이 국가를, 기업을, 개인을 경쟁으로 몰아간다. 자본주의는 생산을 통해 부가가치를 창출한다. 빵을 100개 생산하는 기업은 빵의 생산량을 200개, 300개로 늘려야 성장을 할 수 있다. 인구가 늘지 않는다면 한 사람이 더 많은 빵을 먹어야 하는데, 인간의 위가 아무리 커져도 먹을 수 있는 빵의 양은 한계가 있다. 이렇게 생산을 통한 부가가치의 창출이 한계에 다다르면 가치를 상승시키는 것이 경제성장률을 높이는 가장 효과적인 방법이 된다. 평당 100만 원 하던 땅이 1,000만 원이 되면 늘어난 땅의 가치가 경제성장률에 그대로 반영된다. 이러한 가치의 변화는 곧바로 양극화로 이어진다. 경제성장률이 높으면 높을수록 아이러니하게 부의 양극화가 심화되는 악순환에 빠지는 것이다. 이것이 우리가 살고 있는 신자유주의 경제 질서이다. 신자유주의의 첨병이라는 IMF에서도 이러한 문제로 인해 소위 낙수효과를 부정하고 나섰다. 2015년 IMF는 150여 개국의 경제 지표를 분석한 결과, 상위 20% 계층의 소득이 1%포인트 증가하면 이후 5년의 성장이 연평균 0.08%포인트 감소하며, 하위 20%의 소득이 1%포인트 늘어나면 같은 기간의 성장이 연평균 0.38%포인트 확대된다고 밝혔다. 또한 IMF는 "우리의 결론은 하위 계층의 소득을 늘리고, 중산층을 유지하는 것이

성장에 도움이 된다는 것"이라고 강조했다.[65]

지금까지의 표준Normal이 세계화였다면 새로운 표준New Normal은 지역화가 될 것이다. 자본의 과잉생산을 해소하기 위한 소비주도 성장이 한계에 이르렀다면 소비자가 주도하는 소득주도 성장으로 나아가야 한다. 그리고 경제의 파이를 키우는 성장이 양극화로 귀결된다면 어떻게 파이를 분배할지 고민해야 한다. 이를 교육 분야에 대입해 보자.

첫 번째, 교육은 세계도, 국가도 아닌 교육의 현장인 마을의 문제를 해결할 수 있어야 한다. 이른바 교육에도 지역local화가 필요하다.

두 번째, 교육의 주체가 교육의 제공자인 교사에서 불확실한 미래를 살아갈 학생으로 이동해야 한다. 지식이 고정되거나 서서히 확장되는 시기에는 있는 정보를 전달하는 읽고(Reading), 쓰고(wRiting), 계산(aRithmetic)하는 3R이 교육의 목표였다. 하지만, 지금처럼 정보의 확장이 빅뱅 수준으로 팽창하는 시기에는 불확실한 미래를 개척해 나갈 수 있는 소통Communication, 협업Collaboration, 비판적 사고Critical Thinking, 창의력Creativity이 중심이 되는 4C가 교육의 목표가 되어야 한다. 4C는 일방적인 주입의 방식으로 길러질 수 있는 능력이 아니다. 필자는 한국의 교육이 하루빨리 학생, 교사, 학부모의 교육3주체론에서 벗어나 학생을 유일한 교육의 주체로 세우는 교육1주체론으로 바뀌어야 한다고 주장한다. 교육은 기성세대가 가진 '경험의 답습'이 아니라, 불확실한 미래에 대처할 수 있는 '가능성의 확장'이어야 하기 때문이다.

마지막으로 세 번째, 교육부-교육청-학교-학생으로 이어지는 교육의 권력관계를 교육의 역할관계로 전환해야 한다. 과거에 국가라는 집단

---

65. 선재규(2015. 6. 16), 「IMF, "부의 '낙수 효과', 완전히 틀린 논리」, 『연합뉴스』(https://www.yna.co.kr/view/AKR20150616061200009).

을 위해 국민이라는 개인이 존재했던 시대도 있었지만, 지금은 시민이라는 개인을 위해 국가라는 집단이 존재하는 시대이다. 집단과 개인은 서로가 서로를 지배하는 권력관계가 아닌 서로를 필요로 하는 역할관계이다. 권력은 수직적이지만, 역할은 수평적이다. 이른바 교육 분야에도 분권이 필요하다는 의미이다.

5. 서울형혁신교육지구 2.0을 위한 제언

필자는 2015년부터 2017년까지 서울시교육청에서 서울형혁신교육지구를 담당하던 어공 주무관이었다. 성과를 낼 수 있는 소수의 자치구를 선발해 빠른 시간 안에 모범 사례를 만들고자 했던 기존의 방식에서 벗어나 서울형혁신교육지구를 보편적으로 확산하기 위해 노력했으며, 정책의 현장인 기초자치단체를 평가와 컨설팅의 대상으로 인식해 온 서울시교육청이 오히려 현장의 평가를 받아야 한다고 주장하기도 했다. 지금은 서울시교육청을 떠나 그저 애정 어린 눈으로 서울형혁신교육지구를 바라보는 입장이지만, 기초와 광역, 그리고 일반행정과 교육행정 사이를 오가며 축적했던 경험을 바탕으로 서울형혁신교육지구 2.0을 위한 어설픈 제언으로 글을 맺고자 한다.

필자는 서울형혁신교육지구 사례를 중심으로 연구한 「교육 거버넌스를 둘러싼 갈등 사례 연구」에서 일반행정과 교육행정이 추진하고 있는 관·관 거버넌스의 갈등이 ① 제도적 한계, ② 권한의 비대칭, ③ 관할범위의 차이에서 비롯된다고 지적한 바 있다.[채희태, 2019] 첫 번째, 일반행정과 교육행정으로 분리되어 있는 제도적 한계를 극복하기 위해서는 교육의 현장인 혁신교육지구에 일반행정과 교육행정에서 공무원을 파견하고, 지역의 시민이 참여하는 '협업적 중간지대'를 구축, 운영해야 한다. 혁신교육지구를 선도해 온 서울지역의 경우 이 용어가 생경하게 들릴지 모르겠지만, 필자가 다녀온 몇몇 지방의 후발 혁신교육지구에서는 이러한 방식으로 혁신교육지구를 운영하고 있다.[66] 혁신교육지구에 구축된 협업적 중간지대는 장차 중앙정부 단위의 '국가교육위원회'가 제도화되었을 때 그 골간이 되는 '지역교육위원회'로 발전해 나갈 것이다.

두 번째, 권한의 비대칭과 관할 범위의 차이를 극복하기 위해서는 교육지원청의 권한이 확대되어야 하며, 교육지원청이 지역을 이해하고 있는 마을 자문관을 채용해야 한다. 일반행정에서는 교육의 전문성을 보완하기 위해 교육정책보좌관을 외부에서 채용하거나 행정직을 전문관으로 발령하는 사례가 늘고 있는데, 상대적으로 교육행정 분야에서는 교육 거버넌스의 파트너인 마을을 이해하기 위한 노력이 부족해 보인다. 서울형혁신교육지구를 담당하고 있는 서울시교육청 참여협력담당관의 지역사회협력팀이 11개 교육지원청에서 일하는 마을 자문관과 함께 서울형혁신교육지구의 정책을 논의해 나간다면, 정책의 깊이에 넓이를 더할 수 있다.

마지막으로 세 번째, 혁신교육지구를 통해 교육의 주체를 학생에서 시민으로 확장해야 한다. 대부분의 교육 선진국은 우리나라처럼 학령기 교육과 평생교육이 엄격하게 분리되어 있지 않다. 급격한 세상의 변화를 아이들은 느끼고 있는데, 어른들은 자신이 경험한 과거의 질서에 갇혀 있다면 교육의 혁신은 불가능하다. 교복을 입은 시민인 학생뿐만 아니라

66. 경기도의 시흥시가 대표적이며, 충청남도의 당진시, 부산시의 사하구 등도 이러한 방식으로 혁신교육지구를 운영하고 있다.

가르치는 시민인 교사도, 공적 업무를 위임받은 시민인 공무원도, 오매불망 자신의 아이가 선발되기만을 바라는 시민인 학부모도 함께 성장해야 한다. 첨예한 갈등을 겪고 있는 세대 간의 거버넌스 없이는 교육 거버넌스도 사상누각이 될 가능성이 매우 높다. 교육이 불확실한 미래를 살아갈 아이들을 위한 것이라고 한다면, 아니, 교육이 당면한 현실의 문제를 해결하기 위한 것이라고 하더라도 무엇보다 경험을 권력처럼 휘둘러 온 기성세대의 자기성찰이 전제되어야 하기 때문이다. 그것이 교육의 혁신이라고 필자는 굳게 믿어 의심하지 않는다.

라미경(2009). "거버넌스 연구의 현재적 쟁점". 『한국거버넌스학회보』 16(3), 91-107.
선재규(2015). "IMF 부의 '낙수 효과', 완전히 틀린 논리". 『연합뉴스』(6/16). https://www.yna.co.kr/view/AKR20150616061200009
윤효원(2020). "뉴딜? 문재인과 루스벨트의 결정적 차이점". 『프레시안』(5/22). https://www.pressian.com/pages/articles/2020052115535796552
이철(2015). "끊임없이 확장하는 소통의 의미장… 루만의 '교육소통'이란?". 『교수신문』(12/23). http://bitly.kr/54b0(검색일: 2018/5/1)
이현지·오승환·장철훈(2017). "진단검사의학의 기원과 역사". 『Lab Med Online』 Vol. 7, No. 2: 53-58.
전상진(2014). 『음모론의 시대』(제1판 제2쇄). 문학과지성사.
채희태(2019). "교육 거버넌스를 둘러싼 갈등 사례 연구". 『교육연구』 34(1).
최대현(2017). "서울교육감, '교육적폐' 교육국제화특구 강행". 『교육희망』(11/16). http://bitly.kr/hcz7
Liu, Eric·Hanauer, Nick(2017). 『민주주의의 정원』. 김문주 옮김. 웅진지식하우스.
Pierre, Jon. & Peters, B. Guy(2000). "Governace, Politics and the State". New York: St. Martin's Press.
은평구청(2017). "직원 마음건강 컨설팅 결과 보고서".

표·그림 목록

[표]

표 1 마을결합형 수업의 교육과정 유형 33
표 2 마을결합형 융합수업 교육과정 재구성의 과정 36
표 3 관악의 보물찾기 활동 주제 예시 46
표 4 2016년 마을답사반 일지 61
표 5 2017년 마을답사반 일지 61
표 6 생태 관점에서 본 마을수업과 마을교육과정 93
표 7 U중학교 마을수업을 위한 로드맵 95
표 8 마을을 위한 수업 관련 예시 96
표 9 교육 거버넌스의 틀 98
표 10 2011년 박원순 서울시장 후보 7대 교육정책 협약서 7항 중 114
표 11 청소년 활동 공간으로 활용 가능한 마을공동체 공간(마을활력소 시범 사업지 4개소) 160
표 12 마을결합 유형에 따른 교육활동 공간 164
표 13 절차상 문제가 없어도 학교 공간의 주인공이 누구냐에 따라 달라지는 풍경들 169
표 14 2018 아동실태조사 결과: 보건복지부 203
표 15 한국교육개발원 2019 교육여론조사(KEDI POLL 2019) 206
표 16 방과후학교와 방과후활동 비교 208
표 17 청소년 기본법의 방과후활동 220
표 18 청소년 기본법 시행령 제33조의 3~5 220
표 19 청소년 방과후활동지원센터 220
표 20 2020 방과후학교 가이드라인의 방과후지원센터 221

[그림]

그림 1 생태주의 교육에서 본 시간의 흐름 91
그림 2 중층적인 프랙탈 네트워킹 93
그림 3 공간과 사람을 중심으로 한 학교-마을 행정 결합도 153

그림 4 도시계획 속의 학교 155
그림 5 4개의 키워드로 본 학교와 마을 공간과 활동을 주제로 한 정책사업 159
그림 6 마을결합의 세 가지 유형 163
그림 7 학교 중심의 교육협력 학습생태계 166
그림 8 교육 콘텐츠 연계 사업 최초 구상(2012/2/14) 179
그림 9 법과 인정, 그리고 개인의 이익을 중심으로 확장되고 있는 불신의 영역 188
그림 10 시대에 따른 개인과 집단의 관계 변화 199
그림 11 2020 도봉형방과후활동 운영계획서(출처: 서울시 도봉구청) 212
그림 12 2020 서울시 중구 돌봄교실 운영계획서(출처: 서울시 중구청) 214
그림 13 청소년문화시설과 노인여가복지시설 현황 비교 218
그림 14 시대 진단을 위한 세 가지 접근 방법 305
그림 15 은평구청 직원 마음건강 컨설팅 결과 보고서 중(2017/9/4) 319

마을교육공동체는 상황과 조건에 따라서 각기 다른 모습으로 태어납니다. 백이면 백, 다른 모양을 하고 있다고 해도 과언이 아닙니다. 서울과 순천의 삶의 모습이 다르듯이 말입니다. 그럼에도 불구하고 마을과 학교의 관계맺음의 방식은 참 비슷한 것 같습니다. 통상적인 관계 맺음의 방식을 넘어서는 '사람들'이 있고, 그들에 의해 마을교육공동체는 풍성해져 갑니다. 그 점에서 서울과 순천은 크게 다르지 않다고 생각합니다.

서두르지 않으면서 서로의 다름을 진정 인정하는 사람들이 있어야 '거버넌스'가 가능합니다. "협력해야 한다"를 넘어 "협력하니 참 좋더라"는 경험들이 책 곳곳에 스며들어 있어 좋았습니다. 이 책을 통해 이런 기쁨들이 전국에 퍼져 나갔으면 좋겠습니다. 앞선 경험들로 뒷사람들이 범할 수 있는 오류가 줄어들고 새로운 상상이 가능해질 거라 확신합니다.

_임경환(순천풀뿌리교육자치협력센터 교육활동가)

서울형혁신교육지구란 단어가 생소하게 들렸을 때가 엊그제 같은데 벌써 10년을 바라보게 되었다는 것이 실감이 나지 않는다. 아시다시피 혁신교육지구의 키워드는 학교, 마을, 그리고 민·관·학 거버넌스다. 혁신교육지구가 등장함에 따라 마을의 섬처럼 존재하던 학교는 마을과 만나게 되었고, 마을은 학교와 교육에 관해 이야기할 수 있게 되었다. 나아가 자치구청과 교육지원청의 교육에 대한 소통도 본격화되었다. 나는 이 사실 하나만으로도 서울형혁신교육지구가 서울 교육에 끼친 영향이 적지 않다고 생각한다.

이 책은 서울형혁신교육지구를 이해하기 위해 필수적으로 알아야 할 서울형혁신교육지구의 역사를 서술하고, 민·관·학 거버넌스 개념을 이론적,

실천적으로 알기 쉽게 정리했다. 또한 학교와 마을의 만남 사례, 자치구 마을방과후 활동 사례를 통해 그간의 실천 활동들을 정리해 보고, 코로나 시기 마을교육공동체를 중심으로 한 실천 방향을 제시함으로써 앞으로의 지향점을 생각할 수 있도록 구성되었다.

지금까지의 서울형혁신교육지구에 대해 이해하고 왜 우리는 혁신교육지구를 계속해야만 하는가에 대해 끊임없이 생각하고 고민하고자 하는 분들에게 이 책을 추천해 드리고 싶다. 아울러 『서울의 마을교육』 출간을 축하드린다.

_박희성(서울형혁신교육지구 지역사회네트워크 대표)

어디까지를 마을이라고 부를 것인가? 마을이 존재는 하는가? 처음 마을교육공동체라는 말이 나왔을 때 가장 많이 들었던 말이다. 질문의 맥락으로 볼 때, 사람들이 사는 규모나 방식에서 특히 서울은 마을이라는 말이 어울리지 않는 곳이다. 그럼에도 불구하고 '마을 만들기'를 통해 가장 앞서 새로운 '마을'의 지향을 만들어 왔고 급기야 학교와 마을이 넘나들며 배움을 확장해 가고 있다. 이 책은 혁신교육지구로 시작한 협력의 진화를 통해 학생과 어른들이 함께 성장해 가는 모습을 담고 있다. 도시형 마을교육 사례를 찾고 있는 분들께 꼭 권하고 싶은 책이다.

_안선영(경기도교육청 장학사)

서울형혁신교육지구라고 하면 잘 모르는 사람들도 마을학교나 마을교육공동체라고 하면 안다고 하는 사람들이 꽤 있습니다. '마을이 학교다'라는 개념을 바탕으로 시작한 학교와 마을에 가로막힌 벽을 헐고, 사실 오래된 미래교육이라고 할 수 있는 마을과 학교가 서로 품어 안고 우리 아이들과 어른들이 함께 삶을 가꾸는 서울을 만들기 위해 10여 년 노력하였고, 이를 체계적으로 발전시키기 위해 2014년 '혁신교육도시 서울 선언'을 하고,

2015년부터 시작한 서울형혁신교육지구사업을 6년 동안 실천해 왔습니다. 이 책에는 이러한 목적과 과정과 지향점이 잘 나타나 있습니다. 마을교육공동체와 서울형혁신교육지구의 정신과 역사, 그 이론과 실천 사례를 학자와 초·중·고 교사와 마을교육공동체 활동가들의 생각과 경험이 진솔하게 담겨 있기 때문입니다. 코로나19 이후 학교와 마을결합형 교육공동체가 더욱 중요한 대안으로 자리매김하고 있고, 위기에 우리 아이들의 행복한 삶을 더욱 유연하게 지켜 낼 수 있는 대응임을 보여 주고 있습니다. 서울이라는 대도시를 넘어 중소도시나 농어촌 지역에서도 좋은 참조 자료가 될 수 있다고 봅니다.

_이주영(서울형혁신교육지구 중앙위원회 공동위원장)

'학교가 마을이 되고 마을이 학교가 되어 함께 성장하는 새로운 교육생태계.' 한 아이의 학부모로 공교육에 실망할 즈음, 우연하게 혁신교육지구 비전 한 문장을 만났다. 교사, 공무원, 학부모, 청소년, 주민과 머리 맞대고, 자치구에서 고군분투한 지 5년째, 반가운 책 한 권을 만났다.

이 책에는 혁신교육지구 확산을 위해 학교, 구청, 교육청, 마을 현장에서 실천으로 몸소 보여 준 저자들의 노력이 오롯이 담겨 있다. 혁신교육지구 활동을 하면서 수십, 수백 번 고민해 봤을 문제제기와 질문에 이 책은 정답이 아니라, "이런 건 어떨까?"라는 다양한 질문을 던져 준다. 그리고 그 대답에는 먼저 실천한 묵직함과 동료애가 묻어 나온다. "혁신교육지구가 무엇인가요?" 시작하는 사람들에게는 안내서로, "이렇게 하면 되는 걸까?" 막막한 마을교육활동가에게는 격려서로, "혁신교육지구, 과연 이대로 가면 되는가?" 좌절하려는 중견 활동가에게는 성찰서로, 혁신교육지구 현장에서 답을 찾으려는 모든 이들에게 도움과 영감을 줄 수 있을 것이다. 따뜻한 연대적 동료애는 덤이다.

_김숙희(영등포혁신교육지원센터장)

서울의 마을교육에 애정과 관심을 갖고 참여한 대표적 활동가들을 한 번에 만날 수 있는 책이다. 교사가 마을을 담아 실천한 교육활동을 바탕으로 쓴 글이 네 편이다. 마을과 함께 다양한 융합 교육과정을 운영할 수 있는 생생한 실천 경험을 들을 수 있으며, 교과와 창체가 마을과 함께 어떻게 풍성해지는지를 배울 수 있다. 학교자치를 마을과 연계하여 실천한 사례도 있으며 이러한 실천들을 이론적으로 분석하고 일반화하는 글도 함께 있다. 모두 교사에게 실천 의지와 지혜를 주는 소중한 이야기들이다.

마을에 기반을 둔 마을교육 이야기가 다섯 편이다. 마을이 다양한 교육콘텐츠를 학교에 제공하여 학교교육을 돕고, 방과후 교육활동은 스스로 주인되어 책임지기 시작하였음을 알려 준다. 또한 이러한 과정이 다양한 층위의 교육 거버넌스를 통해 이루어졌음을 보여 주면서 그 성과와 한계를 드러내 실천적 과제를 제시하고 있다. 마을교육의 철학과 역사를 알 수 있는 좋은 글이다.

마지막 3부에는 코로나가 던진 과제를 고민하는 글들이 있다. 코로나가 드러낸 마을교육공동체와 거버넌스의 한계로 답답함을 느낀 적이 있다면 함께 고민해 볼 수 있을 것이다.

_이금천(서울 영일고 교사)

서울형혁신교육지구는 저의 고향이고 삶의 일부분이었습니다. 서울형혁신학교인 북서울중학교에서 혁신학교의 성장과 정착을 위해서 노력했었고, 2015년부터는 서울시교육청에서 서울형혁신교육지구의 시작을 함께하였기 때문입니다.

학교와 마을의 관계는 정말 협력하지 않으면 안 되는 불가분의 관계라고 생각합니다. 삶으로서의 배움은 학교와 마을이 떨어져서는 일어날 수 없기 때문입니다. 우리 아이들에게 있어서 학교에서의 삶과 마을에서의 삶이 서로 조화를 이루어 선순환 구조로 연결될 때 교육기본법의 교육 이념인 "교육은 홍익인간弘益人間의 이념 아래 모든 국민으로 하여금 인격을 도야陶冶하고 자주적 생활능력과 민주시민으로서 필요한 자질을 갖추게 함으로써 인간다운 삶을 영위하게 하고 민주국가의 발전과 인류공영人類共榮의 이상을 실현하는 데 이바지하게 함을 목적으로 한다"를 실현할 수 있기 때문입니다. 서울형혁신교육지구가 더욱 발전해 서울의 아이들이 학교와 마을에서 전일적으로 배려받고 지원받으며 자랄 수 있기를 바랍니다.

『서울의 마을교육』은 대도시라는 특수성에도 불구하고 민民과 관官과 학學이 함께 만들어 낸 6년의 기록이라고 할 수 있습니다. 서울의 마을교육을 돌아보고 들여다보고 내다보는 데 좋은 기회가 되었으면 좋겠습니다.

_강민정(열린민주당 국회의원)

서울형혁신교육지구가 태동하고 발전하고 성숙하는 모든 과정에 민·관·학 거버넌스가 함께하였습니다. 서로 다른 생각과 조건의 상이함에도 서울의 25개 혁신교육지구는 조금씩 발전하여 온 것입니다. 초창기 업무 담당자로서 6,000명이 넘는 시민들이 협의체에 참여하는 오늘의 발전이 뿌듯하고 믿음직스럽습니다. 물론 가야 할 길도 많이 남아 있습니다. 여전히 학교의 벽은 높고, 민간의 참여는 더디게 느껴지는 측면도 존재합니다. 그러나 한 사람의 열 걸음이 아닌, 열 사람의 한 걸음을 지향하는 혁신교육지구 운동에서 미래에 대한 희망은 필수적입니다. 『서울의 마을교육』 책 발간은 우리 시민들에게 혁신교육지구 운동이 우리 교육에 여전히 희망이고, 서울의 어린이·청소년들에게 밝은 빛을 더해 주는 하나의 증표로 다가오게 할 것입니다. 서울형혁신교육지구의 성과와 발전 방향이 잘 담겨 있는 『서울의 마을교육』이 서울뿐만 아니라 전국적으로 마을교육공동체 성숙의 한 단초가 되리라 확신하고 민·관·학 구성원들에게 강추하고 싶습니다.

_양영식(서울시교육청 교육혁신과 과장)

지난 6년 동안, 온갖 어려움 속에서도 적극적인 도전과 실천에 앞장서며 서울형혁신교육지구사업을 발전시켜 온 모든 분들께 진심으로 감사합니다. 학교와 마을의 선생님들, 함께 호응하며 잘 성장해 준 어린이와 청소년들, 서울시, 서울시교육청, 자치구의 공무원들, 여러 분야의 시민 활동가와 전문가들, 교장 선생님과 동장 등 유관 기관장님들… 모든 분들이 허심탄회하게 마음을 열고 만나 소통하고 협력하면서 만든 자랑스러운 역사에 큰 박수를 보냅니다.

돌이켜 보면, 교육청·시청·구청, 마을과 학교, 민·관·학의 협력과 거버넌스를 가장 큰 특징으로 하는 서울형혁신교육지구사업의 출발점은 2012년 5월 14일에 발표된 '서울 교육 희망 선언'이었습니다. '서울 교육 희망 선언'은 곽노현 교육감과 박원순 서울시장, 구청장협의회, 서울시의회, 구의원협의회, 교육시민단체 등이 서울의 어린이·청소년들에게 최적의 성장 발달 여건을 만들어 주기 위해서 뜻을 모아 발표했던 선언입니다. 교육자치와 일반자치, 민과 관, 마을과 학교가 공동의 비전을 세우고 적극 협력하여 새로운 교육과 돌봄의 생태계를 만들자는 최초의 선언이었습니다.

이제, 지난 6년간의 도전과 실천의 성과를 바탕으로, 서울의 모든 주체들(교사, 학생, 학부모, 마을활동가, 공무원)은 서울형혁신교육지구를 새로운 차원으로 발전시켜야 하는 시대적 요구 앞에 서 있습니다. 코로나19 대유행이 우리에게 던져 준 또 다른 시대적 과제들을 풀어내기 위해 새롭게 머리를 맞대야 합니다. 그동안의 다양한 실천 경험들을 잘 갈무리하고 시대의 변화와 사회적 요구를 성찰하면서, 더욱 새롭고 미래지향적인 교육과 돌봄 생태계, 배움과 성장을 지원하는 그물망을 만드는 일을 시작하는 데 이 책이 의미 있는 역할을 하게 되리라 믿습니다.

_안승문(울산교육연수원장, 전 서울시교육자문관)

지방자치와 교육자치의 새로운 협력의 모델인 서울형혁신교육지구가 시작된 지 6년이 되어 갑니다. 서울시 도봉구청장을 2010년부터 하고 있는 저로서는 서울형혁신교육지구가 시작되기 전의 모습과 현재의 모습을 보며 실로 경탄하지 않을 수 없었습니다. 그동안 학교와 마을은 서로 담을 쌓고 자기 일에만 바쁘게 지냈다면 현재의 서울은 학교와 마을이 우리 아이들의 온전한 성장을 위해 함께 모여 의논하고 공동으로 사업을 추진하고 결과를 공유하기 시작했습니다. '서울이라는 대도시에 마을이 존재하느냐?'라는 의문을 제기할 수 있지만 서울은 2012년부터 '마을 만들기'와 '마을공동체' 사업을 시작으로 '찾아가는 동洞주민센터'와 '서울형 주민자치회'로 발전되고 있습니다. 서울형혁신교육지구도 이제 자치구 단위의 협치 모델에 이어 동 단위 거버넌스로 확장되고 있습니다. 가고 싶은 학교와 살고 싶은 마을이어야 합니다. 그리고 학교와 마을의 협력이 바른길이라고 생각합니다. 이를 바탕으로 이번에 서울형혁신교육지구와 마을교육공동체를 소개하는 『서울의 마을교육』이라는 의미 있는 책이 나오게 되었습니다. 서울의 구청장으로서 그리고 서울형혁신교육지구에 함께 참여했던 일원으로서 정말 기쁘고 자랑스럽습니다.

_이동진(도봉구청장, 전 혁신교육지구 지방정부협의회 의장)

비고츠키 선집 시리즈 발달과 협력의 교육학 어떻게 읽을 것인가?

생각과 말
레프 세묘노비치 비고츠키 지음
배희철·김용호·D. 켈로그 옮김 | 690쪽 | 값 33,000원

도구와 기호
비고츠키·루리야 지음 | 비고츠키 연구회 옮김
336쪽 | 값 16,000원

어린이 자기행동숙달의 역사와 발달 I
L.S. 비고츠키 지음 | 비고츠키 연구회 옮김
564쪽 | 값 28,000원

어린이 자기행동숙달의 역사와 발달 II
L.S. 비고츠키 지음 | 비고츠키 연구회 옮김
552쪽 | 값 28,000원

어린이의 상상과 창조
L.S. 비고츠키 지음 | 비고츠키 연구회 옮김
280쪽 | 값 15,000원

비고츠키와 인지 발달의 비밀
A.R. 루리야 지음 | 배희철 옮김 | 280쪽 | 값 15,000원

수업과 수업 사이
비고츠키 연구회 지음 | 196쪽 | 값 12,000원

비고츠키의 발달교육이란 무엇인가?
비고츠키교육학실천연구모임 지음 | 412쪽 | 값 21,000원

비고츠키 철학으로 본 핀란드 교육과정
배희철 지음 | 456쪽 | 값 23,000원

성장과 분화
L.S. 비고츠키 지음 | 비고츠키 연구회 옮김
308쪽 | 값 15,000원

연령과 위기
L.S. 비고츠키 지음 | 비고츠키 연구회 옮김
336쪽 | 값 17,000원

의식과 숙달
L.S 비고츠키 | 비고츠키 연구회 옮김
348쪽 | 값 17,000원

분열과 사랑
L.S. 비고츠키 지음 | 비고츠키 연구회 옮김
260쪽 | 값 16,000원

성애와 갈등
L.S. 비고츠키 지음 | 비고츠키 연구회 옮김
268쪽 | 값 17,000원

흥미와 개념
L.S. 비고츠키 지음 | 비고츠키 연구회 옮김
408쪽 | 값 21,000원

관계의 교육학, 비고츠키
진보교육연구소 비고츠키교육학실천연구모임 지음
300쪽 | 값 15,000원

비고츠키 생각과 말 쉽게 읽기
진보교육연구소 비고츠키교육학실천연구모임 지음
316쪽 | 값 15,000원

교사와 부모를 위한 비고츠키 교육학
카르포프 지음 | 실천교사번역팀 옮김
308쪽 | 값 15,000원

혁신교육, 철학을 만나다
브렌트 데이비스·데니스 수마라 지음
현인철·서용선 옮김 | 304쪽 | 값 15,000원

혁신교육 존 듀이에게 묻다
서용선 지음 | 292쪽 | 값 14,000원

다시 읽는 조선 교육사
이만규 지음 | 750쪽 | 값 33,000원

대한민국 교육혁명
교육혁명공동행동 연구위원회 지음
224쪽 | 값 12,000원

경쟁을 넘어 발달 교육으로
현광일 지음 | 288쪽 | 값 14,000원

독일 교육, 왜 강한가?
박성희 지음 | 324쪽 | 값 15,000원

핀란드 교육의 기적
한넬레 니에미 외 엮음 | 장수명 외 옮김
456쪽 | 값 23,000원

한국 교육의 현실과 전망
심성보 지음 | 724쪽 | 값 35,000원

4·16, 질문이 있는 교실 마주이야기 통합수업으로 혁신교육과정을 재구성하다!

통하는 공부
김태호·김형우·이경석·심우근·허진만 지음
324쪽 | 값 15,000원

내일 수업 어떻게 하지?
아이함께 지음 | 300쪽 | 값 15,000원
2015 세종도서 교양부문

인간 회복의 교육
성래운 지음 | 260쪽 | 값 13,000원

교과서 너머 교육과정 마주하기
이윤미 외 지음 | 368쪽 | 값 17,000원

수업 고수들
수업·교육과정·평가를 말하다
박현숙 외 지음 | 368쪽 | 값 17,000원

도덕 수업, 책으로 묻고 윤리로 답하다
울산도덕교사모임 지음 | 320쪽 | 값 15,000원

체육 교사, 수업을 말하다

전용진 지음 | 304쪽 | 값 15,000원

교실을 위한 프레이리
아이러 쇼어 엮음 | 사람대사람 옮김
412쪽 | 값 18,000원

마을교육공동체란 무엇인가?
서용선 외 지음 | 360쪽 | 값 17,000원

교사, 학교를 바꾸다
정진화 지음 | 372쪽 | 값 17,000원

함께 배움
학생 주도 배움 중심 수업 이렇게 한다
니시카와 준 지음 | 백경석 옮김 | 280쪽 | 값 15,000원

공교육은 왜?
홍섭근 지음 | 352쪽 | 값 16,000원

자기혁신과 공동의 성장을 위한
교사들의 필리버스터
윤양수·원종희·장군·조경삼 지음 | 280쪽 | 값 14,000원

함께 배움 이렇게 시작한다
니시카와 준 지음 | 백경석 옮김 | 196쪽 | 값 12,000원

함께 배움 교사의 말하기
니시카와 준 지음 | 백경석 옮김 | 188쪽 | 값 12,000원

교육과정 통합, 어떻게 할 것인가?
성열관 외 지음 | 192쪽 | 값 13,000원

미래교육의 열쇠, 창의적 문화교육
심광현·노명우·강정석 지음 | 368쪽 | 값 16,000원

주제통합수업,
아이들을 수업의 주인공으로!
이윤미 외 지음 | 392쪽 | 값 17,000원

수업과 교육의 지평을 확장하는 수업 비평
윤양수 지음 | 316쪽 | 값 15,000원
2014 문화체육관광부 우수교양도서

교사, 선생이 되다
김태은 외 지음 | 260쪽 | 값 13,000원

교사의 전문성, 어떻게 만들어지나
국제교원노조연맹 보고서 | 김석규 옮김
392쪽 | 값 17,000원

수업의 정치
윤양수·원종희·장군 지음 | 280쪽 | 값 14,000원

학교협동조합,
현장체험학습과 마을교육공동체를 잇다
주수원 외 지음 | 296쪽 | 값 15,000원

거꾸로 교실,
잠자는 아이들을 깨우는 수업의 비밀
이민경 지음 | 280쪽 | 값 14,000원

교사는 무엇으로 사는가
정은균 지음 | 292쪽 | 값 15,000원

마음의 힘을 기르는 감성수업
조선미 외 지음 | 300쪽 | 값 15,000원

작은 학교 아이들
지경준 엮음 | 376쪽 | 값 17,000원

아이들의 배움은 어떻게 깊어지는가
이시이 쥰지 지음 | 방지현·이창희 옮김
200쪽 | 값 11,000원

대한민국 입시혁명
참교육연구소 입시연구팀 지음 | 220쪽 | 값 12,000원

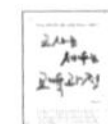
교사를 세우는 교육과정
박승열 지음 | 312쪽 | 값 15,000원

전국 17명 교육감들과 나눈 교육 대담
최창의 대담·기록 | 272쪽 | 값 15,000원

들뢰즈와 가타리를 통해 유아교육 읽기
리세롯 마리엣 올슨 지음 | 이연선 외 옮김
328쪽 | 값 17,000원

학교 혁신의 길, 아이들에게 묻다
남궁상운 외 지음 | 272쪽 | 값 15,000원

프레이리의 사상과 실천
사람대사람 지음 | 352쪽 | 값 18,000원
2018 세종도서 학술부문

혁신학교, 한국 교육의 미래를 열다
송순재 외 지음 | 608쪽 | 값 30,000원

페다고지를 위하여
프레네의 『페다고지 불변요소』 읽기
박찬영 지음 | 296쪽 | 값 15,000원

노자와 탈현대 문명
홍승표 지음 | 284쪽 | 값 15,000원

선생님, 민주시민교육이 뭐예요?
염경미 지음 | 244쪽 | 값 15,000원

어쩌다 혁신학교
유우석 외 지음 | 380쪽 | 값 17,000원

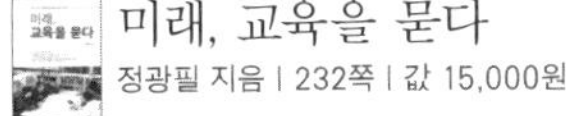
미래, 교육을 묻다
정광필 지음 | 232쪽 | 값 15,000원

대학, 협동조합으로 교육하라
박주희 외 지음 | 252쪽 | 값 15,000원

입시, 어떻게 바꿀 것인가?
노기원 지음 | 306쪽 | 값 15,000원

촛불시대, 혁신교육을 말하다
이용관 지음 | 240쪽 | 값 15,000원

라운드 스터디
이시이 데루마사 외 엮음 | 224쪽 | 값 15,000원

미래교육을 디자인하는 학교교육과정
박승열 외 지음 | 348쪽 | 값 18,000원

흥미진진한 아일랜드 전환학년 이야기
제리 제퍼스 지음 | 최상덕·김호원 옮김 | 508쪽 | 값 27,000원
2019 대한민국학술원우수학술도서

폭력 교실에 맞서는 용기
따돌림사회연구모임 학급운영팀 지음
272쪽 | 값 15,000원

그래도 혁신학교
박은혜 외 지음 | 248쪽 | 값 15,000원

학교는 어떤 공동체인가?
성열관 외 지음 | 228쪽 | 값 15,000원

학교 민주주의의 불한당들
정은균 지음 | 276쪽 | 값 14,000원

교육과정, 수업, 평가의 일체화
리사 카터 지음 | 박승열 외 옮김 | 196쪽 | 값 13,000원

학교를 개선하는 교장
지속가능한 학교 혁신을 위한 실천 전략
마이클 풀란 지음 | 서동연·정효준 옮김 | 216쪽 | 값 13,000원

공자뎐, 논어는 이것이다
유문상 지음 | 392쪽 | 값 18,000원

교사와 부모를 위한
발달교육이란 무엇인가?
현광일 지음 | 380쪽 | 값 18,000원

교사, 이오덕에게 길을 묻다
이무완 지음 | 328쪽 | 값 15,000원

낙오자 없는 스웨덴 교육
레이프 스트란드베리 지음 | 변광수 옮김
208쪽 | 값 13,000원

끝나지 않은 마지막 수업
장석웅 지음 | 328쪽 | 값 20,000원

경기꿈의학교
진흥섭 외 지음 | 360쪽 | 값 17,000원

학교를 말한다
이성우 지음 | 292쪽 | 값 15,000원

행복도시 세종,
혁신교육으로 디자인하다
곽순일 외 지음 | 392쪽 | 값 18,000원

나는 거꾸로 교실 거꾸로 교사
류광모·임정훈 지음 | 212쪽 | 값 13,000원

교실 속으로 간 이해중심 교육과정
온정덕 외 지음 | 224쪽 | 값 13,000원

교실, 평화를 말하다
따돌림사회연구모임 초등우정팀 지음
268쪽 | 값 15,000원

학교자율운영 2.0
김용 지음 | 240쪽 | 값 15,000원

학교자치를 부탁해
유우석 외 지음 | 252쪽 | 값 15,000원

국제이해교육 페다고지
강순원 외 지음 | 256쪽 | 값 15,000원

교사 전쟁
다나 골드스타인 지음 | 유선상 외 옮김
468쪽 | 값 23,000원

시민, 학교에 가다
최형규 지음 | 260쪽 | 값 15,000원

학교를 살리는 회복적 생활교육
김민자·이순영·정선영 지음 | 256쪽 | 값 15,000원

교사를 위한 교육학 강의
이형빈 지음 | 336쪽 | 값 17,000원

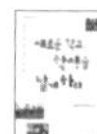
새로운학교 학생을 날게 하다
새로운학교네트워크 총서 02 | 408쪽 | 값 20,000원

세월호가 묻고 교육이 답하다
경기도교육연구원 지음 | 214쪽 | 값 13,000원

미래교육, 어떻게 만들어갈 것인가?
송기상·김성천 지음 | 300쪽 | 값 16,000원
2019 세종도서 교양부문

교육에 대한 오해
우문영 지음 | 224쪽 | 값 15,000원

혁신교육지구 현장을 가다
이용운 외 4인 지음 | 344쪽 | 값 18,000원

배움의 독립선언, 평생학습
정민승 지음 | 240쪽 | 값 15,000원

선생님, 페미니즘이 뭐예요?
염경미 지음 | 280쪽 | 값 15,000원

평화의 교육과정 섬김의 리더십
이준원·이형빈 지음 | 292쪽 | 값 16,000원

수포자의 시대
김성수·이형빈 지음 | 252쪽 | 값 15,000원

혁신학교와 실천적 교육과정
신은희 지음 | 236쪽 | 값 15,000원

삶의 시간을 잇는 문화예술교육
고영직 지음 | 292쪽 | 값 16,000원

혐오, 교실에 들어오다
이혜정 외 지음 | 232쪽 | 값 15,000원

혁신교육지구와 마을교육공동체는
어떻게 만들어지는가?
김태정 지음 | 376쪽 | 값 18,000원

선생님, 특성화고 자기소개서
어떻게 써요?
이지영 지음 | 322쪽 | 값 17,000원

학생과 교사, 수업을 묻다
전용진 지음 | 344쪽 | 값 18,000원

혁신학교의 꽃, 교육과정 다시 그리기
안재일 지음 | 344쪽 | 값 18,000원

● 살림터 참교육 문예 시리즈 영혼이 있는 삶을 가르치는 온 선생님을 만나다!

꽃보다 귀한 우리 아이는
조재도 지음 | 244쪽 | 값 12,000원

성깔 있는 나무들
최은숙 지음 | 244쪽 | 값 12,000원

아이들에게 세상을 배웠네
명혜정 지음 | 240쪽 | 값 12,000원

밥상에서 세상으로
김흥숙 지음 | 280쪽 | 값 13,000원

우물쭈물하다 끝난 교사 이야기
유기창 지음 | 380쪽 | 값 17,000원

선생님이 먼저 때렸는데요
강병철 지음 | 248쪽 | 값 12,000원

서울 여자, 시골 선생님 되다
조경선 지음 | 252쪽 | 값 12,000원

행복한 창의 교육
최창의 지음 | 328쪽 | 값 15,000원

북유럽 교육 기행
정애경 외 14인 지음 | 288쪽 | 값 14,000원

시험 시간에 웃은 건 처음이에요
조규선 지음 | 252쪽 | 값 15,000원

교과서 밖에서 만나는 역사 교실 상식이 통하는 살아 있는 역사를 만나다

전봉준과 동학농민혁명
조광환 지음 | 336쪽 | 값 15,000원

남도의 기억을 걷다
노성태 지음 | 344쪽 | 값 14,000원

응답하라 한국사 1·2
김은석 지음 | 356쪽·368쪽 | 각권 값 15,000원

즐거운 국사수업 32강
김남선 지음 | 280쪽 | 값 11,000원

즐거운 세계사 수업
김은석 지음 | 328쪽 | 값 13,000원

강화도의 기억을 걷다
최보길 지음 | 276쪽 | 값 14,000원

광주의 기억을 걷다
노성태 지음 | 348쪽 | 값 15,000원

선생님도 궁금해하는
한국사의 비밀 20가지
김은석 지음 | 312쪽 | 값 15,000원

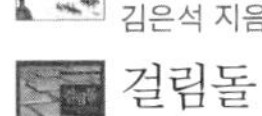
걸림돌
키르스텐 세룹-빌펠트 지음 | 문봉애 옮김
248쪽 | 값 13,000원

역사수업을 부탁해
열 사람의 한 걸음 지음 | 388쪽 | 값 18,000원

진실과 거짓, 인물 한국사
하성환 지음 | 400쪽 | 값 18,000원

우리 역사에서 사라진
근현대 인물 한국사
하성환 지음 | 296쪽 | 값 18,000원

꼬물꼬물 거꾸로 역사수업
역모자들 지음 | 436쪽 | 값 23,000원

즐거운 동아시아사 수업
김은석 지음 | 240쪽 | 값 15,000원

노성태, 역사의 길을 걷다
노성태 지음 | 324쪽 | 값 17,000원

교과서 밖에서 배우는 역사 공부
정은교 지음 | 292쪽 | 값 14,000원

팔만대장경도 모르면 빨래판이다
전병철 지음 | 360쪽 | 값 16,000원

빨래판도 잘 보면 팔만대장경이다
전병철 지음 | 360쪽 | 값 16,000원

영화는 역사다
강성률 지음 | 288쪽 | 값 13,000원

친일 영화의 해부학
강성률 지음 | 264쪽 | 값 15,000원

한국 고대사의 비밀
김은석 지음 | 304쪽 | 값 13,000원

조선족 근현대 교육사
정미량 지음 | 320쪽 | 값 15,000원

다시 읽는 조선근대 교육의 사상과 운동
윤건차 지음 | 이명실·심성보 옮김 | 516쪽 | 값 25,000원

음악과 함께 떠나는 세계의 혁명 이야기
조광환 지음 | 292쪽 | 값 15,000원

논쟁으로 보는 일본 근대 교육의 역사
이명실 지음 | 324쪽 | 값 17,000원

다시, 독립의 기억을 걷다
노성태 지음 | 320쪽 | 값 16,000원

한국사 리뷰
김은석 지음 | 244쪽 | 값 15,000원

경남의 기억을 걷다
류형진 외 지음 | 564쪽 | 값 28,000원

어제와 오늘이 만나는 교실
학생과 교사의 역사수업 에세이
정진경 외 지음 | 328쪽 | 값 17,000원

더불어 사는 정의로운 세상을 여는 인문사회과학 사람의 존엄과 평등의 가치를 배운다

밥상혁명
강양구·강이현 지음 | 298쪽 | 값 13,800원

도덕 교과서 무엇이 문제인가?
김대용 지음 | 272쪽 | 값 14,000원

자율주의와 진보교육
조엘 스프링 지음 | 심성보 옮김 | 320쪽 | 값 15,000원

민주화 이후의 공동체 교육
심성보 지음 | 392쪽 | 값 15,000원
2009 문화체육관광부 우수학술도서

갈등을 넘어 협력 사회로
이창언·오수길·유문종·신윤관 지음
280쪽 | 값 15,000원

동양사상과 마음교육
정재걸 외 지음 | 356쪽 | 값 16,000원
2015 세종도서 학술부문

교과서 밖에서 배우는 철학 공부
정은교 지음 | 280쪽 | 값 14,000원

교과서 밖에서 배우는 사회 공부
정은교 지음 | 304쪽 | 값 15,000원

교과서 밖에서 배우는 윤리 공부
정은교 지음 | 292쪽 | 값 15,000원

한글 혁명
김슬옹 지음 | 388쪽 | 값 18,000원

우리 안의 미래교육
정재걸 지음 | 484쪽 | 값 25,000원

왜 그는 한국으로 돌아왔는가?
황선준 지음 | 364쪽 | 값 17,000원
2019 세종도서 교양부문

공간, 문화, 정치의 생태학
현광일 지음 | 232쪽 | 값 15,000원

인공지능 시대의 사회학적 상상력
홍승표 지음 | 260쪽 | 값 15,000원

동양사상과 인간 그리고 사회
이현지 지음 | 418쪽 | 값 21,000원

좌우지간 인권이다
안경환 지음 | 288쪽 | 값 13,000원

민주시민교육
심성보 지음 | 544쪽 | 값 25,000원

민주시민을 위한 도덕교육
심성보 지음 | 500쪽 | 값 25,000원
2015 세종도서 학술부문

교과서 밖에서 배우는 인문학 공부
정은교 지음 | 280쪽 | 값 13,000원

오래된 미래교육
정재걸 지음 | 392쪽 | 값 18,000원

대한민국 의료혁명
전국보건의료산업노동조합 엮음 | 548쪽 | 값 25,000원

교과서 밖에서 배우는 고전 공부
정은교 지음 | 288쪽 | 값 14,000원

전체 안의 전체 사고 속의 사고
김우창의 인문학을 읽다
현광일 지음 | 320쪽 | 값 15,000원

카스트로, 종교를 말하다
피델 카스트로·프레이 베토 대담 | 조세종 옮김
420쪽 | 값 21,000원

일제강점기 한국철학
이태우 지음 | 448쪽 | 값 25,000원

한국 교육 제4의 길을 찾다
이길상 지음 | 400쪽 | 값 21,000원
2019 세종도서 학술부문

마을교육공동체 생태적 의미와 실천
김용련 지음 | 256쪽 | 값 15,000원

교육과정에서 왜 지식이 중요한가
심성보 지음 | 440쪽 | 값 23,000원

식물에게서 교육을 배우다
이차영 지음 | 260쪽 | 값 15,000원

평화샘 프로젝트 매뉴얼 시리즈 학교폭력에 대한 근본적인 예방과 대책을 찾는다

학교폭력 어떻게 만들어지는가
문재현 외 지음 | 300쪽 | 값 14,000원

학교폭력, 멈춰!
문재현 외 지음 | 348쪽 | 값 15,000원

왕따, 이렇게 해결할 수 있다
문재현 외 지음 | 236쪽 | 값 12,000원

젊은 부모를 위한 백만 년의 육아 슬기
문재현 지음 | 248쪽 | 값 13,000원

우리는 마을에 산다
유양우·신동명·김수동·문재현 지음
312쪽 | 값 15,000원

누가, 학교폭력 해결을 가로막는가?
문재현 외 지음 | 312쪽 | 값 15,000원

아이들을 살리는 동네
문재현·신동명·김수동 지음 | 204쪽 | 값 10,000원

평화! 행복한 학교의 시작
문재현 외 지음 | 252쪽 | 값 12,000원

마을에 배움의 길이 있다
문재현 지음 | 208쪽 | 값 10,000원

별자리, 인류의 이야기 주머니
문재현·문한뫼 지음 | 444쪽 | 값 20,000원

동생아, 우리 뭐 하고 놀까?
문재현 외 지음 | 280쪽 | 값 15,000원

남북이 하나 되는 두물머리 평화교육 분단 극복을 위한 치열한 배움과 실천을 만나다

10년 후 통일
정동영·지승호 지음 | 328쪽 | 값 15,000원

분단시대의 통일교육
성래운 지음 | 428쪽 | 값 18,000원

한반도 평화교육 어떻게 할 것인가
이기범 외 지음 | 252쪽 | 값 15,000원

선생님, 통일이 뭐예요?
정경호 지음 | 252쪽 | 값 13,000원

김창환 교수의 DMZ 지리 이야기
김창환 지음 | 264쪽 | 값 15,000원

창의적인 협력 수업을 지향하는 삶이 있는 국어 교실 우리말 글을 배우며 세상을 배운다

중학교 국어 수업
어떻게 할 것인가?
김미경 지음 | 340쪽 | 값 15,000원

토닥토닥 토론해요
명혜정·이명선·조선미 엮음 | 288쪽 | 값 15,000원

어린이와 시
오인태 지음 | 192쪽 | 값 12,000원

언어던
정은균 지음 | 268쪽 | 값 15,000원
2019 세종도서 교양부문

감각의 갱신, 화장하는 인민
남북문학예술연구회 | 380쪽 | 값 19,000원

토론의 숲에서 나를 만나다
명혜정 엮음 | 312쪽 | 값 15,000원

인문학의 숲을 거니는 토론 수업
순천국어교사모임 엮음 | 308쪽 | 값 15,000원

수업, 슬로리딩과 함께
박경숙 외 지음 | 268쪽 | 값 15,000원

민촌 이기영 평전
이성렬 지음 | 508쪽 | 값 20,000원

참된 삶과 교육에 관한 생각 줍기